도요토미 히데요시

일본사傳 ③

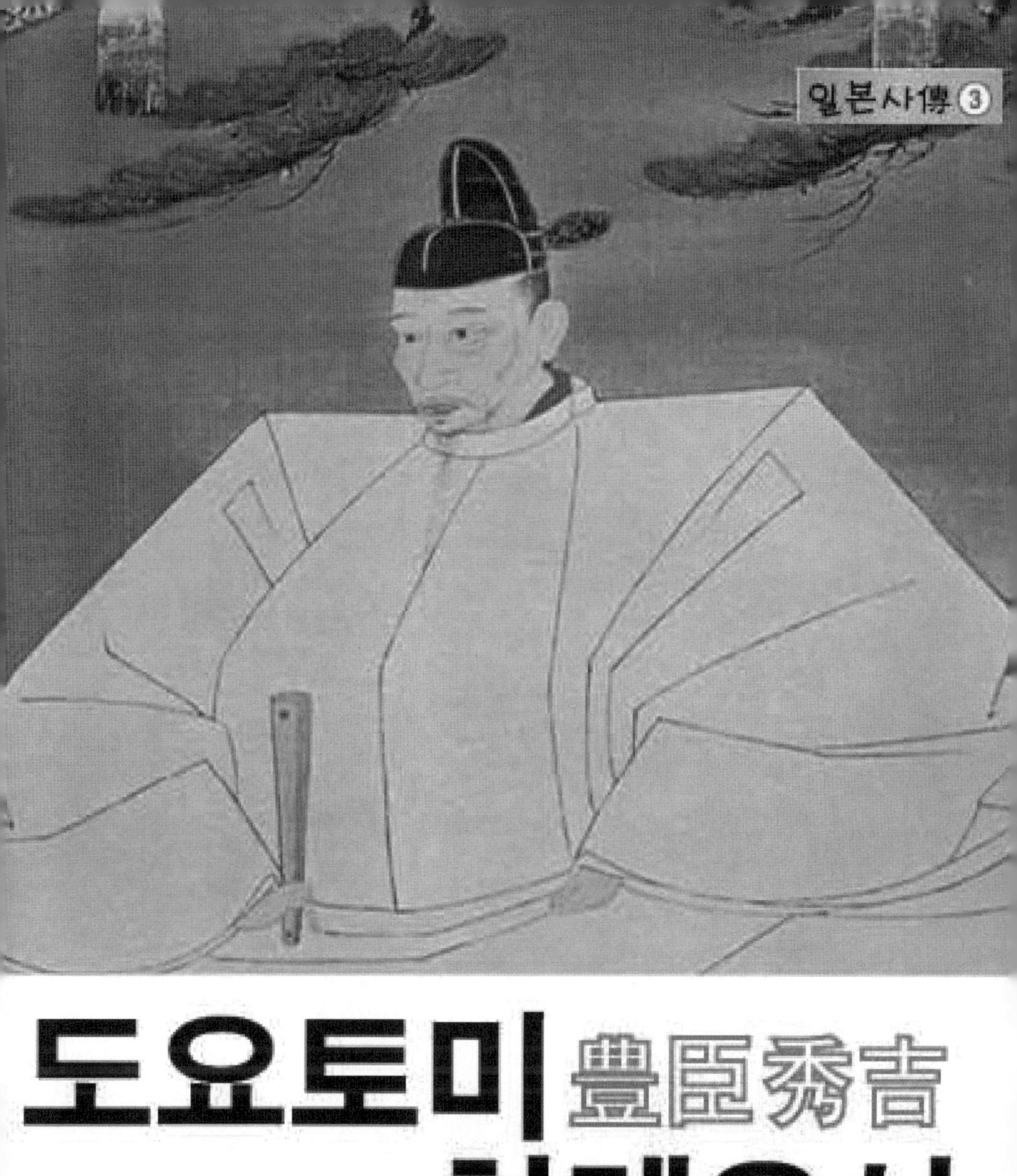

도요토미 豊臣秀吉
히데요시

난세를 잠재우고
치세를 열다

구태훈

차례

프롤로그   9
제1부   21

CHAPTER1. 불우했던 유소년 시절   23
CHAPTER2. 오다 노부나가의 종자   37
CHAPTER3. 소부대의 지휘관   45
CHAPTER4. 용장 히데요시   53
CHAPTER5. 다이묘 히데요시   60
CHAPTER6. 방면군 사령관   66
CHAPTER7. 지장 히데요시   72
CHAPTER8. 야마자키 전투   84

CHAPTER 9. 기요스성 회의	92
CHAPTER 10. 시즈가타케 전투	96
CHAPTER 11. 고마키 · 나가쿠테 전투	110
CHAPTER 12. 오사카성 건설	119
CHAPTER 13. 시코쿠 정벌	127
CHAPTER 14. 관백 정권	132
CHAPTER 15. 규슈 정벌	141
CHAPTER 16. 오다와라 정벌	148
CHAPTER 17. 오슈 평정	157
CHAPTER 18. 병영국가 체제 완성	166
1) 병농분리	166
2) 도시와 상공인	171
3) 농촌과 농민	179
CHAPTER 19. 히데요시의 실력	186
1) 정치력	186
2) 경제력	192
3) 군사력	199
CHAPTER 20. 동아시아 정복 계획	206
CHAPTER 21. 수군 창설	211
CHAPTER 22. 조선 침략	218
CHAPTER 23. 만년의 히데요시	253
CHAPTER 24. 임종과 장의	268

제2부　279

CHAPTER 25. **가족과 친족**	**281**
CHAPTER 26. **인물과 성격**	**293**
CHAPTER 27. **가신단의 구조와 변용**	**314**

  1) 소부대 지휘관 시절의 가신단　314
  2) 나가하마 시대의 가신단　319
  3) 최고 권력자 시대의 가신단　324
  4) 조선침략 시기의 가신단　329
    (1) 임진왜란　329
    (2) 정유재란　331
  5) 히데요시 가신단의 특징　338

CHAPTER 28. 종교와 문화　**342**

  1) 히데요시와 불교　342
  2) 히데요시와 크리스트교　347
  3) 히데요시와 다도　353

에필로그　368
참고문헌　382
색인　386

프롤로그

메이지明治 시대 소학교 음악 교과서에 다음과 같은 노랫말이 실려 있었다.

백 년 동안 문란해진 천하도
센나리뵤탄千成瓢箪 한 번 나타나면
바다의 파도와 바람이 순식간에 잠잠하고
육십여주六十余州의 산천초목도 복종하네

아아! 타이코太閤 도요타이코豊太閤

남는 힘을 이용하여 조선을 침략하니

팔도八道가 순식간에 우리 손에 부서지고

나라의 영예가 빛나고 국위가 선양되니

사백여주四百餘州는 무서워서 부들부들 떠네

아아! 타이코 도요타이코

제1절의 첫머리에 나오는 '백 년 동안 문란해진 천하'는 전국시대戰國時代를 뜻한다. 당시 일본사회는 15세기 중엽부터 약 100년 동안 전쟁이 끊이지 않는 나날이 이어지고 있었다. 일본 열도 각지에서 다이묘大名라는 군웅들이 출현하여 서로 싸우고 있었다. 일본인들은 이러한 세상을 난세라고 인식하고 있었다. 난세는 16세기 후반에 도요토미 히데요시가 등장하면서 역사 속으로 사라졌다. 히데요시가 여러 다이묘를 굴복시키고 일본을 통일했기 때문이다.

'센나리뵤탄'은 도요토미 히데요시의 대장기에 그려진 표주박 모양의 문장을 이르는 말이다. 히데요시가 대군을 거느리고 그야말로 파죽지세로 일본 열도를 제패한 역사 과정이 '바다의 파도와 바람이 순식간에 잠잠하고, 六十餘州의 산천초목도 복종하네'라는 짧은 문장에 잘 녹아 있다. '六十余州'는 일본의 영토를 뜻한다. 7세기 말 율령제도가 도입되면서 조정은 일본 열도를 66개 구니国로 구분했다. 太閤 또는 豊太閤는 히데요시를 지칭하는 말이다. 히데요시는 조선을 침략하기 직전에 스스로 일본 최고의 관직인 타이코의 지위에 올랐는데, 일본인들은 이때부터 히데요시를 '타이코님'이라고 불렀다. 도요다이코는 '도요토미'와 '타이코'가 결합된 말이다.

제2절의 八道는 조선 팔도 즉, 한반도 전체, 四百餘州는 중국 대륙 전체를 뜻하는 말이다. 제2절의 내용은 1592년부터 7년 동안 조선을 짓밟은 전쟁범죄가 영예롭고 국위를 선양한 일이라는 것이다. 나아가 조선에 원군을 파병한 명나라는 일본군의 위세에 '무서워서 부들부들 떠는' 나약한 존재로 매도되었다. 1894년 청일전쟁에서 일본이 승리한 후, 한껏 오만해진 일본인의 심성이 노골적으로 반영된 표현이라고 할 수 있다.

메이지 시대 일본인들은 도요토미 히데요시가 난세를 잠재우고 치세의 기틀을 마련한 지도자이며, 일본 열도를 통일한 후에 대륙으로 '진출'하여 세계를 호령하려는 야망을 품었던 영웅이라고 생각했다. 메이지 정부는 영웅 히데요시의 이미지를 일본 어린이들의 가슴속에 영원히 담아두려고 위와 같은 노래를 지어 부르게 했던 것이다.

일본 역사상 국민적 영웅으로 받들어지는 인물은 많다. 예부터 일본인은 미나모토노 요시쓰네源義経(1159-89), 구스노키 마사시게楠木正成(1294-1336), 우에스기 겐신上杉謙信(1530-78), 오다 노부나가織田信長(1534-82), 미야모토 무사시宮本武蔵(1584-1645) 등을 추앙했고, 근대 이후의 인물로는 사카모토 료마坂本竜馬(1836-67), 사이고 다카모리西郷隆盛(1828-77), 노기 마레스케乃木稀典(1849-1912) 등을 좋아했지만, 그중에서 오직 도요토미 히데요시만이 성별과 나이를 막론하고 다른 인물을 뛰어넘는 인기를 누렸다.

도요토미 히데요시의 남다른 인기는 어떠한 상황 속에서, 어떠한 시대적 분위기를 배경으로 형성되었을까? 또 시대를 초월하여 인기를 유지할 수 있었던 요인은 무엇이었을까?

1603년 2월 도쿠가와 이에야스德川家康(1543-1616)가 에도江戸에 막부를 세우고 세이다이쇼군征夷大将軍에 취임했다. 일본인들은 '세이다이쇼군'을 줄여서 '쇼군'이라고 불렀다. 쇼군은 천황으로부터 일본을 통치할 수 있는 권한을 부여받은 존재였다. 그런데 에도 막부의 초대 쇼군 도쿠가와 이에야스는 도요토미 가문을 멸망시켰다. 2대 쇼군 도쿠가와 히데타다德川秀忠(1579-1632)와 3대 쇼군 도쿠가와 이에미쓰德川家光(1604-51)는 히데요시의 흔적을 지우고, 히데요시를 추앙하는 사람들을 탄압했다. 이러한 분위기는 50여 년간 이어졌다.

17세기 말에는 에도 막부의 권력이 확립되었다. 도요토미 히데요시를 추앙하던 사람들도 모두 이 세상 사람이 아니었다. 히데요시는 그야말로 역사 속의 인물이 되었다. 도쿠가와 쇼군 권력은 더 이상 히데요시의 '유령'을 두려워할 필요가 없었다. 이 무렵에 히데요시가 일본인의 가슴속에 부활했다. 다음과 같은 이유가 있었을 것이다. 첫째, 일본인은 히데요시에 대하여 남다른 매력을 느끼고 있었다. 둘째, 무사사회의 밑바닥에서 출발하여 권력의 정점에 도달한 히데요시를 우러러보았다. 셋째, 벚꽃처럼 화사하게 피었다가 허무하게 몰락한 도요토미 가문을 동정하고 있었다.

일본인은 히데요시가 밝고 활달한 성격의 인물이라고 알고 있다. 에도 시대 일본인은 히데요시의 바로 그런 점을 좋아했다. 히데요시와 대비되는 성격의 소유자는 도쿠가와 이에야스였다. 이에야스에게 너구리라는 별명이 따라다녔던 것에서도 알 수 있듯이, 그는 매우 음험하고 교활한 인물로 그려졌다. 밝고 활달한 성격의 히데요시와 음험하고 교활한 이에야스는 극명하게 대비되었다. 히데요시는 이에야스와 비교되면서 더욱 인기를 얻었고, 이에야스는 히데요시가 있었기 때문에 국민적 인기를 누릴 수 없었다.

도쿠가와 이에야스가 민중에게 인기를 얻지 못했던 것은 그가 쌓아 올린 봉건적 지배질서가 민중의 삶을 짓눌렀던 탓도 있었다. 에도 막부의 법률 집행과 민중 탄압은 매우 가혹했다. 특히 농민은 아무리 열심히 일해도 가난에서 벗어날 수 없었다. 다이묘들은 농업생산량의 60퍼센트 정도를 조세로 거두어들였다. 농민들이 에도 막부의 지배를 달가워할 리가 없었다. 민중의 불만은 결국 완전에 가까운 착취구조를 완성한 도쿠가와 쇼군에게 향할 수밖에 없었다.

1680년경부터 에도 막부는 신분 질서를 다잡는 정책을 일관되게 추진했다. 원래 사농공상 질서는 직분을 구분하는 개념이었지 신분질서가 아니었다. 그런데 에도 막부가 성립된 후, 사농공상은 곧 수직적인 신분질서로 자리를 잡았다. 사농공상의 질서는 크게 '사'와 '농공상'으로 구분되었고, 농공상은 다시 농민과 상공인으로 구분되었다. 막부는 상공인이 농민보다 한 단계 낮은 신분이라는 점을 강조했다. 이 무렵부터 서민 사이에 막부에 저항하는 기운이 조성되었다.

도요토미 히데요시가 활약했던 16세기 일본은 신분제 사회였지만, 마치 먹구름의 틈을 헤치고 빛나는 햇살처럼, 신분제와 상극이라고 할 수 있는 능력주의가 잠시 허용되었던 시대였다. 능력주의는 승리가 모든 것을 말하는 전국시대가 가져다 준 '특이한 선물'이었다. 이 시대에는 히데요시와 같이 비천한 농민의 자식도 능력이 있으면 무사가 되어 출세할 수 있었다. 그러나 에도 막부가 성립되면서 일본사회는 서서히 신분제 사회 본래의 모습으로 회귀했다. 무사의 자식은 능력이 없어도 무사가 되고, 상인의 자식은 아무리 능력이 출중해도 상인이 될 수밖에 없는 세상이 되었다.

도요토미 히데요시의 인기가 치솟기 시작한 것은 17세기 말부터였다. 신분 상승의 기회를 박탈당한 서민에게 도요토미 히데요시의 성공담은 가슴 벅찬 전설이 아닐 수 없었다. 히데요시에 대한 일본인의 호기심이 폭발하자, 교토와 오사카에서 히데요시에 관한 서책이 잇달아 출간되었다. 히데요시를 회상하고 동경하는 분위기가 조성되면서 히데요시의 인물과 행적이 미화되기 시작했다. 오늘날 일본인이 알고 있는 히데요시의 이야기 중에 이 시기에 부풀려지거나 꾸며진 것이 적지 않다.

메이지 시대에 이르러 히데요시의 인기가 더욱 상승했다. 메이지 정부가 성립되면서 신분제도가 폐지되고 자본주의가 도입되었다. 누구라도 능력이 있으면 출세할 수 있는 시대가 되었다. 이 시대에 히데요시는 입신출세의 이상적인 인물로 부활했다. 비천하고 가난한 집안의 자식이라도 정치가로 입신하여 총리대신이 되고, 육군·해군 사관학교에 들어가 장교가 되고, 사업을 일으켜 대기업의 총수가 될 수 있었다. 일본인은 가난을 딛고 일어나 입신출세한 인물을 이마타이코今太閤 즉, 당대의 도요토미 히데요시라 불렀다.

도요토미 히데요시 숭배를 조장한 것은 침략주의 풍조였다. 일본인은 메이지 유신의 기치 아래 단결하여 근대국가로 거듭났다. 서구 제국주의 흉내를 내면서 조선을 무력으로 협박하여 개국시키고, 1894년에 청일전쟁에서 승리하고, 1904년에 러일전쟁을 일으켜 승리하면서 열강의 대열에 합류했다. 1910년에는 조선을 식민지로 삼고, 이어서 중국 대륙에 마수를 뻗쳤다. 이러한 시대에, 임진왜란을 일으켜 조선을 침략하고 중국 대륙 '정벌'을 꿈꾸었던 히데요시가 국위를 선양한 영웅으로 추앙되었다.

일본인은 어려서부터 히데요시를 찬양하는 교육을 받으며 자랐다. 히데요시의 재능, 인간적인 매력, 무용담, 전략과 전술 등이 역사교육, 연극, 대중소설 등을 통하여 일본인의 가슴 속에 강렬하게 각인되었다. 일본제국주의는 도요토미 히데요시를 효과적으로 이용하여 어린이들에게 일본을 살찌우기 위해 이웃나라를 침략하는 것이 당연한 일이라고 가르쳤고, 청년들을 이웃나라 사람이 느끼는 고통에 둔감한 전투원으로 길러냈다.

1945년 8월 대일본제국이 태평양 전쟁에서 패배했다. 일본은 1905년 이후에 빼앗은 모든 영토를 잃었다. 대일본제국의 질서와 권위가 무너졌다. 일본사회는 매우 혼란스러웠다. 점령군이 일본을 통치하면서 일본인의 가치관이 급변했다. 일본사회의 구석구석에 미국식 자유주의가 스며들었다. 새로운 시대에 잘 적응하는 능력이 있는 자들이 출세의 기회를 잡을 수 있었다. 이러한 시대에 도요토미 히데요시가 다시 부활했다.

마쓰시타 고노스케松下幸之助(1894-1989)라는 기업가가 있었다. 그는 가난한 집안에서 태어나 소학교 4학년 때 중퇴하고, 아홉 살 때부터 동네 점포에서 점원으로 일하다가 16세 때 전기회사 직원이 되었다. 마쓰시타는 전봇대에 올라가 전선을 잇는 일을 하다가 전구 소켓을 발명했다. 그는 22세 때 오사카의 자택에서 전구 소켓을 제작하는 회사를 창업했는데, 직원은 그의 아내와 동생을 포함하여 4명이었다. 1945년 8월 일본이 태평양 전쟁에서 패배한 후, 고도경제성장 시대를 이끌면서 일본 굴지의 재벌 회장이 되었다. 마쓰시타 고노스케와 같은 인물이야말로 현대 일본의 이마타이코였다.

 일본이 전쟁의 폐허에서 다시 일어날 때, 일본인들은 절망 속에서 굶주린 배를 움켜쥐고 잠자리에 들면서 이마타이코를 꿈꿨다. 그때 도요토미 히데요시의 출세 이야기는 성공하고 싶은 일본인들에게 용기를 불어넣는 강장제와 같은 역할을 했다. 히데요시의 출세 이야기는 주로 연극, 대중소설, 라디오 방송, 영화 등을 통해서 널리 퍼졌지만, 패전 후에 보급된 텔레비전과 같은 영상매체가 히데요시의 인기 확산에 크게 기여했다.

 도요토미 히데요시는 17세기 말부터 지금까지 입신출세의 화신으로 일본인의 사랑을 받고 있다. 역사 인물들은 정치·사회적 조건과 환경이 바뀔 때마다 인기가 부침하는 것이 일반적이다. 그러나 히데요시의 인기는 시대를 초월하여 언제나 최고 수준에서 유지되어 왔다는 것이 기이하게 여겨질 정도이다.

그럼 지금부터 여러분이 책을 읽으며 히데요시의 일생을 탐구해보고, 그가 살다 간 자취 속에서 인기의 비결을 찾아보기 바란다.

제1부

도요토미 히데요시 초상 / 光福寺 소장(교토시)

CHAPTER1. 불우했던 유소년 시절

도요토미 히데요시豊臣秀吉는 1537년 2월 6일 오와리尾張(아이치현 서반부)의 아이치군愛知郡 나카무라中村에서 가난한 농민의 아들로 태어났다. 나카무라는 오다 노부나가織田信長(1534-82)가 태어난 나고야성那古屋(나고야시 중구)이 멀리 바라다 보이는 곳에 있는 농촌이었다. 그곳에는 초가집 50여 채가 옹기종기 모여 있었다.

도요토미 히데요시가 태어난 16세기 중엽은 전국시대戰國時代 후반에 해당하는 시기였다. 일본사에서는 무로마치 막부室町幕府 시대 후기를 특히 전국시대라고 하는데, 이 시대는 일반적으로 오닌應仁의 난이 일어난 1467년부터 오다 노부나가가 무로마치 막부의 15대 쇼군將軍 아시카가 요시아키足利義昭(1537-97)를 받들고 교토京都로 진출한 1568년에 이르는 기간을 말한다.

무로마치 막부는 오닌의 난을 정점으로 쇠락의 길로 접어들었다. 막부는 일본 사회를 잘 다스리는 공권력 역할을 제대로 하지 못했다. 그러자 일본 열도 각지에서 무사단을 이끌고 영토를 쟁취하여 다스리는 군웅이 출현했다. 그들을 센고쿠다이묘戰國大名라고 했다. 센고쿠다이묘는 막부의 명령에 따르지 않았다. 그들은 일본 열도 각지에 자신들의 왕국을 세우고, 독자적인 법을 만들어, 토지와 농민을 직접 지배했다.

히데요시가 태어났을 때, 오와리 지방은 오다씨 일족이 나누어 지배하고 있었다. 아이치군 일대는 오다 노부나가의 부친 오다 노부히데織田信秀(1511-52)가 지배하던 곳이었다. 오와리와 동남쪽으로 접한 미카와三河(아이치현 동부)는 마쓰다이라松平 가문이 지배하고 있었고, 북서쪽으로 접한 미노美濃는 사이토 도산斎藤道三(?-1556)이 차지하고 있었다. 미카와의 동쪽에 위치한 스루가駿河(시즈오카현 중부)와 도토우미遠江(시즈오카현 서반부)는 당시 일본에서 가장 강력한 다이묘의 한 사람으로 알려진 이마가와 요시모토今川義元(1519-60)가 지배하고 있었다.

『다이코스조키太閤素生記』에 따르면, 히데요시의 부친 기노시타 야에몬木下弥右衛門은 노부나가의 부친인 오다 노부히데 군단에 속한 뎃포鉄砲 아시가루足輕 즉, 화승총을 쏘는 하급무사였고, 모친은 아이치군 고키소무라御器所村(아이치현 나고야시 쇼와쿠 일대)에서 태어난 나카仲라는 여성이었다. 야에몬은 전투 중에 부상을 입고 고향으로 돌아와 농민이 되었는데, 급기야 상처가 덧나 1543년 1월 2일에 죽었다.

그런데 오다 노부히데 시대에는 일본에 화승총이 없었다. 화승총은 히데요시의 부친이 사망한 후, 1543년 8월에 필리핀에서 명나라로 향하던 포르투갈 선박이 규슈의 남쪽에 있는 섬 다네가시마種子島(가고시마현 동남쪽에 있는 섬)에 표착하면서 일본에 처음 전해졌다. 일본에 화승총을 전한 것은 포르투갈 상인이었다. 화승총이 일본에서 생산된 것은 그로부터 10여 년이 지난 후였다. 화승총 부대를 창설한 것은 오다 노부히데가 아니라 그의 아들 노부나가였다. 따라서 히데요시의 부친 야에몬이 살아있었을 때 일본에 뎃포 아시가루가 있었을 리 만무했다. 『太閤素生記』의 기노시타 야에몬 관련 기록은 저자가 히데요시의 부

1. 불우했던 유소년 시절 25

친이 무사 신분이었다는 것을 강조하기 위해 날조했을 가능성이 있다. 그렇다면 당연히 히데요시의 실부가 기노시타라는 성을 사용했다는 기록도 신뢰성을 잃게 된다.

❖ 『太閤素生記』

◎ 『太閤素生記』는 에도 막부의 하타모토旗本 쓰치야 도모사다土屋智貞가 저술한 도요토미 히데요시의 전기이다. 『秀吉出生記』라고도 한다. 히데요시의 어린 시절부터 20대 후반까지의 사료는 전무하다고 할 수 있다. 지금 일본인들이 알고 있는 히데요시의 유소년기와 청년기의 이야기는 대부분 이 책을 원본으로 하는 것이다. 히데요시가 1536년 정월 초하룻날에 태어났고, 히데요시의 정실 기타노만도코로北政所의 본명이 오네라는 기록은 모두 이 책을 참고한 것이라고 보아도 좋을 것이다.

◎ 이 책은 쓰치야 도모사다가 그의 조모로부터 들은 이야기와 그의 양모가 들려준 이야기를 조합하여 기술한 것으로 여겨진다. 특히 그의 양모는 히데요시의 고향인 오와리 나카무라의 다이칸代

官을 지낸 이나구마 쓰케에몬稲熊助右衛門의 딸이었다. 나카무라에 거주하는 동안 히데요시의 유소년기와 청년기에 대한 이야기를 들었을 가능성이 있다.

◎ 그러나 이 책의 내용을 그대로 믿을 수는 없다. 신빙성이 없는 기록이 적지 않기 때문이다. 가장 대표적인 '거짓말'은 히데요시의 실부 기노시타 야에몬이 오다 노부나가의 부친 오다 노부히데를 섬겼던 화승총 부대의 하급무사였다는 이야기이다. 야에몬이 사망하기 전에 히데요시의 실모와 양부 지쿠아미 사이에서 동생 히데나가가 태어났다는 이야기도 논리적으로 모순된다. 그런 점에서 이 책을 연구자가 참고할 때는 매우 신중해야 할 것이다. 필자도 이 점을 염두에 두고 다른 자료와 비교하면서 이 글을 썼다.

◎ 히데요시의 유소년기 이야기 중에서 확실한 것은 '어떤 남자'와 히데요시의 모친 나카仲 사이에 두 자녀 즉, 히데요시와 그의 누이 토모가 태어났고, 그 후 나카가 '다른 남자'를 만나 두 자녀 즉, 히데요시의 남동생과 여동생을 낳았다는 이야기뿐이다.

그렇다면 히데요시의 부친은 성을 사용하지 않았고, 야에몬이라는 이름으로 불렸던 가난한 농민이었을 것이다. 1603년 에도 막부江戸幕府가 성립되면서 병농분리兵農分離 즉, 농촌에 토착하던 무사가 조카마치城下町 즉, 다이묘의 거성 주변에 형성된 도시로 이주하여 집단으로 거주하는 체제가 완성되었다. 이 무렵부터 농민은 전투원으로 전쟁에 동원되지 않고 역부役夫로 동원되는 것이 원칙이었다. 그러나 16세기 말엽까지 다이묘들이 농민도 전투원으로 동원하는 경우가 적지 않았다. 더구나 16세기 초엽이라면 '농민 야에몬'이 전투에 동원되었을 가능성이 더욱 높았을 것이다.

전국시대 일본에는 여러 계층의 농민이 있었다. 상위 계층 농민은 토호였다. 그들은 나누시名主 또는 지자무라이地侍라고 불리면서 넓은 토지를 보유하고 있었다. 아직 병농분리가 실현되기 전이었던 16세기 중엽 일본사회는 무사와 농민의 경계가 모호했다. 지자무라이는 평소에 노예적 성격이 강한 게닌下人을 거느리고 농업에 종사하다가 전투가 벌어지면 그들을 데리고 전투에 나아갔다. 일반 농민들은 묘지苗字 즉, 성을 사용하지 않았으나 지자무라이들은 성을 사용했다. 히데요시 부친이 기노시타 야에몬이라고 불렸다면 그는 토호 신분이었을 것이다. 그러나 어떤 자료를 보아도 히데요시의 부친이 토호였다는 근거를 찾을 수 없다.

히데요시의 부친은 농촌사회에서 어느 계층에 속했던 농민이었을까? 일본에서는 토호 밑에 속한 계층을 히라뱌쿠쇼平百姓라고 불렀다. 그들은 에도 막부가 성립된 17세기 이후에 혼뱌쿠쇼本百姓 즉, 토지를 소유하고 조세를 납부하는 의무를 진 존재였다. 그들은 가족이 협력해서 농사를 지을 수 있을 정도의 경작지를 보유한 자영농이었다. 그들의 생활은 풍족하지는 않았지만 그렇다고 가난하다고 할 수 없는 중농층이었다.

히데요시가 어릴 때 그의 집안이 매우 가난했다. 히데요시는 최고 권력자가 된 뒤에도 때때로 매우 가난했던 자신의 어린 시절을 회상했다. 히데요시의 어린 시절이 매우 가난했다는 소문은 공공연한 사실이었던 것 같다. 선교사 루이스 프로이스Luis Frois가 저술한 『일본사』에 다음과 같은 기록이 있다. "가난한 농민의 자식으로 태어나 어린 시절에는 산에서 나무를 해서 팔아서 생계를 유지했다. 그는 지금도 그 당시의 일을 비밀로 할 수 없어서 '내가 아주 가난했을 때는 낡은 가마니 이외에 몸을 덮을 것이 없었다.' 라고 술회할 정도였다."

히데요시가 어렸을 때 생계를 유지하기조차 어려웠다는 것을 알 수 있는데, 그렇다면 그의 집안은 토호는 물론 히라뱌쿠쇼 계층도 아니었던 것 같다. 당시 가난한 농민층을 고사쿠小作 즉, 일정한 대가를 지불하고 토호나 자영농의 토지를 빌려서 농사를 짓는 사람이라고 했다. 에도 시대에 미즈노미뱌쿠쇼水呑百姓 즉, 가난해서 겨우 물만 먹을 수 있는 농민이라고 불렸던 존재였다. 그들이 곧 소작농이었다.

가난한 농민 야에몬과 나카 사이에 두 자녀가 태어났다. 도요토미 히데요시와 그보다 세 살 위 누이 도모였다. 야에몬은 히데요시가 7살 때 사망했다. 바로 그 해에 나카는 도모와 히데요시를 데리고 야에몬의 친구인 지쿠아미竹阿弥와 재혼했다. 지쿠아미는 오다 노부히데를 섬기며 차를 다리거나 잔심부름을 하던 자였는데, 나카와 재혼할 당시에는 병을 얻어 일을 그만두고 고향으로 돌아온 실업자였다. 지쿠아미와 나카 사이에 두 자녀가 태어났다. 히데요시의 이복 남동생 히데나가秀長와 여동생 아사히히메旭姫였다. 야에몬과 나카 사이에 네 명의 아이가 태어났고, 야메몬이 사망하자 나카가 네 아이를 데리고 지쿠아미와 재혼했다는 설도 있다. 하지만 필자는 지쿠아미가 히데요시의 의붓아버지라는 설을 따랐다.

❖ 히데요시 출생의 비밀

◎ 도요토미 히데요시는 일본인이 가장 좋아하는 인물 중의 하나이다. 하지만 그가 비천한 농민의 자식으로 태어났다는 것을 제외하고, 그의 출생에 관해 믿을 수 있는 사료가 거의 없다. 심지어 히데요시의 부친이 누구인지조차 분명하지 않다. 그래서 히데요시가 생존했을 때부터 그의 출생과 관련된 이야기가 사람들의 입에 오르내렸던 것 같다.

◎ 교토의 조동종 사원 즈이류지瑞龍寺(교토시 가미교구 다테몬젠초)가 소장하고 있는『기노시타카게이즈木下家系図』, 17세기 중엽에 스치야 도모사다가 저술한『太閤素姓記』, 18세기 중엽에 성립되었을 것으로 여겨지는 사나다 조요真田増誉의『메이료코한明良洪範』등에 히데요시의 부친이 기노시타 야에몬이라고 기록되어 있다. 그러나 앞에서도 분석했듯이, 히데요시의 부친이 기노시타라는 성을 사용했다는 근거가 없다.

◎ 히데요시는 생전에 자신의 출생기록을 날조하려고 시도했다. 히데요시는 자신이 신뢰하는 측근이며 도요토미 정권의 정통성 수립에 앞장섰던 어용학자 오무라 유코大村由己(1536-96)를 불러 자신이 천황의 사생아라고 '알려주었다.' 오무라 유코는 히데요시의 전기『덴쇼키天正記』를 저술했다. 이 책은 1580년부터 1590년까지 히데요시의 활약을 기록한 군기물이다. 모두 12장으로 구성

되었다. 그중 제5장의 소제목이「간파쿠닌칸키關白任官記」인데, 여기에 히데요시가 천황의 사생아였다는 이야기가 나온다. 히데요시의 조부는 하기주나곤萩中納言이라는 높은 관직에 있던 귀족이었고, 히데요시의 모친 나카가 잠시 천황 궁전에서 근무한 적이 있었는데, 그때 천황의 승은을 입고서 16세 때 오와리의 나카무라로 돌아와 히데요시를 낳았다는 것이다.

◎ 1644년경에 마쓰나가 데이토쿠松永貞德(1571-1654)가 편찬한『다이온키戴恩記』에는「関白任官記」의 기록과 거의 같은 대목이 있다. 히데요시의 모친이 젊었을 때 천황 궁전의 하녀였는데, 뜻하지 않게 천황의 승은을 입게 되었다. 그날 밤 꿈에 많은 액막이 부적을 넣어 둔 상자가 이세伊勢에서 하리마播磨를 향해서 하늘로 날아가는 태몽을 꾸고 히데요시를 낳았다.「関白任官記」와『戴恩記』에 기록된 '히데요시 천황 사생아설'은 히데요시의 사주로 어용학자 오무라 유코가 꾸며낸 이야기이고, 그것을 마쓰나가 데이토쿠가 그대로 수용한 것이다. 사료적 가치가 전혀없는 것이다. 그것이 허구라는 것은 역사상 하기주나곤이라는 인물이 없었다는 것으로도 증명이 되고, 히데요시에게 누나가 있었다는 것 하나만으로도 논리적 모순이 드러난다. 그러나 히데요시가 천황의 혈통을 이었다는 이야기는 17세기 중반까지 진실로 포장되어 널리 유포되었던 것 같다. 1706년에 구보타 구로자에몬久保田九郎左衛門이 저술한『도코쿠타이헤이키東國太平記』, 아마노 사다카게天野信景(1661-

1733)가 저술한 『시오지리鹽尻』 등에도 '히데요시 천황 사생아설'이 등장한다.

◎ 그러나 히데요시와 곡학아세에 앞장선 어용학자가 '히데요시 천황 사생아설'을 선전했어도 학자의 눈을 속일 수 없었다. 17세기 초에 유학자 하야시 라잔林羅山(1583-1657)이 편찬한 『도요토미히데요시후豊臣秀吉譜』에 히데요시의 부친에 대해 "자세히 알 수 없다."고 기록되어 있다. 하야시 라잔은 도쿠가와 이에야스에게 발탁되어 에도 막부의 문교 정책을 총괄한 인물이었다. 그는 마음만 먹으면 히데요시에 관한 자료를 열람할 수 있었고, 히데요시와 관련된 핵심 증언을 청취할 수 있는 지위에 있었다. 그런 그가 히데요시의 부친이 누구인지 알 수 없다고 기록했다.

모친이 다른 남자와 재혼하면서 히데요시는 매우 불행한 어린 시절을 보냈다. 실업자인 지쿠아미가 히데요시를 포함한 다섯 식구를 부양하는 것이 쉬운 일이 아니었을 것이다. 지쿠아미는 너무 가난한 나머지 어린 히데요시를 노예로 팔려고 했을 정도였다. 급기야 1544년 지쿠아미는 히데요시를 집에서 멀지 않은 고묘지光明寺라는 절로 보냈다. 공부를 시키기 위해서가 아니라 식량을 아끼기 위해서였다. 그러나 히데요시는 절에서 말썽을 일으켜 집으로 쫓겨 왔다.

그 후 히데요시는 다른 집의 노비가 되어 머슴살이를 하고, 상점의 점원이 되어 잔심부름을 하면서 불우한 시절을 보내다가 1551년경에 망부 야에몬이 유산으로 남겨둔 약간의 금전을 가지고 일단 오와리 지방의 중심지였던 기요스성清洲城(아이치현 기요스시)으로 갔고, 그곳에서 바늘을 사서 그것을 팔면서 오와리 지방과 접해 있는 도토우미, 미카와, 미노 지방의 각지를 여행했다는 이야기가 전한다.

히데요시는 이마가와 요시모토의 지배영역으로 발걸음을 옮겼다. 히데요시는 오와리 출신이지만 오다 노부나가를 그렇게 높이 평가하지 않았던 것 같다. 무사로 출세하려면 미카와 지방을 손에 넣고 오와리 지방까지 넘보고 있던 이마가와 요시모토를 섬기는 것이 좋다고 판단했을 가능성이 있다. 히데요시가 동쪽으로 발걸음을 옮긴 것은 그 나름대로의 계산이 있었을 것이다. 그러나 다른 지방 출신으로, 게다가 신분이 미천한 히데요시가 이마가와 가문에 접근할 수 있는 길은 없었다.

히데요시는 하마마쓰浜松(시즈오카현 하마마쓰시) 근처에서 마쓰시타 유키쓰나松下之綱(1537-98)라는 무사를 만나서 그를 섬기는 종자가 되었다. 마쓰시타는 이마가와 요시모토의 가신이었다.『太閤素生記』에 따르면, 마쓰시타는 히데요시를 처음 보았을 때 그의 첫인상을 다음과 같이 말했다. "원숭이인가 하고 보면 사람이고, 사람인가 하고 보면 원숭이였다." 몸이 왜소하고 동작이 민첩한 원숭이상의 히데요시의 모습이 눈앞에 보이는 듯하다. 오다 노부나가가 히데요시를 부를 때 사루猿 즉, 원숭이라고 불렸던 것을 보면 히데요시의 용모가 원숭이를 닮았다는 것이 사실이었던 것 같다.

히데요시는 마쓰시타 유키쓰나를 2년 가까이 섬기면서 잡일을 하다가 이윽고 회계를 담당하게 되었다. 비교적 빠르게 출세를 한 셈이었다. 그러나 다른 지방 출신이 출세하는 것을 시기하는 동료들이 히데요시를 괴롭히기도 하고 모함하기도 했다. 견디다 못한 히데요시는 마쓰시타 유키쓰나의 곁을 떠났다.『太閤素生記』에 따르면, 봉공인들이 물건이 없어지면 히데요시를 의심하고, 사사건건 히데요시를 괴롭힌다는 것을 안 마쓰시타가 남몰래 넉넉한 노자돈을 히데요시에게 주며 고향으로 돌아가라고 했다고 한다.

『호안타이코키甫庵太閤記』에 따르면, 어느 날 마쓰시타 유키쓰나가 히데요시에게 금화 5매를 주면서 갑옷을 사 오라고 했다. 그런데 생전 처음 만져보는 큰돈을 손에 넣은 히데요시는 그 돈을 가지고 고향으로 돌아와 다시는 마쓰시타 유키쓰나에게 돌아가지 않았다. 히데요시는 금화 5매로 크고 작은 도검과 갑옷을 샀다. 히데요시는 친구 집에 머물면서 노부나가에게 접근할 수 있는 방법을 찾고 있었다. 그가 가출한 지 2년이 지난 1554년경이었다.『太閤素生記』의 기록보다『甫庵太閤記』의 기록이 좀 더 사실에 가깝다고 할 수 있다.

CHAPTER2. 오다 노부나가의 종자

히데요시가 고향으로 돌아왔을 때, 그의 나이는 18살이었고 오다 노부나가는 20살이었다. 노부나가는 18살 때 이미 다이묘 가문의 가독을 상속했고, 2년 후에는 오다씨 일족 중에서 가장 강력한 경제력과 무력을 보유한 다이묘로 성장했다. 히데요시는 노부나가의 성장 가능성에 그의 운명을 걸었고, 지인의 추천으로 노부나가의 고모노小者로 일하기 시작했다. 이때 히데요시는 도키치로藤吉郎라는 이름으로 불렸다. 고모노는 주군의 무기나 짐을 나르는 주겐中間보다 낮은 지위로, 주로 주군 옆에서 잔심부름하는 존재였다. 주겐 이하는 무사 신분으로 인정되지 않았다.

『甫庵太閤記』에 따르면, 히데요시는 노부나가의 눈에 들기 위해 피나는 노력을 했다. 그의 일상은 연출에 가까울 만큼 철저했고 또 집요했다. 어느 추운 겨울날 아침 노부나가의 신발을 가슴에 품어 따뜻하게 했다는 일화도 고모노 시절의 이야기였다. 어느 날 새벽 이누야마성犬山城 부근에서 화재가 발생했다. 오다 노부나가가 출동 준비를 마치고 방문을 나섰을 때 말고삐를 잡고 대기하고 있는 자가 있었다. 노부나가가 누구냐고 물으니 도키치로라고 대답했다. 얼마 후 노부나가가 매사냥을 나가기 위해 새벽에 일어나 하인을 불렀다. "거기 누구 없는가." 그러자 어둠 속에서 히데요시가 큰 소리로 대답했다. "소인 도키치로 여기 있습니다." 물론 『太閤記』의 기록을 그대로 믿을 수 없다. 하지만 히데요시가 주어진 직분에 충실했고, 성격이 까다롭기로 이름난 노부나가도 히데요시의 성실성에 감복했던 것은 사실이었던 것 같다.

1555년부터 오다 노부나가의 운이 크게 열렸다. 그해 4월 20일 노부나가는 기요스성을 지배하던 일족을 공격해 죽였다. 노부나가는 적의 추종 세력을 일소하고, 거성을 기요스성으로 옮기면서 오와리 서부 지역을 지배하에 두었다. 1558년에는 오와리 동부 지역을 지배하던 일족을 죽이고 오와리 지역을 통일했다. 히데요시가 노부나가를 섬기기 시작한 지 불과 4년 만에 노부나가는 오와리 지방을 지배하는 센고쿠다이묘로 성장했다. 노부나가의 지배지가 확대되면서 히데요시가 출세할 수 있는 기회가 찾아왔다.

전국시대는 다이묘들이 서로 싸움을 되풀이하던 시대였다. 전투에서 이기는 것이 전국시대 다이묘들의 삶의 목표였다. 그들은 신분제 사회의 가치와 상충되는 능력주의, 합리주의, 실력주의를 앞세울 수밖에 없었다. 다이묘들은 신분에 구애되지 않고 실력이 있는 자를 가신으로 등용했다. 그러다 보니 전국시대에 중세적 신분질서가 일시적으로 무너졌다. 바로 이러한 시대였기에 히데요시와 같은 미천한 농민 출신도 출세할 수 있는 길이 열렸다.

노부나가는 매우 세심한 인물이었다. 평소에 히데요시를 눈여겨보았다가 고모노가시라小者頭 즉, 고모노들을 거느리는 책임자로 임명했다. 노부나가 군단은 짧은 기간에 급속하게 팽창했다. 그러다보니 가신들 중에 남보다 빨리 출세하는 자들이 있었다. 히데요시도 그런 인물 중의 한 사람이었다. 하지만 노부나가는 냉철한 인물이었다. 아무리 다급해도 능력이 없는 자에게 중책을 맡기지 않았다. 히데요시가 노부나가의 신임을 얻어 빨리 출세했다면, 그의 능력이 남보다 출중했기 때문이었을 것이다.

『甫菴太閤記』에 다음과 같은 이야기가 전한다. 어느 날 지진이 일어나 기요스성 성벽이 무너졌다. 노부나가는 중신에게 서둘러 무너진 성벽을 수리하라고 명령했다. 하지만 공사는 진척되지 않고 20여 일이 지났다. 그러자 히데요시가 혼잣말처럼 중얼거렸다. "지금 동쪽에는 이마가와 요시모토와 다케다 신겐武田信玄(1521-73), 북쪽에는 아사쿠라 요시카게朝倉義景(1533-73)와 사이토 도산, 서쪽에는 아자이 나가마사浅井長政(1545-73) 등과 같은 다이묘들이 있다. 그들이 허를 찔러 오와리를 침략할 수도 있는데 성벽 수리가 이렇게 지연되면 위험하다." 히데요시가 한 말이 노부나가의 귀에 들어갔다. 노부나가는 히데요시를 불러 물었다. "너라면 이 공사를 며칠이면 마칠 수 있느냐?" 히데요시가 대답했다. "사흘이면 완공할 수 있습니다." 노부나가는 히데요시에게 성벽 수리를 맡겼다.

히데요시는 먼저 무너진 성벽을 열 구획으로 나누고, 열개 부대를 편성해서 각각 책임자를 정했다. 그리고 각 부대가 서로 경쟁하게 하는 방식으로 공사를 진행했다. 병사들에게 술과 음식을 충분하게 제공했다. 사기가 오른 병사들이 다른 부대원에게 뒤질세라 열심히 일했다. 성벽은 이틀이 지나지 않아서 완공되었다. 그날 저녁 노부나가가 매사냥을 나갔다가 돌아왔을 때, 히데요시는 깨끗하게 청소까지 마치고 노부나가를 맞이했다. 그날 밤 노부나가는 히데요시를 불러 공적을 치하하고 봉록을 높여주었다.

어느 날 노부나가가 장작 담당 부교奉行를 불러 1년간 장작 구입비가 얼마나 되느냐고 물었다. 장작 담당 부교가 대답했다. "연간 1000석 정도의 비용이 듭니다." 노부나가는 즉석에서 그 부교를 해임하고 히데요시를 장작 담당 부교에 임명하면서 말했다. "오늘부터 장작에 관한 모든 것을 네게 맡긴다. 1~2년간 책임을 맡아라."

히데요시는 다음 날부터 한 달에 사용하는 장작의 양을 계산하고, 이어서 성내 여러 곳에 있는 난로를 파악한 후, 1년간 사용량을 계산했다. 그랬더니 종래 사용량의 3분의 1이면 충분하다는 결론을 내렸다. 다음 해 정월 20일 노부나가가 히데요시에게 물었다. "그래 장작은 얼마나 소비되었는가?" 히데요시는 그동안 사용한 장작이 종래의 3분의 1이었다고 보고했다. 그리고 다음과 같이 아뢰었다. "다른 지방의 다이묘들은 산촌에서 장작, 어촌에서 수산물을 조세로 징수한다고 들었습니다. 오와리의 산에는 큰 나무가 자라고 있습니다. 한 마을에서 나무 한 그루씩 바치게 하면 어떻겠습니까?" 노부나가가 말했다. "하여튼 네 생각대로 해 보아라. 하지만 농민들이 불만을 품어서는 안 된다. 반드시 대가를 지불하도록 하라." 히데요시는 각 마을에서 큰 나무 한 그루씩 바치게 했고, 그것을 땔감으로 사용해서 장작 비용을 더욱 절감했다.

노부나가는 히데요시의 능력에 감탄했다. 수개월 후에 노부나가가 히데요시를 불러 말했다. "너에게 장작 담당 부교의 일을 맡기는 것은 준마에게 소금을 실은 마차를 끌게 해서 괴롭히는 것과 같은 것이다. 큰 재목을 사소한 일에 쓰는 것과 같이 어리석은 일은 없다." 노부나가는 히데요시에게 더 중요한 직책을 맡겼다.

물론 이와 같은 이야기가 사실이라고 단정할 수 없다. 1560년을 전후한 사료에 히데요시의 이름이 전혀 등장하지 않는다. 노부나가가 히데요시를 중요한 직책에 임명했다고 하지만 그는 겨우 아시가루足軽 즉, 하급무사의 신분에 지나지 않았다. 어쩌면 『甫菴太閤記』의 저자 오제 호안小瀬甫庵(1564-1640)이 전해들은 히데요시의 이야기를 과장해서 기술했을 수도 있고, 아니면 그가 아예 꾸며낸 이야기일 수도 있다.

1560년 5월 19일은 노부나가는 물론 히데요시에게도 매우 큰 의미를 갖는 날이었다. 이날 노부나가는 2만5000여 명의 대군을 거느리고 오와리를 침략한 이마가와 요시모토를 물리쳤다. 오케하자마桶狹間 전투였다. 그때 노부나가가 직접 거느리고 나간 군사는 겨우 2,000여 명이었다. 노부나가는 소수의 군사로 10배가 넘는 대군의 본진을 기습해서 일거에 승리를 거두었다. 그 배경에는 이마가와군의 이동 경로는 물론 적진 내부의 분위기까지 실시간으로 보고하는 첩보원들이 있었다. 당시 노부나가는 중신들에게도 말하지 않고 극비리에 첩보부대를 운영했을 가능성이 있다.

오케하자마 전투에서 히데요시가 어떤 역할을 했는지 알 수 없지만, 훗날 히데요시가 주로 머리를 써서 사람의 마음을 움직이고, 적진에 침투해서 정보를 수집하고, 상대방의 분열을 조장하고, 첩자를 잘 활용하면서 오다 군단의 장수로 성장했던 것을 보면 오케하자마 전투 때 적진의 정보를 수집하는 첩보원으로 활약했을 가능성이 있다.

❖ 『甫庵太閤記』

◎ 『호안타이코키甫庵太閤記』의 저자는 오제 호안小瀨甫庵(1564-1640)이다. 그래서 『甫庵太閤記』는 『오제타이코키小瀨太閤記』라고도 알려졌다. 오제 호안은 당대 최고의 계몽적 지식인으로, 유학자이며 군학자軍學者이며 의사였다. 오다 노부나가의 전기 『신초키信長記』의 저자로도 알려져 있다. 甫庵은 그의 호이다.

◎ 그는 한때 관백関白 지위에 올랐던 도요토미 히데쓰구豊臣秀次의 가신이었다. 그래서 히데쓰구 사건이 일어난 후, 몸을 숨기고 지내다가 1615년 도요토미 가문이 멸망한 후에야 히데요시의 전기를 쓰기 시작했다.

◎ 그의 저술에 등장하는 인물에 대한 평가는 유교적 가치관의 관점에서 서술된 경우가 많고, 때로는 자신이 지어낸 이야기를 글 속에 끼워 넣는 경우도 적지 않았다. 하지만 그의 허구성이 가미된 글이 오히려 인물의 성격을 선명하게 드러내는 면이 있어서였는지, 에도 시대 일본인들은 이 책을 즐겨 읽었다.

◎ 『甫庵太閤記』의 사료적 가치는 높지 않으나 도요토미 히데요시의 이미지 형성에 적지 않은 영향을 끼친 것이 사실이다. 현대 일본인의 머릿속에 자리 잡은 히데요시상 또한 『甫庵太閤記』라는 프리즘을 통해 어느 정도 굴절되고 왜곡된 이미지가 뒤섞여 있다는 것을 알아야 할 것이다.

CHAPTER3. 소부대의 지휘관

　1561년 8월 히데요시는 오다 노부나가 군단의 궁시대弓矢隊 지휘관 아사노 나가카쓰浅野長勝(?-1575)의 양녀 오네와 혼인했다. 히데요시가 이미 하급무사 신분이 되었다는 것을 알 수 있다. 그때 히데요시의 나이는 25세, 그의 결혼 상대 오네는 14세였다. 오네의 친부는 스기하라 사다토시杉原定利(?-1593)였다. 사다토시의 둘째 딸이었던 오네는 아사노 가문에서 양육되었다. 두 사람의 혼인은 마에다 도시이에前田利家(1539-99)가 중매했다고 전하기도 하고, 노부나가의 친척이 주선했다고도 전하기도 한다.

당시 하급무사들은 수군 저택을 에워싸고 있는 나가야長屋리는 사랑채에서 거주하는 경우가 많았다. 히데요시는 오네와 혼인하고 아사노 나가카쓰가 거주하는 나가야에서 함께 살았다. 히데요시는 이때부터 기노시타 도키치로木下藤吉郎라는 성명을 사용했다. 히데요시가 성을 사용하게 되었다는 것은 무사 신분에 편입되었다는 것을 의미한다. 무사 신분이 되지 않았다면 무사 집안의 딸과 혼인할 수 없었을 것이다.

❖ **히데요시가 기노시타라는 성을 사용하게 된 이유**

◎ 히데요시가 기노시타라는 성을 사용하기 시작한 것에 대해 여러 설이 있다. 가장 많이 알려진 것은 1558년 9월 히데요시가 노부나가를 처음 만나 종자로 거두어달라고 청원했던 곳이 나무 밑이어서 기노시타라는 성을 사용하게 되었다는 것이다. 그러나

이 설을 그대로 믿을 수 없다.

◎ 히데요시의 부친 야에몬이 이미 기노시타라는 성을 사용했고, 당연히 그 아들 히데요시가 기노시타라는 성을 사용했다는 설이 있다. 그러나 앞에서 살펴보았듯이, 히데요시의 부친 야에몬이 기노시타라는 성을 사용했을 가능성이 거의 없다. 부친이 야에몬이라는 설도 그대로 믿을 수 없다. 이미 17세기 초부터 야에몬이 히데요시의 부친이 아니고, 히데요시의 모친이 다른 남자와 야합하여 히데요시를 낳았다는 설이 제기되었다. 실제로 히데요시가 스스로 야에몬이 자신의 부친이라고 말한 적이 없다.

◎ 오다 노부나가가 히데요시에게 성이 무엇이냐고 묻자, 머리회전이 빠른 히데요시가 이전에 섬기던 주인 마쓰시타 유키쓰나의 성을 한 자 바꿔서 기노시타라고 말했다는 설이 있다. 훗날 히데요시가 노부나가의 부장 니와 나가히데丹羽長秀와 시바타 가쓰이에柴田勝家의 성을 각각 한자 씩 따서 하시바羽柴라고 칭했던 것을 보면, 히데요시가 순간적으로 기노시타라고 둘러댔을 가능성이 전혀 없는 것은 아니다.

◎ 그러나 필자는 여러 설 중에서 구와다 타다치카桑田忠親의 주장에 따르고 있다. 구와다는 그의 저서 『豊臣秀吉研究』에서 다음과 같이 말했다. 히데요시의 처 오네의 친가가 기노시타씨를 칭했는데, 히데요시가 하급무사의 양녀 신분인 오네와 혼인하게 되면서 오네 집안의 묘지苗字인 기노시타라는 성을 사용하게 되었다.

히데요시는 오네와 혼인한 후 얼마 지나지 않아 소부대를 이끄는 지휘관으로 승진했고, 그때부터 기노시타 도키치로가 역사에 등장한다. 1564년 히데요시가 28세가 되었다. 그해 7월부터 오다 노부나가가 미노美濃 지방 공략을 개시했다. 당시 미노 지방은 사이토 도산의 손자 사이토 다쓰오키斎藤龍興(1548-73)가 지배하고 있었다.

오다 노부나가는 본거지를 기요스淸洲에서 미노 지방과 국경을 맞대고 있는 고마키야마小牧山(아이치현 고마키시)로 옮겼다. 같은 해 8월에는 사이토 가문의 내분을 틈타 오와리와 미노의 국경 지역에 진지를 구축했다. 그리고 사이토 가문을 섬기던 호족을 자기편으로 끌어들이는 공작을 펼쳤다. 이때 마쓰쿠라성松倉城(기후현 다카야마시 소재) 성주 쓰보우치 도시사다坪内利定(1539-1610)를 비롯한 여러 호족이 사이토 가문을 배반하고 오다 노부나가에 복속했다.

이 무렵부터 히데요시가 사료에 등장한다. 히데요시는 인간관계가 매우 원만한 사람이었다. 오다 노부나가의 종자로 일할 때부터 주로 사람들의 심리를 파악하고 그것을 효과적으로 이용하는 일에 능력을 발휘했다. 노부나가도 일찍부터 히데요시의 그런 능력을 눈여겨보았다. 노부나가는 히데요시에게 사이토 가문 가신단의 내분을 조장하고 적군에 속한 호족들을 회유하는 일에 나설 수 있는 기회를 제공했다. 히데요시는 노부나가의 기대에 부응했다.

히데요시는 오와리 지방과 국경을 접하고 있는 미노 지방의 호족들을 회유하는 공작을 벌였다. 이때 이미 오다 노부나가에게 충성을 맹세한 쓰보우치 도시사다를 효과적으로 이용했다. 쓰보우치의 활약으로 국경 지역의 호족들이 속속 오다 노부나가에 복속했다. 그러자 히데요시는 우누마성鵜沼城(기후현 가카미가하라시 우누마초) 근처에 전초기지를 마련하고, 우누마성 성주 오사와 모토야스大沢基康(생몰연도 불명)의 회유 공작을 개시했다. 한때 히데요시는 목숨을 잃을 위기에 처하기도 했으나 결국 오사와도 오다 노부나가에 귀속했다. 이때 노부나가의 논공행상 문서에 첨부된 기노시타 도키치로라는 서명이 확인된다.

그러나 노부나가의 미노 공략은 순탄하게 진행되지 않았다. 1566년 8월 가와노지마河野島(기후현 하시마군) 전투에서 노부나가는 사이토군에게 크게 패했다. 8월 29일 오다군이 물이 불어난 기소가와木曾川를 건너서 사이토 가문의 지배지로 넘어가 진을 쳤다. 하지만 사이토군의 공격으로 수세에 몰린 오다군이 강을 건너서 퇴각하다가 많은 군사가 익사하거나 전사했다. 가와노지마 전투에서 크게 패한 노부나가는 기소가와 건너편에 요새를 구축하지 않고는 승산이 없다는 것을 알았다.

노부나가는 전략직으로 중요한 지점이었던 스노마타墨俁(기후현 오가키시 스노마타초)에 교두보를 확보하기로 했다. 그러나 적진에 있는 스노마타에 성을 쌓는 일은 결코 쉬운 일이 아니었다. 노부나가는 여러 장수들과 의논했으나 누구도 선뜻 나서는 사람이 없었다. 그러자 노부나가는 기노시타 도키치로에게 작전을 지휘하게 했다. 히데요시는 부대를 둘로 나누었다. 한 부대는 사이토군의 공격을 막아내게 하고 다른 부대는 공사에 동원했다. 히데요시는 사이토군과 싸우며 40여 일만에 스노마타성 공사를 완료했다.

스노마타성이 완공되자, 노부나가는 기노시타 도키치로를 그 성의 수비를 담당하는 장수로 임명하고 3000여 명의 군사를 지휘하게 했다. 물론 스노마타성은 히데요시가 직접 지배하는 영지는 아니었다. 하지만 히데요시는 이때 군사적 요충지인 스노마타성의 성주 역할을 했던 것이다. 이때부터 히데요시는 오다 노부나가 가신단 내에서 무시할 수 없는 존재로 부각되었다.

1567년 8월 노부나가는 사이토 가문을 멸망시키고 본거지를 기후岐

阜(기후현 기후시)로 옮겼다. 1568년 9월 노부나가는 아시카가 요시아키 足利義昭를 받들고 교토에 입성했다. 노부나가는 요시아키를 무로마치 막부 15대 쇼군將軍으로 옹립하고 교토의 치안 유지에 힘을 기울였다. 노부나가는 교토에 오래 머물지 않고 자신의 본거지 기후로 돌아왔고, 교토에 시정 책임자를 두어 행정을 담당하게 했다. 사쿠마 노부모리佐久間信盛(1528-82)와 니와 나가히데丹羽長秀(1535-85)와 같은 중신들이 교토의 행정을 주로 담당했지만, 그 휘하에 기노시타 히데요시가 배속되어 있었다.

히데요시가 교토부교京都奉行로 일했다는 것을 알 수 있는 사료는 1568년 12월 16일 자의 공문서이다. 이 문서는 교토부교가 마쓰나가 히사히데松永久秀(1508-77)에게 보낸 것인데, 여기에 와다 고레마사和田惟政(1530-71)・나카가와 시게마사中川重政(생몰년도 불명)와 함께 기노시타 도키치로가 연서했다. 히데요시는 1569년부터 약 2년간 교토부교로 일하며 수완을 발휘했다.

보통 오다 노부나가가 임명한 교토부교라고 하면 무라이 사다카쓰村井貞勝(?-1582)를 떠올리지만, 노부나가가 상경한 직후에 임명한 교토부교는 한 사람으로 고정되지 않았다. 니와 나가히데, 나카가와 시게마

3. 소부대의 지휘관 51

사, 기노시타 도키치로 등이 그때그때 당면한 일을 처리했고, 무로마치 막부의 15대 쇼군 아시카가 요시아키는 별도로 관리를 두어 교토의 행정을 관장했다. 당시 교토의 행정은 오다 노부나가와 쇼군 아시카가 요시아키가 함께 다스리는 이원정치 형태였다.

1569년 4월 16일 기노시타 도키치로는 니와 나가히데·나카가와 시게마사·아케치 미쓰히데明智光秀(1528-82)와 함께 서명하여 단바丹波(교토부 중부와 효고현 북동부) 다이묘가 무사의 영지를 함부로 침탈하는 행위를 금지했다. 4월 21일에는 오다 노부나가가 교토에서 기후로 돌아가면서 천황 궁전 경비 책임자로 히데요시를 임명했다. 4월 21일 이전 교토의 정치와 관련된 문서는 대부분이 니와 나가히데·나카가와 시게마사·아케치 미쓰히데와 기노시타 도키치로가 함께 서명한 것이었지만, 그 이후에는 히데요시가 단독으로 서명한 것이 많다. 히데요시가 교토의 행정을 주도했다는 것을 알 수 있다.

CHAPTER4. 용장 히데요시

오다 노부나가가 아시카가 요시아키를 앞세우고 교토로 입성할 계획을 세웠을 때, 노부나가는 에치젠越前(후쿠이현 북부)의 다이묘 아사쿠라 요시카게에게 함께 교토로 입성하자고 제안했다. 아시카가 요시아키가 한때 아사쿠라 요시카게에게 몸을 의탁했던 적이 있었기 때문이었을 것이다. 그러나 요시카게는 노부나가의 요청에 응하지 않고 오히려 맞서는 자세를 취했다.

노부나가는 아사쿠라 가문의 정벌을 결심하고, 1570년 4월 20일 대군을 이끌고 교토를 출발했다. 25일에는 아사쿠라 가문의 거점 쓰루가敦賀(후쿠이현 쓰루가시)를 공격하기 시작했다. 이때 히데요시는 쓰루가 인근의 마을에 불을 지르며 진격하여 데즈쓰야마手筒山(후쿠이현 쓰루가시 소재)를 점령했다. 이어서 다음 날에는 가나가사키성金ヶ崎城(후쿠이현 쓰루가시 가나가사키초)을 공략했는데, 이때 히데요시는 잠시 휴전하고 가나가사키성 성주를 설득하여 항복을 받아내는 수완을 발휘했다.

그런데 파죽지세로 진격하던 노부나가군이 전혀 생각지도 않았던 일이 일어났다. 오미近江(시가현) 북쪽 지역의 다이묘 아자이 나가마사가 아사쿠라 요시카게와 손을 잡고 노부나가에게 반기를 든 것이다. 나가마사는 노부나가의 여동생 오이치와 혼인한 인물이었다. 더구나 나가마사는 노부나가가 교토로 입성할 때 노부나가군의 선봉에 섰던 인물이었다. 믿었던 매제였던 만큼 나가마사의 배반은 노부나가에게 큰 충격을 안겨주었다.

노부나가는 아자이·아사쿠라 연합군에게 완전히 포위되었다. 노부나가는 기노시타 히데요시·아케치 미쓰히데·이케다 가쓰마사池田勝正(?-1578)에게 후방을 지키게 하고 후퇴했다. 이때 히데요시는 700

여 명의 결사대를 거느리고 진지를 지키며 뒤쫓아 오는 적을 막았다. 노부나가는 중간에 여러 번 죽을 고비를 넘기며 가까스로 4월 30일 밤에 교토로 돌아올 수 있었다. 그때 노부나가를 따르는 무사는 겨우 10여 명이었다고 한다. 이 전투에서 히데요시는 주군 오다 노부나가를 사지에서 구하는 공을 세웠다. 히데요시의 명성이 더욱 높아졌다.

아자이 나가마사는 왜 노부나가에 반기를 들었을까? 나가마사는 대를 이어 친분을 맺어온 아사쿠라 가문과의 관계를 중요시했다. 그래서 나가마사는 노부나가와 혼인 동맹을 맺을 때, 노부나가에게 절대로 아사쿠라 가문을 공격하지 않겠다는 서약을 받았다. 그러나 노부나가는 그 서약을 어기고 아사쿠라 가문을 공격했다. 그러자 나가마사는 아사쿠라 요시카게를 돕기 위해 노부나가를 배반했던 것이다.

아자이·오다 동맹이 결렬되었다. 격노한 노부나가는 아자이 가문을 공격할 준비를 하면서 아자이씨 일족을 분열시키고, 아자이 가문에 신종하던 호족들을 회유하는 공작을 벌였다. 아자이 가문의 전력이 약화된 것을 확인한 노부나가는 1570년 6월 19일 아자이 가문을 정벌하기 위해 출진했다. 6월 21일 노부나가는 아자이 가문의 거성 오다니성 大谷城(시가현 나가하마시 소재) 근처까지 진격하여 진을 쳤다. 아자이 나가마사는 아사쿠라 요시카게에게 원군을 요청했다. 아사쿠라군 1만여 명이 출진했다. 이때 오다 노부나가의 든든한 동맹자 도쿠가와 이에야스 德川家康(1543-1616)도 노부나가를 지원하기 위해 5천 여 명의 군사를 이끌고 출진했다.

1570년 6월 28일 아네가와姉川(시가현 북부의 하천) 전투가 벌어졌다. 3만4000여 명의 오다 노부나가 · 도쿠가와 이에야스 연합군과 1만 8000여 명의 아사쿠라 요시카게 · 아자이 나가마사 연합군이 아네가와를 사이에 두고 전투를 벌였다. 결과는 오다 · 도쿠가와 연합군의 대승이었다.

아자이 나가마사는 오다니성을 지키며 대항했다. 오다 노부나가는 오다니성 가까이에 있는 요코야마橫山에 성을 쌓고, 그곳을 히데요시에게 지키게 했다. 노부나가는 교토에 잠시 들렀다가 자신의 거성인 기후로 돌아갔다. 이때부터 히데요시가 오미 지방에서 활약했다. 이미 히데요시는 노부나가의 명을 받아 아자이 나가마사의 중신을 회유하여 투항하게 하는 등 아네가와 전투 이전부터 오미 지방의 호족들과 빈번하게 접촉했는데, 오다니성을 지배하면서 히데요시의 활약이 두드러졌다.

1570년 7월 25일 히데요시는 호곤지宝厳寺(시가현 나가하마시 지쿠부시마 소재)의 과세를 면제했다. 그런데 이 무렵 히데요시는 오미 지방을 다스리는 데 전념했던 것은 아닌 것 같다. 그는 여전히 교토 부교의 업무도 겸하고 있었기 때문이다. 8월 19일에는 도지東寺(교토시 미나미쿠 소재 진언종 본산) 소유 장원의 농민에게 조세의 납부를 명령했다.

  9월에 접어들면서 예기치 않은 일이 일어났다. 9월 6일 오사카의 이시야마혼간지石山本願寺가 전국의 문도에게 봉기를 명령했다. 오다 노부나가에 대항하기 위해서였다. 혼간지는 가마쿠라 시대 신란親鸞(1173-1262)이 창시한 정토진종浄土真宗의 사원이었는데, 이시야마혼간지가 그 본산이었다. 정토진종은 무로마치 시대에 렌뇨蓮如(1415-99)가 문도들을 일사불란한 상명하달 조직으로 재편하면서 발전의 기틀을 마련했다. 정토진종은 일향종一向宗으로 불리기도 했다. 그래서 정토진종 문도가 일으킨 봉기를 잇코잇키一向一揆라고 했다.

  잇코잇키 조직은 전국시대 다이묘를 상대로 전면전을 펼칠 수 있을 정도로 거대하고 강력한 세력이었다. 전국 각지에서 무장한 혼간지 문도들이 봉기하자, 오다 노부나가의 공격으로 수세에 몰렸던 아자이 나가마사·아사쿠라 요시카게가 공세로 전환했다. 1570년 9월 16일에는 나가마사와 요시카게가 잇코잇키 세력과 긴밀히 연락하면서 3만 여 명의 군사를 거느리고 엔랴쿠지延曆寺(시가현 오쓰시 사카모토혼조)가 자리한 사카모토坂本 입구까지 진격했다. 오다 노부나가와 아사이·아사쿠라 연합군이 사카모토 인근에서 대치했다.

9월 20일 아자이·아사쿠라 연합군이 교토로 진격했다. 9월 24일 교토의 혼노지本能寺(교토시 주쿄쿠 소재)에 진을 치고 있던 오다 노부나가도 사카모토로 출진했다. 이때 히데요시도 오미의 요코야마성에서 노부나가가 있는 사카모토로 갔다. 10월 말에는 히데요시가 오미 지방에서 봉기한 잇코잇키 세력과 교토의 반란 세력을 소탕하고 사카모토로 돌아왔다. 11월 5일에는 히데요시가 사카모토에서 교토로 돌아와 아사쿠라 요시카게의 침입에 대비했다. 그런데 이 무렵 이세伊勢(미에현 이세시)의 나가시마長島(미에현 구와나시)에서 잇코잇키 세력이 봉기했다. 전황이 불리하다고 판단한 노부나가는 천황과 쇼군을 움직여서 아자이·아사쿠라 연합군과 강화를 맺었다.

1572년 정월 2일 오다 노부나가는 히데요시에게 아네가와 일대의 요충지를 봉쇄하라고 명령했다. 이 작전은 아사쿠라 가문이 지배하는 에치젠 지방에서 교토·오사카로 연결되는 교통로를 차단하는 것이었다. 아사쿠라 요시카게와 아자이 나가마사가 잇코잇키 세력과 연락하는 것을 막는 것이 목적이었다.

CHAPTER5. 다이묘 히데요시

1572년 3월 6일 오다 노부나가는 요코야마성으로 돌아와 머물렀다. 노부나가는 히데요시에게 명하여 오다니성 주변에 있는 아자이 가문 측 요새에 불을 질렀다. 5월 6일에 아자이 나가마사가 히데요시가 지키는 요코야마성을 공격했지만 오히려 피해를 입고 물러났다. 7월 19일 오다 노부나가가 아자이 나가마사를 정벌하기 위해 오미 지방으로 출진했다. 7월 21일 노부나가는 히데요시에게 명하여 오다니성을 공격했다.

오다 노부나가는 약 2개월 간 요코야마성에 머물면서 오다니성 주변은 물론 미야베宮部(시가현 나가하마시 미야베초)에도 요새를 구축하고 히데요시로 하여금 지키게 했다. 이때 아사쿠라 요시카게가 1만5000여 명의 대군을 거느리고 오다니성 주변까지 출진했으나 이렇다 할 전과를 올리지 못했다. 9월 16일 오다니성 포위망을 구축한 노부나가는 기후로 돌아갔다. 11월 3일 아자이 나가마사·아사쿠라 요시카게의 군대가 히데요시가 지키고 있는 오다니성 주변의 요새를 잇달아 공격했다. 그러나 히데요시는 적의 공격을 잘 막아냈다. 1573년 5월 29일 히데요시가 대군을 이끌고 오다니성을 공격했다.

    이 무렵부터 기노시타 도키치로가 성을 하시바羽柴로 바꾸었던 것 같다. 「八幡宮文書」에 따르면, 히데요시는 적어도 1573년 7월 8일까지 木下藤吉郎라고 서명했으나 7월 20일부터는 羽柴藤吉郎라고 서명했다. 히데요시는 7월 8일부터 7월 20일 사이에 성을 바꾸었을 것이다. 7월 16일 오다 노부나가가 무로마치 막부의 15대 쇼군 아시카가 요시아키를 추방하면서 무로마치 막부가 멸망했다. 7월 20일 히데요시는 아시카가 요시아키를 가와치河内(오사카부의 3개 군)의 와카에성若江城(히가시오사카시 와카에미나미초)으로 호송했다. 무로마치 막부 멸망과 쇼군 요시아키의 추방 사건이 히데요시가 성을 바꾸는 계기가 되었을 수도 있을 것이다.

히데요시는 요코야마성에 머물면서 오다니성을 공략하는 한편, 대대로 아자이 가문을 섬기던 호족들을 회유하는 작업에 힘을 기울였다. 7월 말까지 아자이 나가마사의 중신들이 잇달아 투항했다. 오다니성의 아자이 나가마사는 완전히 고립되었다. 노부나가는 아자이 가문을 멸망시킬 때가 되었다고 판단했다. 8월 8일 밤에 대군을 거느리고 오미 지방 북쪽으로 출진하여 도라고제야마虎御前山(시가현 나가하마시 나카노초)에 진을 쳤다. 이 소식을 들은 아사쿠라 요시카게는 2만 여 명의 대군을 거느리고 아자이 나가마사가 농성하고 있는 오다니성으로 향했다.

8월 13일 오다군과 아사쿠라군이 오다니성 주변에서 격돌했다. 대패한 아사쿠라군이 에치젠 지방으로 퇴각하기 시작했다. 오다 노부나가는 그 기회를 놓치지 않았다. 오다군은 퇴각하는 아사쿠라군을 추격하며 쓰루가敦賀(후쿠이현 쓰루가시)로 진격했다. 8월 20일 쫓기던 아사쿠라 요시카게가 자결했다. 8월 26일 아사쿠라 가문을 멸망시킨 오다 노부나가가 도라고제야마의 요새로 개선했다.

8월 27일 오다 노부나가는 히데요시에게 오다니성의 교고쿠마루京

極丸라는 성채를 공격하라고 명령했다. 교고쿠마루에 거주하는 아자이 나가마사의 부친 아자이 히사마사浅井久政(1526-73)를 먼저 공격하는 전략이었다. 히사마사는 히데요시의 공격을 견디지 못하고 자결했다. 8월 28일 노부나가가 직접 오다니성을 공격했다. 그러자 아자이 나가마사도 자결했다. 아자이 가문이 멸망했다.

오다군이 오다니성을 총공격하기 직전, 히데요시는 오다 노부나가의 여동생으로 아자이 나가마사와 혼인했던 오이치お市, 그리고 오이치가 낳은 세 명의 딸 즉, 차차茶々, 하쓰初, 고江 등을 구출했다. 노부나가는 아자이 나가마사가 다스리던 지방 3개 군 즉, 이카군伊香郡, 아자이군浅井郡, 사카다군坂田郡 22만 석을 히데요시에게 영지로 주었다. 이 때 노부나가는 아자이 나가마사의 거성 오다니성도 히데요시에게 주었다.

히데요시는 1574년 초부터 본격적으로 지배지역을 다스리기 시작했다. 정월 23일 히데요시는 이전에 아자이 나가마사가 지쿠부시마진자竹生島神社(시가현 나가하마시 지쿠부시마)에 보관해 둔 재목을 내놓으라고 요구했다. 2월 20일에는 이마하마今浜의 하치만궁八幡宮(시가현 나가하마시 미야마에초)에 토지를 기진했다. 3월 19일에는 용수로를 둘러싼 두 촌락 간의 싸움을 중재했다.

그런데 오다니성은 지배지를 다스리기에 불편한 곳에 있었다. 오다니성이 지배지역의 북쪽에 치우쳐 있었고, 또 오다니성은 비교적 높은 산기슭에 쌓은 산성이었기 때문이다. 산성은 적의 공격을 막아내기에 좋은 곳이었지만, 다이묘들이 민정을 살피기에는 불편한 곳이었다. 그래서 여러 다이묘는 이미 방어를 위주로 하는 산성보다 민중을 지배하기에 편리한 교통의 요지에 거성을 축조하는 것을 선호하고 있었다.

히데요시는 예전에 교고쿠씨京極氏 가문이 근거지로 삼았던 이마하마에 새로운 거성을 건설할 계획을 세웠다. 비파호를 끼고 있는 이마하마는 육상교통과 수상교통이 모두 원활한 곳이었다. 자연스럽게 교토와 오사카로 이송되는 상품유통의 중심지로 번성했다. 이마하마는 화승총 생산지로 유명한 구니토모国友(시가현 나가하마시 구니토모초)를 장악하기 쉬운 곳에 있었고, 무엇보다 비파호 북쪽에 있는 혼간지 사원 10여 곳을 감시하기에 편리한 곳이었다.

하시바 히데요시는 1574년 6월부터 이마하마에 새로운 성을 축조하기 시작했다. 6월 6일 히데요시는 이마하마 주변의 농민과 상인은 물론 승려도 징집하라고 명령했다. 이것을 시작으로 히데요시가 다스리는 모든 지역에 인부동원령이 내려졌다. 동원된 인부는 각기 소지하는 도구를 지참하고 이마하마로 모여들었다. 축성공사는 밤낮을 가리지 않고 진행되었다. 히데요시는 1575년 초 공사가 마무리도 되기 전에 이마하마성으로 거처를 옮겼다. 성의 건설과 동시에 조카마치城下町 즉, 거성 주변에 조성된 도시가 모습을 드러냈다. 히데요시는 오다니성 주변에 거주하던 상공인들을 이마하마성 조카마치로 이주시켰다. 히데요시는 이마하마를 나가하마長浜로 개칭했다.

CHAPTER6. 방면군 사령관

　　1574년과 1575년은 오다 노부나가의 통일 사업이 크게 진전된 시기였다. 1574년 7월 오다 노부나가는 8만에 가까운 대군을 동원하여 이세 지방의 나가시마에서 끈질기게 저항하던 잇코잇키 세력을 토벌했다. 이 작전으로 잇코잇키 세력이 큰 타격을 입었다. 1575년 5월 오다 노부나가·도쿠가와 이에야스 연합군이 미카와三河의 나가시노長篠(아이치현 신시로시 소재)에서 다케다 가쓰요리武田勝頼(1546-82)를 무찔렀다. 나가시노 전투에서 패배한 다케다 가문은 재기할 수 있는 여력을 상실했다.

   1575년 8월 오다 노부나가는 에치젠 지방의 잇코잇키 세력 2000여 명을 처형했다. 8월 15일 하시바 히데요시와 아케치 미쓰히데는 잇코잇키 세력 1500여 명을 살육했다. 9월 23일 히데요시는 가가加賀(이시카와현 남부) 지방까지 침입하여 잇코잇키 세력 250여 명을 참살했다. 12월 히데요시는 잇코잇키 세력을 토벌한 공으로 조정으로부터 지쿠젠노가미筑前守라는 관직에 임용되었다.

   이 무렵 사방의 적과 대치하던 노부나가는 여러 지역에 군단을 배치했다. 방면군의 개념이 도입된 것이다. 방면군은 당연히 정복한 지역의 치안을 담당하기도 했지만 주된 임무는 적과 싸우는 것이었다. 방면군은 경우에 따라 담당 지역을 벗어나서 다른 곳으로 출동할 수 있었고, 다른 부대를 지원할 수도 있었다. 방면군은 어느 정도 독립성이 보장되어 있었다. 방면군 사령관은 1~2만 이상의 대군을 거느리면서 단독으로 다른 다이묘들과 전쟁을 할 수 있는 권한이 있었다.

   1576년 4월 오다 노부나가는 이시야마혼간지를 공략하면서 오사카 방면군을 편성하고 사쿠마 노부모리佐久間信盛(?-1582)를 사령관으로 삼았다. 오다군이 이시야마혼간지를 포위하자, 모리 가문이 이시야마혼간지에 군량을 공급하며 노부나가와 대립했다. 모리씨 일족은 주고쿠中國 지방 대부분을 지배하던 강력한 다이묘였다. 노부나가는 일본 열도를 제패하려면 모리씨 일족과의 결전이 불가피하다고 판단하고, 하시바 히데요시에게 모리 가문을 공략하라고 명령했다. 히데요시에게 주고쿠 경영이라는 중대한 임무가 주어졌다.

하시바 히데요시는 은밀히 모리 가문을 섬기는 다이묘들을 회유하여 아군으로 끌어들이는 수완을 발휘했다. 첫 번째 회유 대상은 구로다 요시다카黑田孝高(1546-1604)였다. 히데요시는 요시다카의 아들로 훗날 임진왜란 때 침략군 3군을 지휘했던 구로다 나가마사黑田長政(1568-1623)를 벳쇼 시게무네別所重棟(?-1591)의 딸과 혼약하도록 주선했다. 구로다 요시다카는 아들 나가마사를 오다 노부나가에게 인질로 보내 충성을 맹세했다.

1577년 10월 하시바 히데요시는 히메지성姬路城(효고현 히메지시 혼초)에 머물면서 미키성三木城(효고현 미키시 소재)을 공략하기 시작했다. 히데요시는 먼저 자신에게 우호적인 호족들에게 인질을 제출하라고 명하고, 다지마但馬(효고현 북부)까지 군대를 보내 간슈성岩洲城과 다케다성竹

田城(모두 효고현 아사고시 소재)을 공략했다. 히데요시의 전광석화와 같은 작전으로 여러 성이 차례로 함락되었다. 11월 27일에는 고즈키성上月城(효고현 사요군 사요초) 공격을 개시했다. 12월 3일 고즈키성이 함락되었다.

1578년 정월 초하루 오다 노부나가의 거성 아즈치성安土城(시가현 오미하치만시 아즈치초)에서 신년하례 다회가 열렸다. 노부나가는 하시바 히데요시, 아케치 미쓰히데, 니와 나가히데 등 12명의 중신을 초대하여 다회를 열었다. 2월 23일 히데요시는 다시 하리마로 가서 쇼샤산書寫山(효고현 히메지시 소재)에 진을 쳤다. 그런데 모리 가문을 배반하고 노부나가에게 충성을 서약했던 미키성 성주 벳쇼 나가하루別所長治(1558-80)가 다시 노부나가에 반기를 들고 모리 가문 편에 서는 등 히데요시에게 시련이 잇달았다.

4월 2일 히데요시는 미키성 주변의 요새를 차례로 점령했다. 5월 4일에는 고즈키성을 에워싼 모리씨 일족의 군대를 견제하기 위해 다카쿠라산高倉山(효고현 고베시 소재)에 진을 쳤다. 5월 21일 히데요시의 군대가 고즈키성 포위에 가담했던 시미즈 무네하루清水宗治(1537-82) 군대와 공방전을 벌였다. 6월 21일 히데요시는 고즈키성 일대에서 모리씨 일족의 군대와 싸웠으나 패배했다. 히데요시는 본진을 다시 쇼샤산으로 옮겼다. 전선이 교착상태에 빠졌다. 그러자 오다 노부나가는 히데요시를 지원하기 위해 대군을 보내는 한편, 군량·화승총·탄약을 지원했다.

이 무렵 히데요시는 노부나가의 4남 히데카쓰秀勝(하시바 히데카쓰 : 1569-86)를 양자로 삼았다. 히데요시는 노부나가가 욕심과 의심이 많은 인물임을 간파하고 있었다. 히데요시는 노부나가에게 말했다. "저는 아직 자식이 없습니다. 바라옵건대 주군의 아드님을 양자로 들이게 허락해 주십시오. 오미 지방의 영지 나가하마 10만 석을 양자에게 양도하겠습니다." 노부나가는 매우 기뻐했고 히데요시를 더욱 총애하게 되었다.

1579년 히데요시는 미키성 포위망을 더욱 좁히는 계획을 세웠다. 이 무렵 히데요시는 모리 가문 편에 섰던 히젠肥前(오카야마현 동부)의 다이묘 우키타 나오이에宇喜多直家(1529-81)를 회유하여 자기편으로 끌어들였다. 우키타 나오이에는 히데요시가 모리씨 일족을 공략하는 데 큰 공을 세웠다. 12월 10일 히데요시는 하리마의 사원이 보호하고 있는 농민을 즉시 귀농시키도록 명령했다. 전란이 잇따르면서 경작을 포기하고 사원으로 도망한 농민이 적지 않았다는 것을 알 수 있다.

1580년 정월 17일 미키성을 지키고 있던 벳쇼 나가하루가 히데요시의 공격을 견디지 못하고 자결했다. 미키성이 함락되자, 히데요시는 우키타 나오이에게 모리 데루모토毛利輝元(1553-1625)를 공격하라고 명령하고, 동생 하시바 히데나가羽柴秀長(1541-91)에게 다지마 지방을 공략하게 했다. 이 무렵 하시바 히데요시를 사령관으로 하는 주고쿠 방면군이 창설되었다.

히데요시 군단에서 가장 중요한 위치를 점하고 있던 인물은 하시바 히데나가였다. 그는 히데요시의 동생이었다. 그는 지성과 덕성을 겸비한 장수로 히데요시의 든든한 조력자였다. 히데나가는 주로 산인山陰 지방 공략을 담당했지만, 때에 따라서 산요山陽 지방으로 진출해서 히데요시를 지원했다. 히데나가가 먼 곳으로 출진했을 때, 산인 지방의 군단을 지휘했던 인물은 미야베 게이쥰宮部継潤(1528-99)이었다. 도요오카성豊岡城(효고현 도요오카시) 성주였던 미야베는 히데나가가 사망한 후에도 히데요시의 든든한 부장으로 산인 지방을 지키며 모리씨 일족을 견제하는 역할을 담당했다.

CHAPTER7. 지장 히데요시

하시바 히데요시는 주고쿠 방면군 사령관이 되면서 지장의 면모를 과시하기 시작했다. 히데요시는 백병전을 중심으로 하는 전투보다는 포위전을 중심으로 하는 전략을 구사했다. 백병전은 많은 사상자를 낼 수밖에 없었다. 그러나 적군을 포위하는 전략은 사상자가 거의 없이 승패를 결정지을 수 있는 전쟁방식이었다.

포위전은 적을 압도하는 경제력과 군사력을 전제로 했다. 적의 성을 포위하려면 적보다 3~5배 많은 군사를 필요로 했다. 적의 원병을 저지하기 위해 후방에도 군대를 배치해야 했다. 포위전은 곧 장기전을 의미했다. 적의 성을 포위하고 적의 군량이 바닥나거나 전의를 상실하여 스스로 항복할 때까지 기다리는 전략이었다. 아군에게 충분한 군량과 군수품이 공급되지 않으면 안 되었다. 상상을 초월한 경제력과 군사력은 적의 사기를 꺾는 심리전의 일환이기도 했다.

하시바 히데요시의 포위전 위력이 처음으로 세상에 알려진 것은 1578년 3월부터 약 2년간 이어진 미키성 포위 작전이었다. 미키성은 평지에 솟아 있는 구릉 위에 쌓은 성이었다. 히데요시는 미키성을 포위하고 적진의 군량이 떨어질 때까지 기다렸다. 모리씨 일족은 히데요시군의 포위망을 뚫고 미키성으로 군량을 공급하기 위해 사력을 다했다. 그러나 히데요시의 포위망이 워낙 촘촘했다. 적은 때때로 성문을 열고 나와 히데요시군을 기습하기도 했지만, 모리군과 연락을 취할 수 없었다. 이윽고 미키성 내의 군량이 바닥을 드러냈다. 그러자 미키성 성주 벳쇼 나가하루가 항복하면서 그와 중신들이 차례로 자결했다. 1580년 정월 17일 미키성 성문이 열렸다.

하리마와 다지마가 평정된 후, 히데요시는 이나바因幡(돗토리현 동반부)

를 공격 목표로 삼았다. 1581년 6월 25일 히데요시는 2만여 명의 군사를 거느리고 비젠備前(오카야마현 동부)과 미마사카美作(오카야마현 북부)를 친 후 이나바로 진격했다. 7월 12일부터 돗토리성鳥取城(돗토리시 히가시마치) 포위 작전이 전개되었다. 당시 돗토리성 지휘관은 모리씨 일족인 깃카와 쓰네이에吉川経家(1547-81)였다. 돗토리성에는 1400여 명의 인원이 농성하고 있었다.

돗토리성은 미키성과 달랐다. 공성 작전을 펼치기 어려운 산속에 건설된 전형적인 산성이었다. 미키성 공략과 같은 포위 작전을 펼칠 수밖에 없었다. 그런데 히데요시는 미키성을 함락시키는 데 오랜 시간이 걸렸다. 그것은 미키성에 상당한 양의 군량미가 비축되어 있었기 때문이다. 히데요시가 돗토리성 포위 작전에 성공하려면 적이 군량미를 확보하는 것을 어떻게든지 방해할 필요가 있었다.

히데요시는 돗토리성을 포위하기 훨씬 전부터 양편의 군량미를 치밀하게 계산하고 있었다. 이미 수개월 전부터 상인들을 앞세워 돗토리성 조카마치의 미곡을 비싼 값에 매입했다. 그리고 군사들을 시켜서 일부러 그 지역 민중에게 폭력을 행사했다. 돗토리성 조카마치 상공인들이 한 사람이라도 더 돗토리성으로 들어가도록 하기 위해서였다. 히데요시의 목적은 적의 군량미를 하루라도 빨리 소비시키는 것이었다.

돗토리성의 군량이 턱없이 부족하다는 것을 안 깃카와 쓰네이에는 깃카와 모토하루吉川元春(1530-86)에게 위급한 상황을 알렸다. 모토하루는 원래 모리 가문을 일으킨 모리 모토나리毛利元就(1497-1571)의 차남이었다. 그는 외가이기도 한 깃카와 가문의 양자로 들어간 후에도 여전히 모리 가문의 유력한 지도자로 활약하고 있었다.

깃카와 모토하루는 우선 큰 배 4척에 미곡을 실어 돗토리성으로 보내고, 이어서 모리씨 일족에게 동원령을 내렸다. 8월 13일 히데요시는 모리씨 일족이 대군을 이끌고 돗토리성을 구원할 준비를 하고 있다는 정보를 입수했다. 히데요시는 오다 노부나가에게 구원을 요청했다. 노부나가는 즉시 호소카와 후지타카細川藤孝(1534-1610)가 이끄는 군대를 보냈다. 히데요시는 밖으로 모리씨 일족의 공격에 대비하면서 돗토리성 포위망을 좁혔다.

돗토리성 주변에서 때때로 모리군과 히데요시군이 접전을 벌였다. 9월에는 모리 가문의 수군과 히데요시의 수군이 이나바의 미나토가와湊川 하구에서 대진했다. 돗토리성에 군량을 보급하는 임무를 띠고 바다에서 미나토가와로 올라오려는 모리 가문의 수군과 이를 저지하려는 히데요시 수군이 치열한 전투를 벌였다. 히데요시의 수군 대장 마쓰이 야스유키松井康之(1550-1612)가 모리 가문의 수군을 물리쳤다. 모리씨 일족의 돗토리성 군량 공급 작전이 실패했다.

돗토리성의 지휘관 깃카와 쓰네이에는 겨울이 오기 전까지 버티면 돗토리성 일대는 눈으로 덮일 것이고, 추위를 견디지 못한 히데요시군이 스스로 물러갈 것이라고 믿었다. 그러나 돗토리성의 군량미는 9월에 들어서면서 이미 바닥을 드러내기 시작했다. 군량이 떨어지자 그야말로 초근목피로 목숨을 이어갔다. 아사자가 속출했다. 10월이 되자 돗토리성 내에서 말의 시체는 물론 굶어 죽은 사람의 시신을 서로 먹으려고 다투는 처참한 광경이 벌어졌다.

돗토리성의 깃카와 쓰네이에는 가신을 히데요시에게 보내어 자신이 자결할 터이니 성안에 있는 병사와 민중의 목숨을 살려달라고 간청했다. 히데요시는 쓰네이에의 제안을 받아들였다. 1581년 10월 25일 깃카와 쓰네이에가 자결하면서 100여 일에 걸친 돗토리성 싸움이 막을 내렸다. 히데요시는 미야베 게이쥰으로 하여금 돗토리성을 지키게 했다. 히데요시가 돗토리성을 점령하면서 모리씨 일족이 산인山陰 지방으로 진출하지 못했다.

1582년 정월 오다 노부나가의 부장들이 아즈치성으로 모여들었다. 노부나가에게 신년 인사를 올리기 위해서였다. 신년 인사는 노부나가의 가족과 친족, 오다군의 부장, 여러 다이묘들이 보낸 사신, 아즈치성 조카마치의 상공인 대표 등의 순서로 진행되었다. 하례객은 그야말로 인산인해를 이루었다. 노부나가의 거처로 이어지는 돌계단과 담장이 밀려드는 하례객의 무게를 견디지 못하고 무너져서 사상자가 날 정도였다. 당연히 히데요시도 아즈치성으로 가서 노부나가에게 신년 인사를 올렸다.

정월 중순 오카야마성 성주 우키타 나오이에가 사망했다. 히데요시는 우키타 가문의 가로家老와 함께 아즈치성으로 오다 노부나가를 찾아가 나오이에의 아들 우키타 히데이에宇喜多秀家(1573-1655)가 가독을 상속할 수 있도록 해 달라고 청원하여 허락을 받았다. 이때 우키타 가문은 노부나가에게 금화 100매를 헌상했다. 노부나가는 답례로 몇 마리의 말을 우키타 가문에 하사했다.

1582년 봄 오다 노부나가는 아들 노부타다信忠(1557-82)에게 다케다 가문 공략을 명령했다. 2월 29일 오다군이 다케다 가문의 근거지 다카토오성高遠城(나가노현 이나시 다카토오초)을 점령했고, 3월 11일 쫓기던 다케다 가쓰요리가 자결하면서 다케다 가문이 멸망했다. 3월 15일 히데요시는 대군을 이끌고 히메지성을 출발하여 빗추備中(오카야마현 서부)로 향했다. 4월 4일 히데요시는 오카야마성에 진을 치고, 다카마쓰성高松城(카가와현 다카마쓰시 다마모초) 성주 시미즈 무네하루淸水宗治(1537-82)에게 항복하면 출세를 보장해 주겠다고 설득했다. 그러나 무네하루는 히데요시의 요구를 거절했다.

4월 14일 히데요시는 대군을 동원하여 다카마쓰성 일대를 포위하는 작전을 전개했다. 한편 모리 데루모토는 다카마쓰성의 전략적 위치를 매우 중요하게 생각하고 있었다. 그는 다카마쓰성 주변 여섯 곳에 성을 쌓고 측근을 성주로 임명하고, 호족은 물론 농민도 동원하여 다카마쓰성 일대를 굳게 지키고 있었다. 히데요시가 다카마쓰성을 공략하려면, 그 주변에 있는 여섯 곳의 성을 먼저 손에 넣지 않으면 안 되었다.

하시바 히데요시는 다카마쓰성 주변의 여러 성을 차례로 점령한 후, 고립된 다카마쓰성을 공략하는 작전을 전개했다. 히데요시는 4월 25일부터 5월 2일까지 오카야마현 오카야마시 시모아시모리에 있는 간

무리야마성冠山城과 미야지야마성宮路山城을 점령한 후, 이어서 다카마쓰성 남쪽에 있는 가모성加茂城, 히바타성日幡城, 니와세성庭瀨城, 마쓰시마성松島城 등을 잇달아 점령했다.

히데요시는 5월 7일부터 고립된 다카마쓰성을 공략했다. 다카마쓰성은 4미터 정도의 언덕 위에 세워진 평성이었는데, 3면이 깊은 늪으로 둘러싸여 있었다. 히데요시는 긴 제방을 쌓고 인근에 있는 하천 아시모리가와足守川의 물을 끌어들여 성을 물바다로 만드는 작전을 전개했다. 2만5000여 명의 군사와 인부를 동원하여 12일 만에 약 3킬로미터의 제방을 완성했다. 제방의 아래쪽 폭이 약 20미터, 위쪽 폭이 약 11미터, 높이는 약 7미터였다. 공사를 마치자 마침 장맛비가 쏟아졌다. 다카마쓰성이 물에 잠겨 고립되었다.

사태가 급박해지자 모리씨 일족이 대군을 동원했다. 히데요시도 노부나가에게 원군을 요청했다. 노부나가는 즉시 부장들에게 출진을 명하고, 자신도 다카마쓰성으로 출진하기로 결심했다. 아케치 미쓰히데明智光秀(1528-82)는 일단 본거지 사카모토坂本로 돌아가 준비를 한 다음 5월 26일 가메야마성龜山城(교토부 가메오카시 아라쓰카초)으로 향했다. 5월 29일 노부나가가 출진하기 위해 자신의 거성 아즈치성安土城(시가현 오미하치만시 아즈치초)을 떠나 교토로 향했다. 노부나가는 소수의 병력만 거느리고 혼노지本能寺(교토시 주오쿠 혼노지마에초)에서 숙박했다.

1582년 6월 2일 새벽 아케치 미쓰히데가 혼노지를 공격했다. 노부나가의 측근들이 반격에 나섰으나 순식간에 제압되었다. 노부나가도 직접 활을 쏘고 창을 휘두르며 분전했으나 역부족이었다. 노부나가는 숙소의 문을 안에서 잠그고 불을 질러 장렬한 최후를 맞이했다. 그의 나이 49세였다. 혼노지 가까이에 있는 니조성二条城에 머물던 노부나가의 장남 오다 노부타다도 아케치군의 공격에 맞서다 끝내 자결하고 말았다.

오다 노부나가가 급사했을 때, 노부나가의 아들과 부장들은 각기 교토에서 멀리 떨어진 곳에서 적과 대치하고 있었다. 노부나가의 차남 오다 노부카쓰織田信雄(1558-1630)는 교토에서 비교적 가까운 이세伊勢, 3남 오다 노부타카織田信孝(1558-83)와 니와 나가히데는 오사카에 머물면서 시코쿠 정벌 준비를 하고 있었다.

아즈치성에는 노부나가의 가족과 친족이 거주하고 있었다. 가모 가타히데蒲生賢秀(1534-84)가 그들을 자신의 거성인 히노성日野城(시가현 가모군 히노초)으로 옮겨 거주하게 했다. 이 소식을 들은 오다 노부카쓰는 즉시 오미 지방으로 출진했다. 하지만 오미 일대에 아케치 미쓰히데 편을 드는 세력이 많았고, 설상가상으로 농민 봉기가 잇달았다. 노부카쓰는 아케치 미쓰히데와 교전할 결단을 내리지 못하고 형세를 관망하고 있었다.

시코쿠로 건너가는 것을 중지한 오다 노부타카와 니와 나가히데는 자기들과 함께 시코쿠 정벌을 하기 위해 오사카성에 머물고 있던 오다 노부즈미織田信澄(1555-82)를 급습하여 죽였다. 노부즈미는 아케치 미쓰히데의 딸과 혼인한 노부나가의 조카였다. 장인 미쓰히데가 혼노지에서 오다 노부나가를 급습하자, 오다 노부즈미가 미쓰히데와 공모했다는 소문이 퍼졌기 때문이다. 하지만 노부타카와 나가히데는 6월 12일 하시바 히데요시가 군대를 이끌고 아케치군을 치자고 제안할 때까지 아무런 행동도 취하지 않고 있었다.

한편 노부나가 사망 소식을 비밀에 부친 히데요시는 안코쿠지 에케이安国寺恵瓊(1539-1600)를 내세워 모리 가문과의 강화를 모색했다. 히데요시는 다음과 같이 말했다. "첫째, 이미 자신이 점령한 이나바·미마사카를 오다 노부나가에게 바치면 모리 가문이 영유하는 나머지 영토의 지배권을 인정한다. 둘째, 다카마쓰 성주 시미즈 무네하루를 자결하도록 하라. 그러면 다카마쓰성 포위망을 풀고 물러가겠다." 모리 데루모토는 다음과 같이 말했다. "이나바·미마사카 지역은 양도하겠으나 시미즈 무네하루에게 할복을 명할 수 없다." 안코쿠지 에케이는 다시 히데요시 진영으로 와서 모리 데루모토의 뜻을 전했다. 그러자 히데요시가 말했다. "모리 가문의 뜻은 이해하나 다카마쓰 성주가 할복하지 않으면 주군에게 강화의 명분을 제시할 수 없다."

그때 히데요시의 측근이 안코쿠지 에케이를 별실로 불러 히데요시의 종전 의지가 분명하니 반드시 강화가 이루어질 수 있도록 힘써 달라고 부탁했다. 그리고 모리 가문을 섬기는 성주들 중에 이미 주군을 배신하고 오다 노부나가에게 충성을 맹세한 자들이 있다고 말하면서 그 증거를 안코쿠지 에케이에게 보여주었다. 실상을 목도한 에케이는 작은 배를 타고 다카마쓰성으로 들어가서 시미즈 무네하루에게 직접 자결을 권유했다. 6월 4일 시미즈 무네하루는 작은 배를 타고 나와 할복했다. 히데요시는 멀리서 이 광경을 지켜보았다.

모리 데루모토는 시미즈 무네하루가 할복했다는 소식을 듣고 히데요시의 제안을 받아들였다. 강화 조건은 다음과 같았다. 첫째, 이나바・미마사카를 오다 노부나가에게 양도한다. 둘째, 호우키伯耆(돗토리현 중부와 서부)는 야바세가와矢走川, 빗추備中(오카야마현 서부)는 가와베가와河辺川를 각각 경계로 하여 오다 노부나가에게 양도한다. 셋째, 모리 가문은 아키安芸(히로시마현 서부)・빈고備後(히로시마현 동부)・스오周防(야마구치현 동남부)・나가토長門(야마구치현 서반부)・이와미石見(시마네현 서부)・이즈모出雲(시마네현 동부)・오키隱岐 섬(시마네현 오키군) 등 7개 구니国와 빗추와 호우키의 절반을 영지로 한다.

CHAPTER 8. 야마자키 전투

하시바 히데요시는 시미즈 무네하루의 죽음을 확인하고 포위망을 풀었다. 히데요시는 6월 5일까지 다카마쓰성 주변에 있으면서 모리씨 일족이 거느린 부대의 동정을 살피다가 6월 6일 저녁 전광석화와 같은 철수작전을 전개하여 다카마쓰를 떠났다. 6월 7일 히데요시는 폭풍우를 무릅쓰고 여러 곳의 하천을 건너 자신의 거성인 히메지성으로로 돌아왔다. 히데요시는 하루 200리 길을 말을 타고 달렸다. 뒤를 따르는 부하 장병들이 히데요시 뒤를 쫓아올 수 없을 정도로 빠르게 달렸다.

히데요시가 다카마쓰에서 물러간 후, 노부나가의 사망 소식에 접한 모리씨 일족은 자신들이 히데요시에게 속았다는 것을 알았다. 깃카와 모토하루는 즉시 히데요시를 추격하자고 주장했다. 하지만 고바야카와 다카카게小早川隆景(1533-97)는 히데요시 추격을 반대하고 나섰다. 다카카게는 원래 모리 모토나리의 3남으로 고바야카와 가문의 양자로 들어간 인물이었다. 그런만큼 그의 발언에 무게가 실려 있었다. 결국, 모리씨 일족의 의견이 통일되지 않아 히데요시 추격 작전이 무산되었다.

밤을 새워 말을 달린 히데요시는 6월 8일 아침 10시경에 히메지성에 도착했다. 그는 곧바로 목욕탕으로 들어가며 부대 지휘관들에게 명령을 내렸다. "내일 출진 준비를 하라. 아침 일찍 병사들에게 밥을 먹이고, 그들을 벌판에 집합시켜라. 내가 직접 부대를 사열할 것이니 빈틈없이 준비하라." 그리고 금전 담당자를 불러 보관하고 있는 금화와 은화가 얼마나 되느냐고 물었다. 담당자는 금화 800매 이상, 은화 750관 정도라고 보고했다. 히데요시는 금화와 은화를 모두 일선 지휘관들에게 나누어주라고 명령했다. 이어서 히데요시는 미곡 담당자를 불러 보관하고 있는 미곡이 얼마나 되느냐고 물었다. 담당자는 약 8만5000석이라고 보고했다. 히데요시는 봉록을 5배로 계산해서 모든 병사들에게 나누어주라고 명령했다. 그리고 히데요시는 측근에게 별도로 은화 10관과 금화 460매를 지참하고 출진하라고 명령했다. 히데요시는 이번에 출진하면 다시는 히메지성으로 돌아오지 않겠다고 결심했다. 이번 기회에 아케치 미쓰히데를 물리치고 천하의 패권을 장악하겠다는 야망을 드러낸 것이다.

6월 9일 히메지성을 출발한 히데요시는 아케치 미쓰히데의 부장이 지키고 있는 아와지시마淡路島를 점령하고, 그날 밤 효고에 도착해 장병들을 쉬게 했다. 히데요시는 11일 오전에 셋쓰摂津(오사카부와 효고현의 일부)의 아마가사키尼ヶ崎에 도착해서 오사카에 머물고 있던 오다 노부타카, 니와 나가히데, 셋쓰 이타미성伊丹城(효고현 이타미시 소재) 성주 이케다 쓰네오키池田恒興(1536-84) 등에게 서신을 보내 출진을 요구했다.

이케다 쓰네오키는 즉시 서신을 보내 출진하겠다는 뜻을 밝혔으나 오다 노부타카와 니와 나가히데는 아무런 대답이 없었다. 히데요시는 도미타富田(오카야마현 구라시키시)에 진을 치고 노부타카가 오기를 기다리면서 부장들을 모아놓고 작전회의를 열어 부서를 정했다. 총대장은 히데요시였고 노부타카는 후견인이었다. 13일 이윽고 오다 노부타카와 니와 나가히데가 도미타에 이르러 히데요시와 회견하고 군진에 편성되었다.

한편, 아케치 미쓰히데는 6월 3일 오미 지방을 침략했다. 노부나가의 거성인 아즈치성을 손에 넣기 위해서였다. 미쓰히데는 우선 나가하마長浜(시가현 나가하마시)를 비롯한 오미의 여러 요충지를 점령했다. 그러자 오미의 호족들이 앞을 다투어 미쓰히데에 복종했다. 미쓰히데가 오미를 평정하자 미노美濃의 호족들도 미쓰히데에 충성을 서약했다. 미노는 미쓰히데의 고향이었다.

6월 5일 아케치 미쓰히데는 아즈치성으로 쳐들어가 금은보화를 약탈해서 가신들에게 나누어 주었다. 6일에는 에치고越後(니이가타현)의 우에스기 가게카쓰上杉景勝(1556-1623)에게 사자를 보내 지원을 요청했다. 7일에는 오기마치 천황正親町天皇이 미쓰히데에게 칙사를 파견해서 말했다. "이번 사변에 즈음해서 조정이 있는 교토에는 피해가 없게 해 주기 바란다."

6월 9일 아케치 미쓰히데는 군대를 거느리고 교토로 들어갔다. 이때 교토의 귀족들이 모두 나와 아케치 미쓰히데를 맞이하려고 했다. 하지만 미쓰히데가 정중히 사양하고, 오히려 천황에게 은화 500매를 헌상했다. 미쓰히데는 다이도쿠지大德寺를 비롯한 교토에 있는 6곳의 사원에도 은화 100매씩 희사했다. 교토의 싱인들에게 세금을 면제한다고 선언했다. 이날 저녁 귀족들이 미쓰히데를 위해 연회를 베풀었다. 연회가 끝난 후, 미쓰히데는 군대를 이끌고 교토를 떠났다.

미쓰히데는 다이묘들을 자기 편으로 끌어들이기 위해 힘썼다. 미쓰히데는 단고丹後의 유미노키성弓木城(교토부 요사노초) 성주를 아군으로 끌어들이고, 다나베성田辺城(교토부 마이즈루시) 성주 호소카와 후지타카細川藤孝(1534-1610) 부자에게 도움을 요청했다. 후지타카의 아들 호소카와 타다오키細川忠興(1563-1646)는 미쓰히데의 사위였다. 미쓰히데는 호소카와 부자가 반드시 자신의 편을 들 것이라고 믿었다. 그러나 호소카와 부자는 미쓰히데의 요청을 거절했다. 미쓰히데는 야마토大和의 고오리야마성郡山城(나라현 고오리야마시) 성주 쓰쓰이 준케이筒井順慶(1549-84)에게 사자를 보내 자기편이 되어달라고 설득했다. 준케이는 한때 미쓰히데의 편에 설 것 같은 행동을 취했으나 6월 10일 하시바 히데요시가 출진했다는 소식을 듣고 고오리야마성을 지키며 형세를 관망했다.

다이묘들을 자기편으로 끌어들이는 데 실패한 아케치 미쓰히데는 6

월 10일에 교토를 떠나 교토부京都府 하치만시八幡市에 있는 호라가토게洞ヶ峠에 진을 치고 쓰쓰이 준케이와 싸울 준비를 했다. 그러나 미쓰히데는 준케이가 쳐들어오지 않는다는 것을 알고 다시 군대를 거느리고 교토의 시모토바下鳥羽로 물러나 요도성淀城(교토부 후시미 요도혼초)에 진을 쳤다.

아케치 미쓰히데는 히데요시가 의외로 빠르게 진격하자, 야마시로山城(교토부 중부와 남부)의 야마자키山崎에서 히데요시군을 맞아 싸우기로 했다. 그곳은 예부터 혼슈의 서쪽에서 교토로 들어가는 관문이었다. 요도가와가 흐르는 교통의 요지이기도 한 야마자키는 대군을 맞이해서 싸우기에 좋은 곳이었다. 하지만 미쓰히데가 거느린 군대는 1만여 명이었다. 히데요시가 이끄는 3만 대군에 맞서기에는 역부족이었다. 더구나 히데요시는 노부나가의 원수를 갚기 위해 군대를 동원했다는 명분을 내세우고 있었다.

6월 12일 히데요시군이 미쓰히데군을 공격하기 좋은 텐노잔天王山(교토부 오토쿠니군 오야마자키초) 요새를 선점했고, 13일 오후 4시경 히데요시군이 총공격을 개시했다. 히데요시군의 선봉장 다카야마 우콘高山右近(1552-1615)과 나카가와 기요히데中川清秀(1542-83)가 먼저 공격을 시작했고, 좌측에서 하시바 히데나가, 우측에서는 이케다 쓰네오키가 대군을 이끌고 미쓰히데군을 포위했다.

6월 13일 아침부터 비가 왔다. 오전 중에는 양군 모두 움직이지 않았으나 오후 4시경에 아케치군이 먼저 텐노잔 기슭에 진을 친 나카가와 기요히데 군대를 공격했다. 그러자 하시바 히데나가가 이끄는 대군이 나카가와군을 지원하면서 본격적인 전투가 시작되었다. 히데요시군이 총공격을 개시하자 아케치군이 이기지 못하고 후퇴했다. 아케치군의 맹장 여럿이 전사했다. 전투는 2~3시간 만에 끝났다. 미쓰히데군이 괴멸되었다.

전투에서 참패한 아케치 미쓰히데는 전장에서 벗어나 쇼류지성勝竜寺城(교토부 나가오카쿄시)으로 달아났다. 히데요시군은 즉시 쇼류지성을 포위하고, 사방으로 달아나는 아케치군을 추격했다. 히데요시군의 선봉 다카야마·나카가와 부대는 패주하는 적군의 뒤를 쫓아 6월 14일에 아케치 미쓰히데의 거성 가메야마성亀山城(교토시 가메오카시 아라쓰카초)을 점령했다.

미쓰히데는 13일 밤을 쇼류지성에서 보내면서 대책을 강구했지만,

이미 히데요시군이 포위한 쇼류지성을 지킬 수 없었다. 미쓰히데는 오미 지역에 남겨둔 군사를 수습해서 재기를 도모할 생각이었다. 미쓰히데는 야음을 틈타 쇼류지성에서 탈출해서 교토의 남부에 있는 후시미伏見로 향했다. 미쓰히데를 따르는 자는 측근 몇 명뿐이었다. 그런데 미쓰히데 일행이 산길을 지날 때 농민들에게 습격을 당했다. 죽창에 찔려 중상을 입은 미쓰히데는 그 자리에서 자결했다. 미쓰히데가 혼노지를 습격한 지 11일째 되던 날이었다. 6월 17일 히데요시는 미쓰히데의 수급을 교토의 큰길가에 매달았다.

CHAPTER9. 기요스성 회의

1582년 6월 27일 히데요시는 노부나가의 중신들을 오와리尾張의 기요스성清洲城으로 불러 회의를 열었다. 거기에 자타가 공인하는 오다 노부나가의 중신 시바타 가쓰이에柴田勝家가 에치젠越前에서 달려왔다. 하시바 히데요시, 니와 나가히데, 이케다 쓰네오키 등이 참석했다. 히데요시가 회의를 주도했다.

기요스성 회의 목적은 오다 노부나가의 후계자를 정하고, 노부나가가 지배하던 영지를 분배하는 일이었다. 노부나가의 차남 오다 노부카쓰와 3남 오다 노부타카는 기요스성 내에 있었지만 회의에 참석하지 않았다. 두 사람이 후계자 지위를 다퉜기 때문에 히데요시가 회의에 참석하지 못하도록 조치했던 것 같다.

오다 노부카쓰와 오다 노부타카는 배다른 형제였다. 그들은 사이가 좋지 않았다. 노부나가가 급사한 직후, 교토 가까이에 있었으면서도 이렇다 할 행동을 취하지 않았던 노부카쓰에 비해 노부타카는 결단력이 있는 인물이었다. 그래서 시바타 가쓰이에는 노부타카를 후계자로 삼아야 한다고 주장했다. 그러나 히데요시는 노부카쓰와 노부타카 두 사람을 후계자로 삼을 생각이 없었다. 히데요시는 노부나가의 장남 노부타다의 어린 아들로 당시 2살이었던 산보시三法師를 후계자로 지목했다.

오다 노부카쓰와 노부타카는 이미 독자적인 군단을 거느린 지휘관이었다. 히데요시는 그들을 주군으로 모시면 자신이 권력을 장악할 기회가 다시는 찾아오지 않는다는 것을 알고 있었다. 그래서 일단 그들을 후계자가 되지 못하게 하고, 어린 노부나가의 적손을 후계자로 세운 다음 정권을 찬탈할 심산이었다. 시바타 가쓰이에가 극구 반대했지만, 야마자키 전투에서 승리한 후 주도권을 장악한 히데요시의 위세에 대항하기에 역부족이었다. 모든 것이 히데요시의 뜻대로 결정되었다.

히데요시는 어린 오다 가문의 후계자 산보시의 후견인이 되었다. 히데요시는 아즈치 주변의 토지 2만5000석을 산보시의 영지로 설정하고, 호리 히데마사堀秀政(1553-90)로 하여금 영지를 관리하도록 했다. 교토의 행정은 하시바 히데요시, 시바타 가쓰이에, 니와 나가히데, 이케다 쓰네오키 등 4명이 각각 부하를 보내 그들이 합의해서 처결하도록 했다.

오다 노부나가의 영지 분배도 히데요시의 의견이 그대로 관철되었다. 노부나가의 차남 노부카쓰는 이미 지배하고 있던 이세 북부의 영지 이외에 오와리 지방을 영유하도록 했다. 3남 노부타카에게 미노 지역, 노부나가의 동생 오다 노부카네織田信包(1543-1613)에게 이가伊賀(미에현 서부) 지역이 분배되었다. 시바타 가쓰이에에게는 이미 지배하고 있던 에치젠 이외에 나가하마 6만 석이 더해졌다. 호리 나가마사는 어린 산보시의 보좌역을 맡는 대가로 오미 일대 20만 석의 영지가 주어졌다. 니와 나가히데에게는 이미 다스리고 있던 와카사若狹(후쿠이현 남부) 이외에 오미 일대 20만 석의 영지가 분배되었다. 이케다 쓰네오키에게는 이미 다스리고 있던 셋쓰의 이케다·아리마有間 지역 이외에 효고兵庫와 오사카 일대가 주어졌다. 히데요시는 종전에 다스리던 하리마 이외에 새로이 야마시로山城·단바丹波(교토부와 효고현 일부)·가와치河內(오사카부 가와치군)를 자신의 영지로 삼았다. 그 밖에 야마자키 전투에서 공을 세운 히데요시의 부장들에게 영지가 분배되었다.

기요스성 회의 후, 히데요시는 야마자키에 성을 쌓고, 단고丹後(교토부 북부)와 야마토大和(나라현)의 다이묘를 지배하에 두고, 교토 지배의 실권을 장악하는 등 착착 권력의 기반을 다졌다. 히데요시의 교활하고 거침없는 행보에 오다 노부타카, 시바타 가쓰이에, 다키가와 가스마스滝川一益(1525-86) 등이 불만을 품었다. 특히 시바타 가쓰이에는 히데요시가 오다 가문의 정치를 농단한다고 비난했다. 시바타 가쓰이에·다키가와 가스마스·오다 노부타카와 히데요시의 대립이 표면화되었다.

CHAPTER 10. 시즈가타케 전투

기요스성 회의가 끝난 후, 한동안 교토에 머물던 히데요시는 7월 13일 일단 자신의 거성인 히메지성으로 돌아갔다가 7월 17일에 야마자키山崎로 돌아와 축성공사를 명령했다. 7월 19일 히데요시는 일단 교토로 돌아왔다가 다시 단바의 가메야마亀山로 행보하는 바쁜 나날을 보내며 권력 기반을 다졌다.

1582년 10월 15일 히데요시는 교토의 다이토쿠지大德寺에서 노부나가의 장례식을 거행했다. 히데요시는 노부나가의 장례식을 주관하여 자신이 실질적인 후계자임을 선포하려는 야심을 품고 있었다. 시바타 가쓰이에·다키가와 가스마스·오다 노부타카는 끝내 모습을 드러내지 않았다. 가쓰이에는 가스마스·노부타카와 긴밀히 연락을 취하면서 아키安芸(히로시마현 서반부)의 모리 가문, 무쓰陸奥(후쿠시마·미야기·이와테·아오모리현)의 다테伊達 가문 등 여러 다이묘와 접촉을 시도했다.

하시바 히데요시는 시바타 가쓰이에와의 결전을 준비했다. 기나이畿内에서는 다카야마 우콘, 쓰쓰이 준케이, 나카가와 기요히데 등 여러 다이묘가 히데요시에게 인질을 보내 충성을 맹세했다. 히데요시는 이케다 쓰네오키와 각별한 관계를 유지했고, 니와 나가히데도 히데요시의 명령에 충실히 따르고 있었다. 히데요시는 혼간지本願寺의 지도자 겐뇨顕如(1543-92)에게도 서신을 보내 기나이 일대를 이미 자신이 지배하고 있다고 밝히면서 우호적인 관계를 맺고 싶다는 뜻을 에둘러 표현했다.

10월 25일 호소카와 후지타카가 오미의 사카모토성坂本城을 방문해서 니와 나가히데와 회담했는데, 이것은 나가히데와 후지타카가 각각 지배하고 있는 와카사若狭(후쿠이현 남부에서 쓰루가시를 제외한 지역)와 단고

丹後가 경계를 접하고 있었기 때문에 만약의 사태에 대비한 군사작전을 수립하기 위해서였을 것이다. 10월 28일에는 히데요시가 교토에서 니와 나가히데·이케다 쓰네오키와 회동했다. 이 또한 시바타 가쓰이에와의 결전에 대비하기 위한 회담이었을 것으로 여겨진다. 히데요시는 시바타 가쓰이에를 치기 위한 준비를 마쳤다.

시바타 가쓰이에도 오다 노부타카, 다키가와 가스마스 등과 협력하면서 히데요시에 맞설 준비를 하고 있었다. 가쓰이에는 10월 6일 호리 히데마사에게 서신을 보내 히데요시가 기요스성 회의에서 서약한 것을 어겼다고 힐책했고, 야마자키성을 축성한 것도 비난했다. 10월 18일 오다 노부타카가 히데요시에게 서신을 보내 시바타 가쓰이에와 화목할 것을 권고하면서 자신이 노부나가의 후계자라는 뜻을 에둘러 표현했다. 11월 1일 오다 노부타카는 깃카와 모토하루에게 서신을 보내 히데요시의 태도를 비난하면서 모리씨 일족이 중립을 지켜달라고 요청했다.

시바타 가쓰이에의 영지는 에치젠 지역이었고, 그의 휘하 다이묘들도 가가加賀(이시카와현 남부)·노토能登 등 북쪽 지방에 본거지를 두고 있었다. 겨울이 되면 눈이 많이 와서 시바타 가쓰이에가 군대를 움직이기

곤란했다. 가쓰이에가 오다 노부타카, 다키가와 가스마스 등과 협력하여 군사작전을 수행하기 어려웠다. 동절기 작전을 피하지 않으면 안 되었다. 가쓰이에는 그의 양자 시바타 가쓰토요柴田勝豊(?-1583)에게 잠시라도 히데요시와 강화를 모색하라고 명령했다.

 시바타 가쓰토요는 마에다 도시이에・가나모리 나가치카金森長近(1524-1608) 등을 히데요시에게 보냈다. 11월 3일 히데요시는 야마자키에서 도시이에・나가치카와 회견하고, 시바타 가쓰이에의 제안을 받아들이겠다고 말했으나 서약문을 쓰지 않았다. 가쓰이에가 보낸 사자들은 융숭한 대접을 받고 귀국했는데, 이때 히데요시는 사자들을 매수해서 자기편으로 끌어들였던 것 같다.

 가쓰이에가 보낸 사자들이 돌아가자마자, 11월 5일 히데요시는 쓰쓰이 준케이에게 오미 지역으로 출병하라고 명령했다. 12월 9일 히데요시가 직접 대군을 이끌고 오미로 향했다. 히데요시는 부장들에게 오다 노부카쓰를 맞아들이기 위해 오미로 출병한다고 말했다. 하지만 히데요시의 출병 목적은 시바타 가쓰이에의 양자 시바타 가쓰토요가 지배하는 나가하마를 공략하는 것이었다.

12월 11일 히데요시가 나가하마를 포위했다. 히데요시의 대군에 대적할 수 없다고 판단한 시바타 가쓰토요는 항복했다. 히데요시는 가쓰토요에게 나가하마를 그대로 다스리도록 했다. 병에 걸린 가쓰토요가 교토로 와서 의사의 치료를 받도록 배려하기도 했다. 히데요시의 세심한 배려에 감격한 시바타 가쓰토요와 그의 가신들이 히데요시를 섬기게 되었다.

히데요시는 오미의 요코야마성橫山城(시가현 나가하마시 호리베초)을 수축하고, 그곳에 군대를 주둔시켜 시바타 가쓰토요의 거성인 나가하마성을 감시하도록 하는 한편, 동생 하시바 히데나가에게 사와야마성佐和山城(시가현 히코네시에 있는 산성)을 지키며 만약의 사태에 대비하라고 명령했다.

12월 16일 히데요시는 대군을 이끌고 미노 지역으로 나아가 오가키성大垣城(기후현 오가키시 구루와마치)에 입성했다. 오가키성은 우지이에 나오미치氏家直通(? -1583)의 거성이었다. 일찍부터 히데요시와 내통하고 있던 나오미치는 오다 노부타카를 배반하고 히데요시를 맞아들였다. 히데요시가 오가키성에 입성했다는 소식을 들은 소네성曾根城(기후현 오타니시 소재) 성주 이나바 사다미치稻葉貞通(1646-1603)가 아들을 인질로 보내 히데요시에게 충성을 맹세했고, 가나야마金山(아이치현 나고야시 나카구와 아쓰타구)의 영주 모리 나가요시森長可(1558-84)도 노부타카를 배반하고 히데요시에게 충성을 맹세했다.

히데요시는 교활했다. 오다 노부타가를 공격하면서 일일이 노부타카의 형 노부카쓰의 명령이라고 칭하며 자신의 행동을 정당화했다. 예를 들면, 12월 7일 하치스카 마사카쓰蜂須賀正勝(1526-86)에게 보낸 서신의 내용에 "노부카쓰님을 받들기 위해" 노부타카를 공격했다고 말했고, 1583년 4월 12일 모리 데루모토에게 보낸 서신의 내용에 "다키가와 가스마스가 시바타 가쓰이에 편에 서서 노부카쓰님을 배반했기 때문에" 이세의 북쪽 지방을 공략했다고 말했다. 히데요시는 노부나가의 아들 노부카쓰와 노부타카를 이간하는 수법으로 공멸하게 만들고, 결국 오다 가문을 멸망시키는 계획을 실행에 옮기고 있었던 것이다.

오다 노부타카는 히데요시와의 결전을 각오하고 있었지만, 이미 그가 지배하고 있던 미노의 호족들 대부분이 자신을 배반하고 히데요시 편에 붙었고, 믿고 의지할 수 있는 시바타 가쓰이에는 눈이 쌓인 에치고 지방에서 원병을 보낼 수 없는 처지였다. 또 이세 북부 지방의 다키가와 가스마스도 히데요시의 뜻에 따라 움직이는 오다 노부카쓰를 견제하느라 군사를 움직일 수 없는 상황이었다.

고립된 오다 노부타카는 히데요시에게 항복하지 않을 수 없다. 히데요시는 노부타카에게 기요스성 회의에서 오다 가문의 상속자로 정해진 노부나가의 적손 산보시를 기후岐阜에서 아즈치安土로 보내고, 노부타카의 모친과 자식을 인질로 내라고 요구했다. 노부타카는 히데요시의 요구에 따르지 않을 수 없었다. 오다 노부타카를 굴복시킨 히데요시는 12월 28일 교토로 개선했다.

1583년 윤정월 히데요시는 오다 노부카쓰를 아즈치성으로 불러 산보시의 후견인으로 삼았다. 히데요시는 여러 장수들이 산보시와 오다 노부카쓰에게 인사를 올리도록 하고, 자신도 아즈치성으로 가서 노부카쓰에게 예의를 갖춰 인사하는 모양새를 취했다. 명분을 세우고 인심을 안정시키기 위한 술책이었다.

동절기에는 에치젠 일대에 폭설이 내려 시바타 가쓰이에가 섣불리 군사를 움직일 수 없다는 것을 잘 알고 있던 히데요시는 대군을 동원해서 이세 북부의 다키가와 가스마스를 공격했다. 일찍부터 히데요시의 공격에 대비해 방비를 엄중히 하고 있던 가스마스가 선전했지만 역부족이었다. 2월 12일 히데요시가 직접 다키가와군이 포진하고 있는 요새를 공격했고, 2월 16일에 다시 대군을 거느리고 가메야마성을 함락시켰다.

1583년 2월 28일 다급해진 시바타 가쓰이에가 위험을 무릅쓰고 에치젠에서 오미 방면으로 출병했다. 3월 3일에는 사쿠마 모리마사佐久間盛政(1554-83)를 비롯한 가가加賀의 군사가 출병했고, 마에다 도시이에를 비롯한 노토·엣추越中(도야마현)의 군사가 뒤를 이었다. 총대장 시바타 가쓰이에는 3월 9일에 자신의 거성 기타노쇼北莊(후쿠이시 소재)를 출발해서 12일에 오미의 접경에 이르러 진을 쳤다.

시바타 가쓰이에가 출진했다는 소식에 접한 히데요시는 오다 노부카쓰와 가모 우지사토蒲生氏郷(1556-95)로 하여금 다키가와 가스마스를 공격하게 하고, 자신은 대군을 거느리고 3월 11일 오미의 사와야마에 도착해 진을 치고 시바타군과 싸울 준비를 했다. 히데요시군은 13개 군단으로 편성되었다. 선봉은 사와야마 성주 호리 히데마사와 시바타 가쓰이에의 양자 시바타 가쓰토요에게 맡겼다. 3월 17일 히데요시군은 오미의 북쪽에 있는 기노모토木の本(시가현 나가하마시 기노모토초)로 나아갔다. 시바타 가쓰이에는 야나가세柳ヶ瀬(나가하마시 소재)에 진을 쳤다.

다키가와 가스마스가 히데요시군의 허를 찔러 오다 노부카쓰의 요새를 공격했고, 이에 호응해서 오다 노부타카가 자신을 배반하고 히데요시 편에 붙은 이나바 사다미치의 거성 시미즈성과 우지이에 나오미치의 거성 오가키성을 공격했다. 이 소식을 들은 히데요시는 즉시 인질로 잡은 오다 노부타카의 모친과 자식들을 죽이고 노부타카가 약속을 어겼다고 선전했다.

4월 16일 히데요시는 2만 여명의 군사를 거느리고 오다 노부타카의 거성인 기후성을 공격할 준비를 했다. 하지만 때마침 기소가와木曾川가 범람해서 며칠간 군사를 움직이지 못하고 4월 20일에 기후성을 공격할 계획을 세웠다. 그러나 히데요시의 기후성 공격 계획은 중지되었다. 오미 북쪽에서 시바타 가쓰이에군과 대치하고 있던 나카가와 기요히데 부대가 시바타군의 선봉 사쿠마 모리마사의 공격으로 전멸했다는 보고가 있었기 때문이다.

히데요시는 사쿠마 모리마사가 승전한 후 자만심에 빠져 전선을 확대하고 있다는 보고를 받고 자리를 박차고 일어났다. 직감적으로 시바타 가쓰이에와 결전할 때가 되었다고 판단했던 것이다. 히데요시는 20일 오후 4시경에 출진해서 그날 밤 오미의 기노모토 진지에 도착했다. 말을 세 번이나 갈아타면서 130리 길을 5시간 만에 돌파했다. 기노모토에 도착한 히데요시는 병사들에게 자신이 돌아왔다는 것을 알리고, 다음 날 새벽에 총공격한다고 선언했다.

히데요시는 직접 산 위에 올라가 적정을 살핀 후, 3월 21일 오전 2시에 3개 부대를 편성해서 공격을 개시했다. 이때 사쿠마 모리마사가 이끄는 1만5000여 명의 군대가 시즈가타케賤ヶ岳 요새를 포위하는 형세를 취하면서 야영하고 있었다. 히데요시가 돌아왔다는 정보를 입수한 사쿠마군이 서둘러 퇴각했다. 히데요시는 사쿠마군을 포위하면서 공격했다. 사쿠마군은 히데요시군의 집요한 공격을 견디지 못하고 패주하고 말았다.

사쿠마군이 패주하자, 시바타 가쓰이에가 이끄는 본진에서도 달아나는 병사들이 속출했다. 본진의 병사 수는 순식간에 3000여 명으로 줄었다. 가쓰이에는 3000여 군사를 이끌고 최후의 결전을 벌이려고 했다. 하지만 측근들이 일단 에치젠으로 돌아가 재기를 모색해야 한다고 주장했다. 12시경 가쓰이에 진영이 동요하고 있다고 판단한 히데요시는 호리 히데마사에게 공격을 명령했다. 히데요시군이 총공격을 감행하자, 시비타 가쓰이에는 100여 명의 측근들을 거느리고 전장에서 탈출해서 에치젠으로 달아났다.

1583년 4월 22일 히데요시는 패주하는 시바타군을 추격해서 마에다 도시이에의 거성인 후추성府中城(후쿠이현 에치젠시) 앞에 모습을 드러냈다. 도시이에가 시바타 가쓰이에 군단에 편성되어 시즈가타케 전투에 참여했다가 패주해 후추성으로 퇴각한 직후였다. 마에다 도시이에는 훗날 가가번加賀藩 102만 석의 다이묘가 되었지만, 당시에는 시바타 가쓰이에의 명령에 따르는 부대의 지휘관에 불과했고, 후추성은 히데요시가 눈 깜짝할 사이에 함락할 수 있는 조그만 요새에 지나지 않았다.

히데요시는 섬세하면서도 대담한 성격의 소유자였다. 그는 군대를 후추성에서 먼 곳에 주둔시킨 후, 몇 명의 측근만 데리고 후추성으로 들어가 마에다 도시이에 부자를 만났다. 패주한 적장인 도시이에를 대하는 히데요시의 태도는 여느 때와 다르지 않았다. 마치 사냥을 나갔다가 오랜 친구의 집을 방문한 것 같이 도시이에 부자를 대했다. 이때 도시이에 부자는 히데요시에게 충성을 맹세했다. 도시이에 부자를 자기편으로 끌어들인 히데요시는 다음 날 시바타 가쓰이에의 본성 기타노쇼를 공격했다.

그날 밤 기타노쇼에서 시바타 가쓰이에와 그의 가족, 가신 70여 명이 천수각에 모여 조촐한 주연을 벌였다. 가쓰이에 옆에 오이치お市가 앉았다. 가쓰이에의 부인 오이치는 오다 노부나가의 여동생이었다. 그녀는 일찍이 오미 지방의 다이묘 아자이 나가마사와 혼인했으나 1570년 남편과 사별했다. 그 후 홀로 지내다가 조카 오다 노부타카의 주선으로 가쓰이에와 재혼한 지 1년도 지나지 않아 다시 죽음의 문턱에 서게 되었다. 시바타 가쓰이에는 오이치에게 성에서 탈출하도록 권유했다. 하지만 오이치는 가쓰이에와 함께 죽기를 희망했다.

4월 24일 오전 4시 히데요시는 기타노쇼의 혼마루本丸 공격을 명령했다. 시바타 가쓰이에는 가족들을 모두 죽인 후 자결했다. 가쓰이에가 죽은 후 천수각 안에 쌓아 놓은 화약이 폭발했다. 천수각이 화염에 휩싸였다. 시바타 가쓰이에 가족들의 시체는 흔적도 없이 사라졌다. 당시 시바타 가쓰이에는 62세 오이치는 37세였다.

시즈가타케 전투 후 3일 만에 에치젠 지방을 손에 넣은 히데요시는 즉시 가가 지역을 공략했다. 히데요시군의 위세에 눌린 가가의 다이묘들이 잇달아 항복했다. 히데요시는 한 번도 싸우지 않고 가가 지역을 손에 넣었다. 노투 지역은 이미 그곳의 영주 마에다 도시이에가 히데요시에게 항복했기 때문에 다시 정복할 필요가 없었다. 아직 히데요시에게 맞서는 다이묘는 도야마성富山城(도야마현 도야마시 마루노우치) 성주 삿사 나리마사佐々成政(1536-88)뿐이었다.

그러나 삿사 나리마사는 이미 전의를 상실했다. 에치젠(후쿠이현 북부), 가가·노토(모두 이시카와현) 지역이 이미 히데요시 수중에 들어간 이상, 삿사 나리마사 혼자 버틸 수 없었다. 나리마사는 히데요시에게 항복했다. 히데요시는 삿사 나리마사에게 예전과 같이 엣추越中(도야마현)를 다스리도록 했다.

5월 1일 히데요시가 기타노쇼로 돌아와 논공행상을 시행했다. 점령한 에치젠·가가·노토·엣추 지역을 니와 나가히데, 마에다 도시이에 등에게 나누어주고, 시즈가타케 전투에서 공을 세운 무사들에게 은상을 내렸다. 논공행상을 마친 히데요시는 5월 7일 아즈치성으로 개선했다.

시바타 가쓰이에가 멸망한 후, 시즈가타케 전투 때 시바타 가쓰이에 편에 섰던 다키가와 가스마스가 히데요시에게 항복했다. 히데요시는 시바타 가쓰이에와 함께 반기를 든 오다 노부타카를 기후성에서 오와리 지타군知多郡에 있는 사원으로 추방한 다음 자결하게 했다. 그때도 히데요시가 직접 손을 쓰거나 명령한 것이 아니라, 노부타카의 이복형으로 히데요시의 손아귀에서 놀아나고 있던 오다 노부카쓰가 명령하는 형식을 취했다.

히데요시는 이미 자신이 마음대로 조종할 수 있는 오다 노부카쓰에게 오다 가문의 발상지 오와리와 이세 북부를 영지로 주었다. 노부나가의 손자로 3세가 된 산보시는 정식으로 이름을 얻어 오다 히데노부織田秀信(1580-1605)라고 불렸다. 히데요시는 히데노부를 죽이지 않고 기후성에서 키우도록 했다. 실권을 장악한 히데요시는 천하를 호령할 수 있다는 자신감을 내비쳤다. 주고쿠 지방의 강호 모리 가문에 서신을 보내 가마쿠라 막부를 연 미나모토노 요리토모源頼朝 이래 평화가 도래했다고 호언하며 복종을 요구했다.

CHAPTER 11. 고마키·나가쿠테 전투

 1582년 6월 2일 새벽 오다 노부나가가 불행한 죽음을 맞이했을 때, 그의 믿음직한 동맹자 도쿠가와 이에야스는 몇 명 되지 않은 측근들만 거느리고 교토에서 그리 멀지 않은 이즈미和泉(오사카부 남부) 지역을 여행하고 있었다. 이에야스는 노부나가와 함께 있다가 헤어진 지 겨우 며칠이 지났을 무렵이었다.

 1582년 5월 오다 노부나가는 도쿠가와 이에야스를 자신의 거성인 아즈치성으로 초대해서 잔치를 베풀었다. 이에야스는 1562년 기요스성에서 노부나가와 동맹을 맺은 이래, 시종일관 노부나가의 충실한 협력자였다. 노부나가가 미노와 이세 북부 지역을 평정하고, 이어서 교토로 진출할 수 있었던 것도 도쿠가와 이에야스가 관동 지방의 호조北条 가문과 가이甲斐(야마나시현)의 호랑이 다케다 신겐을 견제하는 방패가 되었기 때문이다.

오다 노부나가는 5월 20일까지 도쿠가와 이에야스를 위해 잔치를 베풀고, 다음 날 두 사람이 사카이堺·오사카·나라 일대를 구경하기 위해 상경했다. 노부나가의 장남 노부타다가 부친 노부나가와 이에야스를 경호했다. 교토 일대를 둘러본 이에야스는 노부나가와 작별을 고하고, 오사카 일대를 유람하기 위해 길을 떠났다. 노부나가는 서둘러 아즈치성으로 돌아가 하시바 히데요시가 모리씨 일족과 대치하고 있는 빗추備中(오카야마현)로 출진할 준비를 하고, 5월 29일 상경해서 혼노지에 여장을 풀었다. 그로부터 3일 후인 6월 2일 새벽 노부나가는 아케치 미쓰히데의 공격으로 사망했다.

한편 오다 노부나가의 횡사 소식에 접한 도쿠가와 이에야스는 서둘러 자신의 영지로 돌아가기에 바빴다. 오다 노부나가의 원수를 갚기 위한 전투에 참여할 시간적 여유가 없었다. 아케치 미쓰히데를 토벌하는 전투에 참여할 수 없었던 이에야스는 당연히 기요스성에서 열린 회의에도 참석할 수 없었다. 히데요시가 오다 노부나가의 후계자 지위를 쟁탈하는 과정을 지켜볼 수밖에 없었다.

도쿠가와 이에야스는 신중한 사람이었다. 노부나가의 후계자 싸움에 섣불리 말려들지 않고 군사력을 강화하는 것이 중요하다고 판단했다. 노부나가의 죽음으로 혼란한 틈을 타서 가이甲斐와 시나노信濃(나가노현) 지역으로 세력을 확대했다. 이에야스는 미카와三河(아이치현 동반부)・도토우미遠江(시즈오카현 서부)・스루가駿河(시즈오카현 중부)・가이・시나노의 5개 구니国를 지배하는 다이묘가 되었다.

노부나가의 후계자 싸움을 앞둔 시바타 가쓰이에와 하시바 히데요시 양 진영에서 이에야스를 자기편으로 끌어들이려고 했다. 1582년 12월 시바타 가쓰이에가 먼저 이에야스에게 서신과 선물을 보내어 히데요시를 견제하려고 시도했다. 히데요시 또한 이에야스에게 서신을 보내 그동안 전황을 상세하게 알렸다. 이에야스는 가쓰이에에게 서신을 보내지 않았다. 하지만 히데요시에게 서신을 보내어 적대할 의사가 없음을 내비쳤다. 이에야스는 이미 히데요시가 경쟁자들을 물리치고 후계자 싸움에서 승리할 것이라고 예견했던 것이다.

이에야스는 노부나가의 차남 오다 노부카쓰와 접촉했다. 1583년 1월 18일 이에야스는 오와리의 호시자키星崎(나고야시 미나미쿠)에서 노부카쓰를 만났다. 노부카쓰는 자신이 오다 가문의 중심인물이라는 자부심이 있었다. 1584년 정월 히데요시도 오미의 사카모토坂本에서 노부카쓰와 만났다. 하지만 히데요시가 오다 가문을 몰락시키고 자신이 정권을 장악하려는 음모를 꾸미고 있다는 것을 안 노부카쓰는 이에야스에게 접근했다.

이에야스는 노부카쓰를 지원하면서 히데요시와 대립했다. 이에야스는 노부카쓰를 자기편으로 끌어들여서 히데요시의 독주를 막으려고 했다. 노부나가 생전에 히데요시는 노부나가 가신의 한 사람이었고, 이에야스는 노부나가의 동맹자였다. 히데요시와 이에야스는 상하관계가 아니었을 뿐만 아니라, 오다 가문의 후계자 문제에 이에야스가 간섭할 자격이 없었다. 그러나 도쿠가와 이에야스는 노부나가의 아들 노부카쓰가 자신에게 다가오자 따뜻하게 맞이했다.

시즈가타케 전투 후, 히데요시는 자신에 대적했던 노부나가의 3남 오다 노부타카를 죽였다. 이에야스는 히데요시가 오다 가문을 멸망시키고 권력을 찬탈하려는 속내를 드러냈다고 판단했다. 이에야스는 히데요시를 경계하기 시작했다. 이에야스는 히데요시에 불만을 품은 오다 노부카쓰를 이용해서 점점 강력해지는 히데요시의 힘을 견제하고, 노부나가 사망 후 후계자 싸움에서 배제되었던 자신의 존재감을 드러내려고 했다.

도쿠가와 이에야스는 히데요시와 맞설 수 있다고 생각했다. 시바타 가쓰이에가 멸망한 후에도 히데요시에 반감을 품고 있는 다이묘들이 적지 않았다. 광대한 관동 지방을 지배하는 호조씨 일족이 히데요시와 맞서고 있었다. 엣추越中(도야마현)를 다스리는 삿사 나리마사도 히데요시를 탐탁해하지 않았고, 시코쿠四国의 실력자 조소카베 모토치카長宗我部元親(1539-99)도 히데요시와 대립하고 있었다. 다이묘는 아니지만 기이紀伊의 사이가雜賀(와카야마현 와카야마시 기노카와 일대) 지역의 민중들도 이에야스 편을 들고 있었다.

1584년 3월 7일 도쿠가와 이에야스가 8000여 명의 군사를 거느리고 서쪽으로 진군했다. 3월 13일 이에야스와 오다 노부카쓰가 기요스 성에서 작전회의를 열었다. 이 회의에서 오와리와 이세 각지에 요새를 구축해서 히데요시군을 포위하는 전략을 세웠다. 이에야스가 본진으로 삼았던 고마키야마성小牧山城(아이치현 고마키시)과 이와쿠라성岩倉城(아이치현 이와쿠라시)이 정비되었다. 고마키야마성은 노부나가가 미노 지역을 공략할 때 잠시 거성으로 삼았던 곳이고, 이와쿠라성은 오다씨 일족의 거성이었다.

3월 15일 이에야스는 고마키산에 진을 쳤다. 이에야스군이 전투태세를 취하자, 히데요시의 부장들이 이끄는 부대가 오와리 방향으로 진군했다. 3월 17일에 양군의 척후대가 충돌한 전투에서 도쿠가와군이 승리했다. 한편 히데요시는 3월 19일에 대군을 이끌고 동쪽으로 진군할 예정이었으나 사이가의 종교 세력이 노부카쓰·이에야스와 연락을 취하면서 봉기했고, 또 시코쿠의 조소카베 모토치카 군대가 오사카로 진군한다는 소식을 듣고 계획을 수정했다. 히데요시는 후방군을 오사카 인근에 배치한 후, 3월 21일에 3만 여명의 대군을 이끌고 오사카성을 출발하여 3월 27일에 이누야마성犬山城(아이치현 이누야마시)에 도착했다.

4월 8일 이케다 쓰네오키가 히데요시에게 제안했다. "적의 허를 찔러 도쿠가와 이에야스의 본거지인 미카와三河를 공격하는 것이 좋겠습니다." 고마키야마성의 방비가 충실해서 도저히 공격할 수 없었기 때문이다. 히데요시는 이케다 노부테루로 하여금 2만의 군대를 기느리고 미카와로 쳐들어가도록 했다. 그러나 적의 동향을 먼저 파악하고 있던 도쿠가와군이 매복하고 있다가 이케다군을 공격해서 괴멸시켰다. 히데요시는 급히 군대를 보냈으나 이미 히데요시군의 기선을 제압한 도쿠가와 이에야스는 오바타성小幡城으로 물러나 응전하지 않았다. 이것이 나가쿠테 전투였다.

8월 13일 히데요시는 다시 오와리로 나아가 니노미야二宮에 진을 쳤다가 9월 17일에 퇴각해서 10월 2일에 교토로 돌아왔다. 히데요시는 전략을 바꿨다. 군사력으로 이에야스를 굴복시키기보다는 이에야스와 노부카쓰의 동맹을 무력화시키는 것이 중요하다고 판단했다. 히데요시는 오다 노부카쓰의 본거지를 공격하는 한편, 측근을 노부카쓰에게 보내 화해하고 싶다는 뜻을 전했다. 10월 하순의 일이었다.

오다 노부카쓰가 히데요시와 맞서기 위해 도쿠가와 이에야스와 손을 잡고, 이에야스의 군사력을 빌리기 위해 본거지 기요스성마저 내어주자, 노부카쓰의 가신들이 위기감을 느끼게 되었다. 노부카쓰의 가신들의 입장에서 보았을 때 히데요시는 같은 편이고 이에야스는 아군이

기는 하지만 같은 편은 아니었다. 히데요시가 화해하고 싶다는 뜻을 전해오자, 노부카쓰 가신단 내에서 히데요시가 내민 손을 잡아야 한다는 의견이 지배적이었던 것 같다. 히데요시와 화해하는 것에 반대하는 가신은 한 명도 없었다.

11월 11일 히데요시는 야다가와라矢田河原(미에현 구와나시 야다가와라)에 임시로 마련된 회견장에서 노부카쓰와 화의를 맺었다. 히데요시는 영악한 사람이었다. 선천적으로 감쪽같이 남을 속이는 재주가 뛰어난 사람이었다. 다케나카 시게카도竹中重門(1573-1631)가 집필한 『도요카가미豊鑑』에 당시의 상황이 다음과 같이 기록되어 있다. "히데요시가 무릎을 꿇고, 두 손을 공손히 모으고, 한마디 말도 없이 눈물을 흘리며 자신이 소지한 비장의 도검을 (오다 노부카쓰에게) 바쳤다." 히데요시의 기막힌 연기에 속은 노부카쓰는 스스로 히데요시가 마련한 새장 속으로 들어갔다.

히데요시와 노부카쓰가 화의를 맺자, 이에야스는 히데요시와 싸우는 명분을 잃었다. 그동안 이에야스는 오다 노부카쓰를 지원한다는 명분으로 히데요시와 맞섰지만, 화의가 성립되었으니 히데요시와 싸움을 계속할 수 없었다. 무엇보다 세력 판도가 급변했다. 노부카쓰·이에야스 대 히데요시의 대결구도에서 히데요시·노부카쓰 대 이에야스의 구도가 되었다. 이에야스는 형세가 이미 기울었다고 판단했다. 12월 중순 이에야스는 차남을 히데요시에게 보냈다. 겉으로는 히데요시가 이에야스의 차남을 양자로 들이는 형식을 취했으나 사실은 인질로 보낸 것이었다.

CHAPTER12. 오사카성 건설

도요토미 히데요시는 실력으로 오다 노부나가의 후계자 지위를 쟁취한 후, 자신이 난세를 종식시키고 치세를 여는 인물이 될 수 있다는 자신감을 얻었다. 히데요시는 마에다 도시이에와 고바야카와 다카카게에게 보낸 서신에서 다이묘는 영지의 실질적인 지배자라는 중세 이래의 관념을 부정했다. 다이묘들의 거성 한 곳을 제외하고 여러 전략적 요충지에 쌓은 성을 파괴하겠다는 뜻을 밝혔다.

오다 노부나가는 부장들에게 새로이 영지를 분배하면서도 이전의 영지 지배권을 승인했다. 하지만, 히데요시는 논공행상으로 새로운 영지를 분배할 때, 다이묘기 이전의 영지를 반납하고 새로운 영지로 거처를 완전히 옮기도록 하는 방침을 세웠다. 새로운 영지로 거처를 옮긴 다이묘들은 이전 영지에 대한 지배권을 주장할 수 없었다.

히데요시는 일찍부터 이시야마혼간지가 있던 자리에 거대한 규모의 오사카성을 건설하면 좋겠다는 생각을 품고 있었다. 하지만 히데요시는 속마음을 드러내지 않고, 일단 1582년 6월 27일 기요스성 회의에서 오사카를 이케다 쓰네오키의 영지로 분배했다. 이케다 쓰네오키는 히데요시의 충복이었다. 히데요시가 사실상 오사카를 지배하에 넣었던 것이다. 1583년 4월 시즈가타케의 전투에서 시바타 가쓰이에를 멸망시킨 후, 히데요시는 이케다 쓰네오키를 미노의 오가키大垣(기후현 오가키시)로 전봉轉封시키고, 셋쓰摂津·이즈미和泉·가와치河内를 자신의 직할지로 삼았다. 그해 7월 히데요시는 오사카성을 자신의 거성으로 삼고 싶다는 뜻을 밝혔다.

오사카는 五畿内(야마시로·야마토·가와치·이즈미·셋쓰)의 중심으로 교통이 편리한 곳에 자리하고 있었다. 이시야마혼간지가 오다 노부나가에 끝까지 대항할 수 있었던 것도 혼간지를 지원하는 세력이 바닷길로 각종 물자를 공급했기 때문이다. 더구나 오사카 가까이에 덴노지天王寺, 스미요시住吉, 사카이堺, 히라노平野 등과 같은 경제력이 풍부한 도시들이 있었다. 오사카에서 교토로 연결되는 요도가와淀川를 따라 펼쳐진 평야의 농업생산력을 배경으로 상업과 수공업이 발달한 도시들이었다. 이러한 선진지역을 장악하는 것이 통일정권 수립의 전제 조건이었다.

1583년 8월부터 오사카성 건설공사가 시작되었다. 히데요시는 축성공사에 필요한 경비와 인력을 다이묘들이 부담하게 했다. 즉 군역軍役을 부과해서 오사카성을 건설했다. 본역本役은 생산량 100석 당 3명의 노동력을 부담하는 것이 원칙이었는데, 다이묘들은 오사카성 건설에 본역의 3분의 1정도로 부담을 졌다. 석재는 세토瀨戶 내해의 쇼도시마小豆島(카가와현 쇼도군에 속한 섬)와 롯코산六甲山(고베시 서북쪽에 있는 산)에서 가져왔다.

오사카성 건설공사는 결국 민중의 부담이 되었다. 히데요시가 다이묘들에게 군역을 부과하면 다이묘 재정은 큰 타격을 받았고, 다이묘들은 그 부담을 농민과 상공인들에게 전가했다. 서민들이 느끼는 육체적

정신적 고통은 필설로 형용할 수 없었다. 히데요시는 누구보다도 그러한 사정을 잘 알면서도 자신의 권위를 높이고, 방위력을 강화하고, 다이묘들에게 경제적으로 타격을 주기 위해 공사를 강행했다.

축성공사에는 매일 2~3만 명의 인부들이 동원되었다. 축성공사에 가장 중요한 직인들인 목공, 석공, 철공 기술자 등은 히데요시가 직접 파악했다. 잡부들은 히데요시의 세력이 미치는 24개 구니의 다이묘들의 영지에서 부역으로 동원된 농민들이었다. 축성공사에 필요한 각종 재료는 강제로 조달되었다. 히데요시가 공사를 분담한 다이묘들에게 내린 명령서에는 석재의 채취와 운반 요령까지 규정되어 있었다. 석재 소유자의 의견을 무시하고 채취해도 무방했고, 석재를 운반할 때는 길의 한쪽 편만 이용하고, 가벼운 돌을 운반하는 자는 무거운 돌을 운반하는 자에게 길을 양보하도록 하는 등 매우 세세한 지시사항이 적시되어 있었다. 오사카성 주변에는 여러 다이묘의 저택과 무사들의 주택이 들어섰다.

오사카성은 히데요시가 사망할 때까지 쉴 새 없이 확장공사를 계속했지만, 1585년경에 천수각을 비롯한 주요 건물이 거의 완공되었다. 천수각 지붕은 금박으로 입혔다. 성의 주변에 이중으로 해자를 두르고

요도가와의 물을 끌어들였다. 오사카성의 중앙에는 혼마루本丸, 니노마루二の丸, 산노마루三の丸의 건물이 모습을 드러냈다. 성 주위 길이는 무려 13킬로미터나 되었다. 산노마루에서 13개소의 대문을 통하여 밖으로 출입할 수 있었다. 천수각의 9층에서 내려다보면 약 12킬로미터 떨어진 덴노지·스미요시·사카이까지 한눈에 들어왔다.

1586년 3월 규슈 분고豊後(오이타현)의 다이묘 오토모 소린大友宗鱗(1530-87)이 오사카성을 방문했을 때, 히데요시가 직접 오사카성 구석구석을 안내했다. 히데요시가 거주하는 혼마루는 철판으로 만든 대문을 통하여 들어갔다. 대문 옆에는 사방 14미터 정도의 마구간이 있었다. 현관 안에는 사방 16미터 정도의 집무실이 있었는데, 히데요시의 자리는 그 안쪽 약간 높은 별도 공간에 있었다. 집무실 옆에 소문으로만 듣던 황금 다실이 있었다.

집무실 뒤편으로 사방 16미터의 침실이 있었다. 침실에는 가로 1미터, 세로 2미터, 높이 45센티미터 정도의 침대가 놓여있었다. 침대는 황금으로 만들어져 있었다. 황금 침대 위에는 성성이 가죽으로 만든 이불이 덮여 있었고, 황금으로 만든 베개 마구리는 화려한 문양이 조각되어 있었다. 베개 옆에 황금으로 만든 상자가 있었고, 그 위에 황금으로 만든 도검이 놓여 있었다. 침소의 한쪽에는 황금으로 만든 지가이다나違棚 즉, 두 개의 판자를 위아래로 어긋나게 메어 단 선빈이 설치되어 있었다. 침실 옆에 또 하나의 방이 있었다. 그 방은 사방 11미터 정도의 침실이었는데, 그곳에도 침대가 있었고, 그 위에 비단으로 지은 잠옷이 놓여 있었다. 그 다음 방에 히데요시가 수집한 명품 다기와 각종 다도구들이 보관되어 있었다.

오토모 소린은 히데요시를 따라 천수각에 올랐다. 커다란 바위로 쌓은 축대 위에 세워진 천수각의 1~2층에는 각종 비단, 종이, 불화살, 3~4층에는 대형 불화살, 금은보화, 보물 등이 보관되어 있었다. 9층에 오른 오토모 소린은 눈앞에 펼쳐진 풍경에 자신도 모르게 탄성을 올렸다. "정말로 신기하고 사람으로서 상상할 수 없이 오묘하다. 세상에 이런 곳은 없다." 히데요시는 다른 건물도 안내했다. 오토모 소린은 내내 벌어진 입을 다물지 못했다. 이미 규슈 침공을 계획하고 있던 히데요시는 오토모 소린을 경제와 문화로 먼저 제압했던 것이다.

오사카성의 규모는 아즈치성을 능가했다. 오사카성은 난공불락의 요새였을 뿐만 아니라 정치적인 상징물로서도 중요한 의미를 지녔다. 오사카성의 완공을 앞두고 있을 때 히데요시가 "五畿內 요지에 나의 거성을 세웠다."고 호언했던 것처럼, 오사카성은 사실상 도요토미 정권의 성립을 내외에 선언하는 것이었다.

히데요시는 오사카성 주변에 조카마치를 건설했다. 원래 오사카는 이시야마혼간지가 있던 자리였고, 그 사원 주변에 이미 시가지가 형성되어 있었다. 히데요시는 이전 시가지보다 몇 십 배나 넓은 도시를 건설할 계획을 세우고, 오사카 인근 도시에 거주하던 상공인을 오사카로 이주시키는 정책을 추진했다. 조카마치에 먼저 관청, 다이묘들의 저택, 무사들의 주택이 들어섰고, 그 다음에 조닌町人 즉, 상공인의 점포와 가옥이 도로를 사이에 두고 들어섰다. 시가지 주변에는 사원이 배치되었다.

히데요시는 오사카성 건설과 동시에 교토를 비롯한 기나이에 대한 지배를 강화했다. 히데요시는 도시 상공인의 부담을 줄이는 정책을 추진했다. 조카마치에서는 서민과 무사를 막론하고 서로 다투는 것을 금했다. 무사들이 상공인에게 난폭하게 행동하지 못하도록 했다. 실화나 방화의 처벌 규정도 강화했다. 농촌에 토착한 무사들이 아무런 이유 없이 농민을 착취하는 관행에도 제동을 걸었다. 다이묘들에게 일국일성一國一城의 원칙을 제시했다. 일국일성이란 다이묘의 영지 내에는 다이묘가 거주하는 성곽 한 곳을 제외하고 그 밖의 모든 산성과 요새를 허물도록 하는 조치였다. 다이묘들의 영지를 재배치하는 일도 빈틈없이 시행했다.

CHAPTER 13. 시코쿠 정벌

하시바 히데요시가 오다 노부나가의 후계자 지위를 쟁취할 무렵, 시코쿠에서는 조소카베 모토치카가 두각을 나타내고 있었다. 모토치카는 오다 노부나가와 도요토미 히데요시의 움직임을 관망하면서 시코쿠 통일을 서두르고 있었다. 오다 노부나가가 사망한 후, 모토치카는 도쿠가와 이에야스 · 오다 노부카쓰와 손을 잡고 히데요시에 맞섰다. 히데요시는 시코쿠의 호족들을 분열시키는 전략을 구사하며 모토치카를 견제했다.

고마키·나가쿠테 전투가 끝나고 히데요시와 이에야스가 강화를 맺자 조소카베 모토치카가 궁지에 몰렸다. 히데요시는 모토치카에게 시코쿠의 사누키讚岐(카가와현)와 이요伊予(에히메현)를 내놓으라고 요구했다. 모토치카가 사누키와 이요를 이미 가신들에게 분배한 후였다. 그 땅을 히데요시에게 바친다면 가신들에게 다른 땅을 나누어주어야 했다. 당황한 모토치카는 이요 지역만 히데요시에게 바치고 강화를 맺는 타협안을 제시했으나 히데요시가 듣지 않았다.

히데요시는 시코쿠 정벌을 선언하고, 1585년 4월 21일 동원령을 내렸다. 5월 4일 히데요시는 구로다 요시타카黑田孝高(1546-1604)를 먼저 아와지淡路 섬으로 건너가게 하고, 히토쓰야나기 나오스에一柳直末(1553-90)를 아카시明石(효고현 아카시시)에서 대기하면서 도해 준비를 하라고 명령했다. 5월 8일에는 하시바 히데나가에게 출진을 명하고 이즈미와 기이紀伊(와카야마현과 미에현 남부)의 선박을 징발했다.

조소카베 모토치카는 히데요시의 움직임을 지켜보면서 방어 대책에 골몰했다. 아와阿波(도쿠시마현)가 가장 격렬한 전장이 될 것으로 예상하고 그곳에 전력을 집중했다. 히데요시는 직접 시코쿠 정벌에 나서지 않고 동생 하시바 히데나가에게 전권을 위임했다. 6월 16일 히데나가가

3만의 군사를 거느리고 사카이堺에서 바다를 건너 아와지로 건너갔고, 하시바 히데쓰구羽柴秀次(1568-95)도 3만의 군사를 이끌고 아카시에서 바다를 건너 아와지로 건너가 히데나가 군단에 합류했다.

6만의 시코쿠 정벌군은 아와지에서 800척의 선박을 이용하여 시코쿠의 도사土佐(고치현) 항구에 상륙했다. 우키다 히데이에가 이끄는 2만여 명의 군대도 하리마播磨(효고현)에서 바다를 건너 사누키의 야시마屋島에 상륙해서 성을 쌓고 진을 쳤다. 고바야카와 다카카게와 깃카와 모토나가吉川元長(1548-87)가 이끄는 모리 가문의 3만여 대군이 이요에서 바다를 건너 시코쿠의 니이마新間·히미氷見·이마바리今治로 상륙해서 진을 쳤다.

조소카베 모토치카는 세 방향에서 쳐들어오는 정벌군을 맞아 싸우다가 형세가 불리하면 도사의 고산지대로 들어가 요새를 구축하고 지구전을 편다는 계획을 세웠다. 하지만 적은 병력으로 10만이 넘는 정벌군을 맞이해서 싸우기에 역부족이었다. 조소카베군은 사투를 벌였으나 가네코성金子城(에히메현 니이하마시)이 먼저 함락되었다.

가네코성 수비 책임을 맡은 장수 가네코 모토이에金子元宅(1551-85)

는 축성과 용병에 뛰어난 명장이었다. 겨우 2000여 명의 군사를 거느리고 깃카와 모토나가가 이끄는 모리씨 일족의 대군을 맞아 유격전을 전개하며 분전했다. 모리군은 군대를 나누어 가네코성 주변의 성과 요새를 함락시켰다. 패주한 조소카베군이 산속의 요새 또는 가네코성으로 물러나 저항했다. 그러자 모리군이 산과 들에 불을 지르며 가네코성으로 진격했다. 7월 14일 가네코성이 함락되었고, 이어서 다카오성高尾城도 함락되었다.

한편, 도사 항구에 상륙한 하시바 히데나가 · 히데쓰구 군단은 항구 주변에 요새를 구축하고 기즈성木津城(도쿠시마현 나루토시)을 공격했다. 히데나가는 기즈성에 치명적인 약점이 있다는 것을 알았다. 산속에 샘물이 없어서 조소카베군은 성의 북쪽 산기슭에서 물을 길어 나르고 있었다. 히데요시군은 기즈성의 북쪽 산기슭을 점령해서 적의 식수를 차단하는 작전을 전개했다. 당황한 조소카베군이 성 밖으로 나와서 싸웠지만 많은 사상자를 냈다. 이윽고 기즈성에서 싸우던 조소카베군이 항복했다.

7월 15일 3개 군단으로 편성된 히데요시군이 각각 가이후海部, 이치노미야一宮, 이와쿠라岩倉 방면으로 진격했다. 아와 지방 내부로 진격하기 시작했던 것이다. 그러자 우시키성牛岐城(도쿠시마현 아난시 도미오카초)을 지키던 조소카베군이 도사 지역으로 달아났다. 조소카베군의 시코쿠 동부 방어막이 무너졌다.

하시바 히데나가가 이끄는 군단은 이치노미야, 히데쓰구가 이끄는 군단은 이와쿠라 방향으로 진격했다. 히데나가는 2000여 명의 광부를 동원해서 적의 성 내부로 땅굴을 파는 한편, 특수부대를 적진에 침투시켜 수로를 차단하고 불을 질러서 적의 사기를 꺾었다. 히데쓰구는 이와쿠라성을 포위한 후, 목재를 모아서 이와쿠라성보다 더 높은 망루를 세우고, 그곳에서 적의 성을 내려다보며 화승총을 쏘았다. 견디지 못한 조소카베군이 항복했다.

히데요시군의 공격으로 아와·사누키·이요의 조소카베군이 잇달아 무너졌다. 그러자 조소카베 모토치카는 히데요시군에 대항할 수 없다고 판단했다. 모토치카는 이치노미야성을 지키던 장수를 하시바 히데나가에게 보내 항복했다. 히데나가는 그 사실을 즉시 히데요시에게 보고했다. 히데요시는 사자를 보내 조소카베 모토치카에게 도사 지역만 다스리게 하고 나머지 지역의 영지를 몰수했다. 화의가 체결된 것은 8월 초였다.

CHAPTER 14. 관백 정권

 오다 노부나가의 후계자 지위를 쟁취한 히데요시의 다음 목표는 천하인天下人 즉, 일본을 제패한 권력자가 되는 것이었다. 당시 천하는 일본 열도를 지칭하거나 조정의 소재지인 교토를 지칭하는 개념이었다. 그렇다면 천하인은 교토를 장악하고 전국을 호령하는 권력자가 되어야 마땅했다. 전국시대의 다이묘들이 서로 상경하려고 경쟁했던 것도 이러한 통념이 있었기 때문이었다.

천하인이 되려면 일본의 다이묘들을 압도할 수 있는 실력이 있어야 했고, 그 다음에 천황으로부터 천하인에 걸맞은 관직을 수여 받아야 했다. 전국시대를 거치며 천황의 권위가 이전보다 많이 실추되었지만, 천황은 엄연히 일본국의 군주였다. 천황은 여전히 누구도 넘볼 수 없는 권위의 소유자였다. 다이묘들이 앞을 다투어 조정이 수여하는 관직에 취임하려고 했다. 관직은 실력을 뒷받침하는 권위로 기능했기 때문이다.

당시 일본에서는 미나모토源·다이라平·후지와라藤原·다치바나橘라는 네 성씨가 가장 권위가 있었고, 무사들은 대개 이 네 성씨 중의 하나를 본성으로 사용하고 있었다. 그중에서 미나모토씨 또는 다이라씨 가문이 아니면 무가武家의 동량이 될 수 없다는 전통이 성립되었다. 이러한 전통은 이윽고 미나모토씨·다이라씨 가문이 교대로 무가의 동량이 될 수 있다는 정권교대 사상으로 발전했다.

1167년 다이라노 기요모리平清盛(1118-1181)가 태정대신에 취임하면서 다이라씨 정권이 성립했는데, 1185년 미나모토노 요리토모源賴朝(1147-99)가 다이라씨 정권을 멸망시키고 가마쿠라 막부鎌倉幕府를 세웠다. 그런데 가마쿠라 막부의 쇼군將軍의 지위를 계승한 요리토모의 혈통은 3대 쇼군 미나모토노 사네토모源実朝(1192-1219)가 암살되면서 단절되었다. 그 후 막부의 실권은 다이라씨를 본성으로 사용하던 호조씨北条氏 가문이 장악했다. 가마쿠라 막부가 멸망한 후, 미나모도씨를 본성으로 사용하는 아시카가 다카우지足利尊氏(1305-58)가 무로마치 막부室町幕府를 세웠다. 미나모토씨·다이라씨 가문 교대 사상은 이러한 역사적 사실을 근거로 형성되었다.

1573년 7월 오다 노부나가가 무로마치 막부를 멸망시켰다. 기존의 전통과 권위에 구애되지 않던 노부나가도 미나모토·다이라 가문 교대 사상을 무시할 수 없었다. 원래 후지와라씨藤原氏를 본성으로 사용하던 노부나가는 무로마치 막부를 멸망시킨 후 다이라씨를 본성으로 사용하기 시작했다. 노부나가는 1568년 단조노추弾正忠, 1575년 곤다이나곤権大納言 겸 우곤노에다이쇼右近衛大将 등의 관직에 취임했고, 1580년경에 조정이 먼저 오다 노부나가에게 관백関白·태정대신·정이대장군의 관직을 제시하며 아무 관직이나 선택하라고 했다. 하지만 노부나가는 명확한 의사를 표명하지 않은 채 1582년 6월에 암살되었다.

하시바 히데요시는 노부나가의 후계자를 자처하면서 다이라씨를 본성으로 사용하기 시작했다. 히데요시는 무사 신분에 편입되면서 기노시타라는 성을 사용하다가 1573년 여름부터 하시바羽柴라는 성을 사용하기 시작했다. 히데요시는 노부나가와 달리 관직에 관심이 많았다. 야마자키 전투가 끝난 1582년 10월 히데요시는 종5위하의 관직에 취임했고, 시즈가타케 전투가 끝난 1583년 5월 종4위, 1584년 12월에 종3위의 관직에 취임했다. 1585년 3월에는 정2위 내대신, 이어서 그 해 7월에 종1위 관백에 취임했다.

조정 최고의 관직인 관백에 취임하려면 고노에近衛・다카쓰카사鷹司・구조九条・니조二条・이치조一条 등 후지와라씨藤原氏를 본성으로 하면서 섭정攝政과 관백 지위를 독점했던 가문의 후예가 아니면 안 되었다. 그래서 히데요시는 일단 고노에 사키히사近衛前久(1536-1612)의 양자로 입적한 후, 다이라씨平氏 대신에 후지와라씨를 칭하면서 관백에 취임하는 절차를 밟았다.

히데요시는 오다 노부나가의 후계자를 자처하면서 한때 다이라씨를 본성으로 사용했지만, 정이대장군이라는 관직에 오르기 어려운 처지였다. 정이대장군은 보통 쇼군으로 불렸는데, 쇼군은 무가의 동량 가문을 상징하는 지위였고, 그 지위에는 미나모토 가문 출신이 취임해야 한다는 것이 당시의 불문율이었다. 오다 노부나가와 도쿠가와 이에야스와 같은 다이묘들은 양자제도를 잘 이용해서 다이라·미나모토 가문과 관련이 있다고 주장할 수 있었고, 그것이 설령 무리가 있다고 하더라도 무사들이 그 권위를 인정하는 것 또한 당시의 관행이었다. 하지만 아무리 편법이 통하는 일본사회라고 해도 세상 사람이 모두 히데요시가 미천한 농민 출신이라는 것을 알고 있는데, 갑자기 그가 미나모토씨나 다이라씨를 칭하는 것을 용납할 수 없었다. 히데요시는 절대로 쇼군의 지위에 오를 수 없었을 뿐만 아니라, 설령 무력을 앞세우고 편법을 동원해서 쇼군에 취임한다고 하더라도 결코 무사들의 진정한 복종을 이끌어 낼 수 없었다. 그래서 히데요시는 조정의 최고 관직인 관백의 지위에 올라 천황의 권위를 최대한 이용하면서 일본을 지배하는 방식을 택했다.

히데요시는 1585년 말부터 조정의 일에 부쩍 관심을 기울이기 시작했다. 1586년 정월 14일에 히데요시는 조정에 나아가 신년 인사를 나누고, 18일에는 천황 궁전에서 사루가쿠猿樂라는 연극을 관람했다. 20일에는 오사카성에 있는 황금 다실을 천황 궁전으로 옮기고, 그곳에서 직접 차를 다려 오기마치 천황을 대접했다. 2평 남짓한 황금 다실은 조립식 건물로 언제든지 해체하여 옮길 수 있었다.

1586년 2월 히데요시는 교토의 궁전터에 주라쿠테이聚樂第(교토시 가미교쿠에 조영했던 히데요시의 성곽식 저택 겸 행정청)라는 거성을 건설하기 시작했다. 2월 23일 히데요시는 가토 요시아키라加藤嘉明(1563-1631)를 공사 책임자로 임명했다. 오사카성 수축 공사도 동시에 진행되었다. 오사카성 수축과 주라쿠테이 신축에 동원된 인부는 약 12만 명이었다. 히데요시는 매달 초순에 오사카성에 머물면서 공사를 감독하고, 하순에 교토에 머물면서 주라쿠테이 공사를 감독했다.

    1586년 여름 히데요시는 바쁜 나날을 보냈다. 7월 17일에 상경하여 천황을 알현하고, 22일에는 나라奈良로 행차하여 가스가 신사春日神社(나라시 가스가노초)에 참배하고 교토로 돌아왔다. 8월 초에는 오쓰大津로 가서 공무를 처리하고, 8월 18일에는 명나라에서 대불 건설 기술자를 초청하기로 결정했다. 같은 날 혼간지本願寺의 미에이도御影堂 즉, 정토진종의 창시자 신란親鸞(1173-1262) 사당이 완공되었다. 히데요시는 미에이도로 가서 신란의 영전에 참배했다.

    이 무렵 히데요시는 도쿠가와 이에야스를 자기편으로 끌어들이기 위해 공을 들이고 있었다. 히데요시는 이미 1586년 5월에 자신의 여동생 아사히히메旭姬(1543-1590)를 이에야스의 정실로 시집보냈는데, 그해 8월 히데요시는 그의 모친을 인질로 보내는 조건으로 이에야스의 상경을 재촉했다. 히데요시가 진심으로 성의를 다하자, 9월 26일 이에야스는 히데요시가 세시한 조건을 받아들였다. 10월 18일 히데요시의 모친이 이에야스의 본거지가 있는 미카와의 오카자키성岡崎城(아이치현 오카자키시 고세이초)에 도착했다. 오카자키성 아사히히메 처소 주변에 장작이 산더미처럼 쌓였다. 만약에 상경한 이에야스에게 불상사가 일어나면 즉시 불을 질러 아사히히메와 히데요시의 모친을 불태워 죽이기 위해서였다.

히데요시 모친을 인질로 잡은 도쿠가와 이에야스는 1586년 10월 26일 오사카에 도착하여 하시바 히데나가의 저택에 머물렀다. 그날 밤 히데요시가 불쑥 이에야스를 방문하여 다음과 같이 말했다고 한다. "신분이 비천한 내가 무력으로 여러 다이묘를 위압했으나 진심으로 충성하는 자가 없다. 그대와 같이 신분이 높고 덕망이 있는 다이묘가 예를 갖춘다면 다른 다이묘들이 비로소 나를 따를 것이다. 그러니 부디 내일 예의를 갖추어 나를 대해 달라." 히데요시가 머리를 조아리며 부탁하자 이에야스의 마음이 움직였다. 다음날 이에야스는 히데요시를 대면할 때 신종의 예를 갖추었다. 28일 하시바 히데나가는 연극을 개최하여 이에야스를 예우했다. 인질로 잡힌 히데요시의 모친은 11월

12일 오사카성으로 돌아왔다.

주라쿠테이 공사는 1587년 8월경에 마무리되었다. 그해 9월에 히데요시는 오사카성에서 새로 지은 주라쿠테이로 거처를 옮겼다. 주라쿠테이 성곽 주위에 깊이 약 5미터, 폭 약 36미터, 둘레 1800미터의 해자를 둘렀다. 성곽 안에는 5층의 천수각天守閣을 중심으로 히데요시의 거처와 사무소가 배치되었다. 주라쿠테이는 히데요시가 공권력을 행사하는 권력자라는 것을 과시하기 위한 거성이었다.

관백에 취임한 히데요시는 상황의 궁전을 건설했다. 1586년 11월 고요제 천황後陽成天皇에게 양위한 오기마치 상황正親町上皇이 새로 마련된 궁전으로 거처를 옮겼다. 오기마치의 양위는 히데요시의 획책으로 추진되었다. 새로 권좌에 오른 고요제 천황의 비는 고노에 사키히사의 딸이었는데, 히데요시는 그녀를 양녀로 삼은 후 고요제 천황의 비로 들여보냈다. 천황의 외척이 된 히데요시는 1586년 12월에 태정대신의 지위에 올랐고, 고요제 천황의 사성賜姓으로 도요토미라는 성씨가 수여되었다. 이리하여 미나모토·다이라·후지와라·다치바나 성씨에 버금가는 도요토미씨가 창설되었다.

도요토미 정권의 정치기구는 측근 무장들에게 정무를 분담시키는 정도로 분화되어 있었다. 정치제도로 완성되지 않은 수준이었다. 군사 면에서는 직속 가신단을 상비군으로 편성했다. 히데요시는 상비군을 유지하기 위해 직할지나 다이묘의 영지 내에 연공年貢 즉, 조세를 직접 징수할 수 있는 구라이리치藏入地를 설정했다. 그 규모는 약 200만 석 정도였다. 그리고 사카이·오사카·후시미·하카타博多(후쿠오카현 후쿠오카시)·나가사키長崎 등의 도시와 전국의 주요 광산을 직할령으로 삼았다. 광산에서 산출된 금과 은으로 화폐를 주조했다.

행정은 부교奉行라는 측근들이 분담해서 처리했다. 유히쓰右筆라고 하는 서기가 각종 문서와 기록을 담당했다. 야마나카 나가토시山中長俊(1547-1607), 오타 규이치太田牛一(1527-1613), 오무라 유코大村由己(1536-96) 등과 같은 인물이 유히쓰의 직무를 수행했다. 평소에는 몇 명의 유히쓰가 히데요시 곁에 있으면서 문서를 취급했고, 일이 많을 때는 측근 무사 중에서 학식이 있는 자를 발탁해서 업무를 담당하게 했다.

CHAPTER 15. 규슈 정벌

시코쿠의 조소카베 모토치카를 정벌한 도요토미 히데요시의 세력 범위는 동쪽으로 지금의 아이치현愛知県, 북쪽으로는 도야마현富山県, 서쪽으로 히로시마현広島県과 시코쿠까지 확대되었다. 하지만 규슈는 여전히 히데요시의 지배력이 미치지 못하는 지역이었다.

규슈의 남쪽에서는 시마즈島津 가문, 북쪽에서는 오토모大友 가문과 류조지竜造寺 가문이 세력을 떨치고 있었다. 시마즈 가문은 사쓰마薩摩

(가고시마현 서반부) · 오즈미大隅(가고시마현 남부 및 여러 섬), 오토모 가문은 분고豊後(오이타현) · 부젠豊前(후쿠오카현 동반부), 류조지 가문은 지쿠고筑後(후쿠오카현 서남부) · 히고肥後(구마모토현)를 지배하고 있었다. 그중에서 시마즈 가문이 가장 강성했다. 16세기 후반에 시마즈 요시히사島津義久(1533-1611)가 휴가日向(미야자키현) 지역을 손에 넣고, 나아가 규슈의 북쪽을 지배하는 오토모 가문과 류조지 가문을 압박했다.

1584년 3월 류조지 다카노부龍造寺隆信(1529-84)가 사쓰마군의 침략에 맞서 싸우다 전사하면서 류조지 가문이 쇠락의 길로 접어들었다. 그러자 시마즈 가문이 힘이 약해진 류조지 가문을 아예 멸망시키기 위해 자주 대군을 동원하여 공격했다. 수세에 몰린 류조지 가문은 지쿠고 지역을 시마즈 가문에 내어주면서 화의를 요청했다.

이때 류조지 가문의 가로家老였던 나베시마 나오시게鍋島直茂(1538-1618)가 도요토미 히데요시에게 서신을 보내 류조지 가문을 지원해 달라고 요청했다. 이때 나오시게는 히데요시가 규슈를 정벌할 때 선봉에 서겠다고 맹세했다. 히데요시는 규슈를 정벌할 수 있는 기회가 찾아왔다고 생각하고, 1584년 10월 류조지 다카노부의 아들 류조지 마사이에龍造寺政家(1556-1607)에게 서신을 보내 지원을 약속했다.

한편, 시마즈 가문은 오토모 가문을 압박했다. 1584년 10월 시마즈 요시히사는 동생 시마즈 요시히로島津義弘(1535-1619)를 대장으로 삼아 오토모 가문이 지배하는 히고 지역을 침략했고, 1585년 8월에는 분고·구마모토 지역을 공략했다. 그러자 1585년 10월 도요토미 히데요시는 오기마치 천황의 칙명을 오토모 요시무네大友義統(1558-1610)와 시마즈 요시히사에게 보내 휴전을 권고했다. 히데요시는 만약 명령에 따르지 않는다면 규슈를 정벌하겠다는 뜻을 밝혔다. 오토모 요시무네는 히데요시의 휴전 권고를 따르겠다고 했지만 시마즈 요시히사는 어떠한 입장 표명도 없었다.

1585년 말 또는 1586년 초에 히데요시는 다시 시마즈 요시히사에게 최후통첩 서한을 보냈다. 칙명에 따라 천하를 평정할 것인데, 만약 이에 맞선다면 무자비하게 정벌할 것이라는 취지의 내용이었다. 시마즈 가문은 중신회의를 열었다. 중신들은 히데요시의 명령에 어떻게 대응할 것인가에 대하여 논의했다. 그때의 정황이 가로家老 우와이 카쿠켄上井覺兼(1545-89)의 1586년 정월 23일 자 일기에 기록되어 있다. 중신회의의 결론은 다음과 같았다. "히데요시는 누구의 자식인지도 불분명한 인간이라는 말이 세상에 널리 퍼져있다. 그에 비하면 우리 시마즈 가문은 (가마쿠라 막부를 창립한) 미나모토노 요리토모 이래 유서 깊은 가문이다. 요리토모 이래 면면히 이어온 명문 가문이 어디에서 굴러온 종자인지도 모르는 히데요시에게 답신할 필요가 없다." 시마즈 요시히사는 중신회의의 의견에 따라 히데요시에게 회신하지 않았다. 그러자 히데요시는 시마즈 가문 정벌을 선언했다.

1586년 3월 오토모 요시무네의 부친 오토모 소린이 오사카로 가서 히데요시에게 시마즈 가문을 정벌해달라고 간청하고 돌아왔다. 그러나 그 후에도 시마즈 가문의 침략은 그치지 않았다. 1586년 6월 시마즈 요시히사가 대군을 이끌고 히고肥後의 야시로八代(구마모토현 야시로시)를 침략했다. 오토모 요시무네는 시마즈군의 침입을 도요토미 히데요시에게 보고하면서 구원병의 파견을 재차 요청했다. 시마즈군은 지쿠젠筑前(후쿠오카현 서부)으로 진격해서 여러 성을 점령하고, 다시 북진해서 다카토리이성高鳥居城(후쿠오카현 가스야군)을 점령했다.

1586년 12월 1일 히데요시는 드디어 규슈 정벌을 위한 동원령을 내렸다. 1587년 2월 20일에 규슈 정벌 준비가 완료되었다. 히데요시는 고니시 류사小西隆左(?-1592)를 비롯한 호상에게 군사 30만 명과 마필 2만 마리가 1년간 견딜 수 있는 군량과 건초를 마련하라고 명령했다. 군량과 건초는 이시다 미쓰나리石田三成(1560-1600)·오타니 요시쓰구

大谷吉継(1565-1600)·나쓰카 마사이에長束正家(1562-1600) 등 병참관료들이 파악하고 공급하도록 했다. 히데요시는 고니시 류사에게 여러 지역의 선박을 징발해서 군량 17만 석을 규슈로 수송하라고 명령했다.

1587년 정월 초하루 히데요시는 12만 명으로 편성된 규슈 정벌군의 부서를 정하고 각기 출발 예정일을 정했다. 히데요시가 자리를 비운 교토는 하시바 히데쓰구가 마에다 도시이에의 도움을 받아 다스리도록 했다. 정벌군의 대장 하시바 히데나가가 2월 10일 야마토大和의 고오리야마郡山(나라현 야마토고오리야마시)를 출발해서 바다를 건넜다.

1587년 3월 1일 히데요시가 오사카를 떠나 규슈로 향했다. 히데요시가 출진했다는 소식을 들은 시마즈군은 서둘러 사쓰마로 돌아가기 시작했다. 오토모군은 퇴각하는 시마즈군을 공격했다. 3월 15일 하시바 히데나가·하치스카 이에마사·구로다 요시타카·모리 데루모토·깃카와 모토하루·고바야카와 다카카게·우키타 히데이에가 이끄는 군단이 오토모 요시무네가 이끄는 군단과 합류하여 달아나는 시마즈군을 추격했다.

3월 28일 히데요시가 2만5000여 명의 대군을 거느리고 고쿠라小倉

15. 규슈 정벌 145

(후쿠오카현 동부에 있는 도시)에 도착했다. 29일에는 도요토미군이 시마즈 가문 편에 섰던 아키즈키 다네자네秋月種実(1548-96) 부대를 공격했다. 히데요시군의 기동력을 당해내지 못한 아키즈키 다네자네가 머리를 깎고 승려 복장을 하고 히데요시에게 항복했다. 4월 2일 히데요시는 규슈의 남쪽으로 진격했다.

하시바 히데나가가 이끄는 부대는 이미 휴가를 거쳐 오즈미大隅의 다카성高城(오이타현 오이타시)을 포위하고 있었다. 도검대를 앞세운 시마즈군은 히데요시군의 화승총 부대의 사격을 견디지 못하고 무너졌다. 4월 18일이었다. 사쓰마군은 퇴각하면서 싸울 것인지 항복할 것인지 논의했지만 결론을 내지 못했다. 4월 21일 이윽고 시마즈 요시히사가 항복을 결심하고 하시바 히데나가에게 사신을 보냈다. 히데나가는 히데요시에게 보고했다. 히데요시는 5월 3일 시마즈 요시히사가 보낸 사신을 접견했다. 5월 8일 시마즈 요시히사는 머리를 깎고 승려 복장을 하고 히데요시 앞에 나아가 무릎을 꿇고 항복했다. 히데요시는 그 자리에서 시마즈 가문에게 이전과 같이 사쓰마·오즈미·휴가 지역을 다스리도록 허락했다.

6월 2일 히데요시는 삿사 나리마사를 히고 지역의 다이묘로 삼았다.

6월 7일 히데요시는 지쿠젠筑前의 하코자키筥崎(후쿠오카시 동구)에 있는 신사에 머물면서 규슈 각지의 다이묘를 임명했다. 고바야카와 다카카게에게 지쿠젠과 지쿠고의 2개 군과 히젠의 2개 군, 모리 히데카네毛利秀包(1567-1601)에게 지쿠고의 3개 군, 구로타 요시타카에게 부젠의 6개 군, 모리 가쓰노보毛利勝信(?-1611)에게 부젠의 2개 군, 다치바나 무네시게立花宗茂(1567-1643)에게 지쿠고의 3개 군, 쓰쿠시 히로카도筑紫広門(1556-1623)에게 지쿠고의 1개 군, 류조지 마사이에게는 예부터 다스리던 영지를 계속 영유하도록 허락했다.

CHAPTER 16. 오다와라 정벌

16세기 후반 일본의 관동 지방은 호조北条 가문이 5대에 걸쳐서 지배하고 있었다. 호조 가문은 오다와라성小田原城(가나가와현 오다와라시)에 본거지를 두었다. 오다와라성은 하코네箱根(가나가와현 아시카라시모군 하코네마치) 동쪽을 흐르는 하야카와早川와 사카와카와酒勾川가 휘감고 있는 형국의 요새였다. 성의 남쪽은 바다에 면해 있었다. 히데요시가 정권을 장악했을 당시 호조 가문의 당주는 호조 우지나오北条氏直(1562-91)였지만, 그의 부친 호조 우지마사北条氏政(1538-90)가 실권을 행사하고 있었다.

호조 우지마사 · 우지나오 부자는 농민을 효과적으로 장악하는 정책을 추진하는 한편, 주변의 이마가와今川 · 다케다武田 · 우에스기上杉 가문과 우호 관계를 유지하면서 관동 지방을 지키는 데 힘썼다. 오다 노부나가가 교토로 진출하여 세력을 확장하고, 도요토미 히데요시가 일본을 제패하겠다고 선언하고 시코쿠와 규슈를 정벌하는 과정을 지켜보면서도 별다른 움직임을 보이지 않았다.

1583년 8월 도쿠가와 이에야스의 차녀 도쿠히메督姬가 호조 우지마사의 아들 우지나오와 혼인했다. 당시 도쿠가와 이에야스가 지배하는 영토는 스루가駿河(시즈오카현 중부) · 도토우미遠江(시즈오카현 서반부) · 미카와三河(아이치현 동부) · 가이甲斐(야마나시현) · 시나노信濃(나가노현)였다. 이에야스의 지배 지역은 관동 지방에 필적하는 광대한 영역이었을 뿐만 아니라 호조 가문의 영토와 경계를 맞대고 있었다. 오다 노부나가가 암살된 후, 이에야스는 호조 가문과 분쟁이 일어나지 않게 할 필요가 있었다. 그래서 호조 가문과 정략결혼을 맺었다.

1587년 7월 14일 도요토미 히데요시가 규슈를 정벌하고 개선했다.

도쿠가와 이에야스는 히데요시의 개선을 축하하기 위해 상경했다. 8월 5일 히데요시는 오미近江의 오쓰大津까지 가서 이에야스를 맞이하여 함께 교토로 입성했다. 히데요시는 천황에 상주해서 이에야스에게 성2위 곤다이나곤權大納言 관직을 수여하도록 했다. 이에야스는 8월 10일 교토를 떠나 17일 스루가의 슨푸성駿府城(시즈오카현 시즈오카시 아오이구)으로 돌아왔다.

1588년부터 히데요시와 이에야스의 관계가 더욱 친밀해졌다. 히데요시는 1588년 4월 8일부터 5일간 고요제 천황後陽成天皇을 자신의 거성 주라쿠테이로 맞이해서 잔치를 베푼 후, 천황으로 하여금 여러 다이묘가 히데요시에게 충성하도록 당부하도록 했다. 이때 이에야스가 솔선해서 히데요시에게 충성을 맹세했다. 그러나 호조 우지마사·우지나오 부자는 이 자리에 나타나지 않았다.

주라쿠테이 행사가 끝난 후, 히데요시는 호조 우지마사·우지나오 부자에게 사신을 보내서 다음과 같이 힐난했다. "오늘날 일본의 모든 다이묘가 조정의 명령에 복종하고 있다. 그러나 호조 가문은 5대에 걸쳐 관동 지방을 영유하고 있으면서도 입조하려고 하지 않는다. 이것은 진정으로 신하의 도리에 벗어난 일이다. 우지마사·우지나오 부자는 조속히 상경하기 바란다."

도쿠가와 이에야스는 우지마사·우지나오 부자에게 다음과 같은 내용의 서신을 보냈다. "5월 중에 우지마사 형제를 상경시켜 히데요시에게 인사를 드려야 할 것이다. 만약 우지마사 형제를 상경시킬 수 없다면 우지나오와 혼인한 내 딸을 돌려보내도록 해라." 이에야스의 서신을 받은 호조 우지나오는 6월 5일에 답신을 보내 12월 상순에 부친 우지마사가 상경할 예정이고, 그 전에 우지마사의 동생 호조 우지노리北條氏規(1545-1600)가 서둘러 상경할 것이라고 보고했다.

니라야마성韮山城(시즈오카현 이즈노쿠니시 니라야마) 성주 호조 우지노리는 어렸을 때 인질로 잡혀 이마가와 가문에서 이에야스와 함께 생활했던 인물이었다. 이에야스와 속마음을 터놓을 수 있는 사이였다. 8월 7일 호조 우지노리가 오다와라를 출발해서 8월 17일 교토에 도착했다. 22일 우지노리가 히데요시를 알현했다. 히데요시는 우지노리에게 우지마사·우지나오 부자에게 반드시 상경해서 신종의 예를 표하도록 하라고 말했다.

그러나 호조 우지마사·우지나오 부자는 상경을 서두르지 않았다.

그러는 사이 누마다성沼田城(군마현 누마다시 소재) 지배를 둘러싸고 호조 우지마사와 사나다 미시유키真田昌幸(1547-1611)가 대립했고, 히데요시가 나서서 분쟁을 중재했다. 하지만 호조 가문은 히데요시의 중재안을 무시하는 태도로 일관했다. 격노한 히데요시가 호조 가문 정벌을 결심했다.

1589년 11월 24일 히데요시는 호조 가문을 정벌한다고 선언했다. 히데요시는 전쟁을 선포하는 문서를 먼저 이에야스에게 보냈다. 호조 우지나오가 이에야스의 사위라는 점을 배려한 것이다. 이에야스는 히데요시의 문서를 다시 호조 우지마사·우지나오 부자에게 보냈다. 그리고 11월 29일 이에야스는 슨푸를 떠나 상경 길에 올랐다. 상경한 이에야스는 히데요시의 거성 주라쿠테이에서 우에스기 가게카쓰·마에다 도시이에와 함께 호조 가문 정벌을 위한 작전회의를 열었다. 이에야스는 가신을 슨푸로 보내 도쿠가와군도 출진을 준비하라고 명령했다.

1589년 12월 22일 슨푸성으로 돌아온 이에야스는 다음 해 정월 3일 자신의 3남 도쿠가와 히데타다德川秀忠(1579-1632)를 히데요시에게 인질로 보냈다. 1590년 2월 7일 이에야스는 가신들에게 출진을 명했다. 이때 이에야스가 동원한 군사는 약 3만 명이었다. 2월 10일에는 이에야스도 출진했다. 이에야스는 후지카와富士川를 건너 2월 14일에 나가쿠보성永久保城(시즈오카현 슨토군 나가이즈미초)에 들어가 진을 쳤다.

도쿠가와 이에야스의 뒤를 이어 가모 우지사토, 하시바 히데쓰구, 오다 노부카쓰, 호소카와 타다오키, 쓰쓰이 사다쓰구筒井定次(1562-1615), 우키타 히데이에 등의 다이묘가 각각 대군을 이끌고 오다와라성 주변에 포진했다. 2월 26일에는 히데요시의 수군이 스루가의 시미즈清水 항구에 닻을 내렸다. 3월 1일 드디어 히데요시가 교토를 떠나 동쪽으로 향했다. 히데요시는 오미, 기요스, 슨푸를 지나 3월 27일에 산마이바시성三枚橋城(시즈오카현 누마쓰시)에 입성했다.

호조 가문은 일찍부터 히데요시의 공격에 대비하고 있었다. 사원에서 범종까지 징발해서 대포를 주조하고, 칼과 창을 만들고, 15세에서 70세까지의 남자를 동원했다. 호조 우지마사는 무사들에게 3월 중에 오다와라성으로 결집하라고 명령했다. 우지마사는 무사들을 주로 이즈와 하코네箱根 방면에 배치했다. 니라야마성은 호조 우지노리가 지키게 하고, 시시하마성獅子浜城(시즈오카현 누마즈시), 아라리성安良里城(시즈오카현 가모군 니시이즈초), 닷코성田子城(시즈오카현 가모군 니시이즈초), 시모다성下田城(시즈오카현 시모다시), 야마나카성山中城(시즈오카현 미시마시) 등 전

16. 오다와라 정벌

략적 요충지에 중신들을 배치했다.

야마나카성은 후지산이 밀리 바라다보이는 곳에 있었다. 히데요시는 산마이바시성에 입성한 다음 날인 3월 28일 도쿠가와 이에야스와 함께 야마나카성 서쪽에 있는 산에 올라가 야마나카성 지형을 시찰한 후, 야마나카성과 니라야마성을 공략할 계획을 세웠다. 히데요시는 오다 노부카쓰를 총대장으로 하는 군단이 니라야마성, 하시바 히데쓰구를 총대장으로 하는 군단이 야마나카성을 공격하라고 명령했다. 야마나카성 북쪽에서 도쿠가와군이 진격했다.

전투는 3월 29일 정오에 끝났다. 야마나카성이 함락되자 호조군이 하코네·오다와라 방면으로 달아났다. 이에야스는 하코네에서 적의 패잔병들을 소탕하면서 다카노스성鷹巢城(가나가와현 아시카라시모군 하코네초)을 공략한 후 미야기노宮城野 방면으로 진격했다. 히데요시군은 4월 1일 하코네를 지나 4월 6일 유모토湯本의 소운사早雲寺(가나가와현 아시카라시모군 하코네마치 소재)에 진을 쳤다. 호리 히데마사가 이끄는 히데요시군 별동대는 네부카와根府川의 호조군 요새를 격파하면서 오다와라성으로 진격했다.

히데요시는 하치스카 이에마사와 후쿠시마 마사노리福島正則(1651-1624)에게 니라야마성을 포위하게 하고, 주력을 오다와라성 방향으로 진격하라고 명령했다. 호조 우지마사·우지나오 부자는 오다와라성의 외곽에 군대를 배치하고 히데요시군의 공격에 대비했다. 오다와라성은 견고한 성이었다. 히데요시가 20만의 대군을 동원해 오다와라성을 포위했지만 좀처럼 공격할 수 없었다. 히데요시는 지구전을 각오했다. 히데요시는 오다와라성 주변에 있는 지성을 하나씩 공략하면서 호조 우지마사·우지나오 부자를 고립시키는 전략을 구사했다.

도쿠가와 이에야스는 니라야마성 성주 호조 우지노리에게 서신을 보내 투항을 권고했다. 고심하던 우지노리는 6월 24일 니라야마성을 히데요시군에게 개방하고 투항했다. 바치가타성鉢形城(사이타마현 오사토군) 성주도 투항했다. 히데요시는 투항한 호조 가문의 중신들을 앞세워 우지마사·우지나오 부자에게 화의를 권유했다.

7월 5일 호조 우지나오가 그의 동생과 함께 히데요시군 진영으로 와서 항복하며 말했다. "우리가 할복할 터이니 호조군 장졸들의 목숨을 구해 달라." 그러자 히데요시는 호조 우지나오의 뜻이 가상하다고 하여 그의 목숨을 살려주고, 대신에 호조 우지마사를 비롯한 일족들의 할

복을 명했다. 호조 우지나오의 투항으로 5대 100년간 관동 지방을 다스리던 호조 가문이 멸망했다.

7월 6일 도쿠가와 이에야스가 군대를 거느리고 오다와라성으로 들어갔고, 7월 11일 호조 우지마사를 비롯한 일족들이 할복해 죽었다. 7월 20일 호조 우지나오는 호조씨 일족 300여 명과 함께 고야산高野山으로 들어가 출가했다. 호조 우지나오는 1591년 11월 30세를 일기로 사망했다. 히데요시는 호조 우지노리에게 7000석 정도의 영지를 주어 여생을 보내도록 했다.

CHAPTER17. 오슈 평정

　동북 지방에 여러 다이묘가 할거했지만, 관동 지방의 호조 가문처럼 히데요시에 맞설 수 있는 세력이 없었다. 동북 지방의 다이묘들은 자기 가문의 존속을 위해 앞을 다투어 히데요시에게 복종했다. 동북 지방 북단을 지배하던 난부 노부나오南部信直(1546-99)는 이미 1587년에 히데요시에게 충성을 맹세했다. 이어서 쓰가루 다메노부津輕為信(1550-1608), 모가미 요시미쓰最上義光(1546-1614), 아키타 사네스에秋田実季(1576-1660), 오노데라 요시미치小野寺義道(1566-1646) 등이 히데요시에게 복종했다. 이들은 히데요시가 오다와라를 평정할 때 참전했다. 특히 히타치常陸(이바라키현)의 사다케 요시노부佐竹義宣(1570-1633)는 호조 가문이 지배하는 지역을 통과해서 참전했다.

동북 지방의 여러 다이묘들 중에서 다테 마사무네伊達政宗(1567-1636)가 두각을 나타냈다. 마사무네의 부친 다테 데루무네伊達輝宗(1544-85)는 일찍부터 오다 노부나가와 친교를 맺고 있었다. 그러나 데루무네가 사망했을 때 도요토미 히데요시가 정권을 잡고 있었다. 1586년 6월 히데요시는 다테·아시나蘆名 가문이 서로 싸우지 말고 즉시 상경해서 복종하라고 권고했다. 히데요시가 천황의 대리인의 자격으로 사투금지령을 내렸던 것이다.

아시나 가문은 가마쿠라 시대 이래 명문가였지만, 히데요시가 사투금지령을 내리자 가신을 히데요시에게 보내 신종의 예를 표했다. 그러나 다테 마사무네는 히데요시가 내린 사투금지령에 따르지 않았다. 1587년 9월 마사무네는 히데요시에게 말을 헌상했고, 1588년 9월에 히데요시가 다시 복종하라고 요구하자 매를 헌상했다. 10월에는 히데요시는 다시 마사무네에게 사투금지령을 내리면서 상경을 재촉했다. 그러자 마사무네는 다시 사신을 보내 매를 헌상했다. 마사무네는 히데요시에게 겉으로는 예를 갖추는 모양새를 취하면서 1589년에 아이즈로 쳐들어가 아시나 가문을 멸망시켰다.

히데요시는 마사무네의 기회주의적인 처신을 못마땅하게 여겼다. 마사무네가 아시나 가문을 멸망시켰다는 소식을 들은 히데요시의 측근이 다테 가문의 가신에게 다음과 같은 내용의 서신을 보냈다. "아시나 가문은 도요토미 히데요시에게 가신을 보내 예의를 갖추었는데, 다테 마사무네가 아무런 명분도 없이 아시나 가문을 멸망시켰다는 소식을 듣고 히데요시가 매우 불쾌하게 생각하고 있다."

1590년 2월 히데요시가 오다와라 정벌에 나섰을 때, 마에다 도시이에 · 아사노 나가마사浅野長政(1547-1611) 등이 다테 마사무네에게 참전하라고 권고했다. 마사무네는 장고 끝에 참전을 결심하고 6월 5일 오다와라에 도착했다. 히데요시는 마사무네를 하코네 산중에 가두고 그동안 빼앗은 아시나 가문의 영토를 몰수했다. 6월 9일 히데요시는 다테 마사무네를 불러 대면했다. 히데요시가 칼로 마사무네의 목을 치는 흉내를 내면서 "조금만 늦었으면 이 목이 달아났을 것이다."라고 말하고 다테 마사무네가 부친으로부터 상속한 72만 석의 영지 지배권을 승인했다.

호조 가문을 멸망시킨 히데요시는 말머리를 북쪽으로 돌려 아이즈会津로 갔다. 히데요시는 아이즈에 머물면서 동북 지방 다이묘들의 영지를 확정했다. 히데요시가 교토로 향한 것은 8월 13일이었다. 이때 도쿠가와 이에야스·도요토미 히데쓰구·마에다 도시이에를 비롯한 유력 다이묘들이 히데요시를 따랐고, 사다케·우에스기·다테 등 동북 지방 다이묘들이 호위했다. 이때 동원된 20만이 넘는 병력은 일본을 제패한 히데요시의 무위를 과시하기에 충분했다.

히데요시는 히데쓰구에게 동북 지방에서 겐치検地 즉, 토지조사를 철저하게 시행하라고 명령했다. 당시 동북 지방은 무사와 농민이 명확하게 분리되지 않았다. 무사는 여전히 농촌에 토착하고 있었고 직접 또는 간접적으로 영농에 종사하면서 농민을 일상적으로 지배하고 있었다. 모가미最上·다테 가문과 같이 호족들을 토벌하고 직접 거느리는 군대를 편성해서 권력을 강화하는 데 성공한 다이묘도 있었으나, 다른 다이묘들의 영지에는 여전히 독립성이 강한 호족들이 존재하고 있었다. 그들은 스스로 무장하고 예속 농민들을 거느리고 있었다. 이러한 곳에서 호족들의 무장을 해제하고 겐치를 실시한다는 것은 결코 쉬운 일이 아니었다. 하지만 히데요시는 호족과 농민의 저항을 철저하게 진압하고 겐치를 시행했다.

한편, 히데요시의 명을 받은 아사노 나가마사는 8월 18일 오자키大崎 가문을 멸망시켰다. 기무라 요시키요木村吉清(?-1598)와 가모 우지사토는 가사이葛西 가문의 지배지역을 차례로 점령했다. 아사노 나가마사는 더욱 북상해서 와가和賀(이와테현 중서부)·히에누키稗貫(이와테현 하나마키시)로 향했다. 8월 20일 나가마사가 히에누키의 류큐치무라湯口村에 도착했다. 나가마사는 그곳에 50여 일간 머물면서 히데요시의 명령에 따르지 않았던 호족들을 처형했다. 이때 이사와군胆沢郡을 지배하던 카시야마柏山 가문, 에자시군江刺郡을 지배하던 에자시 가문, 와가군을 지배하던 와가 가문, 히에누키군을 지배하던 히에누키 가문이 멸망했다.

히데요시는 가사이·오자키 가문이 지배하던 13군 30만 석의 영지를 기무라 요시키요가 다스리도록 했다. 요시키요는 원래 아케치 미쓰히데의 가신이었는데, 미쓰히데가 사망한 후 히데요시를 섬겼고, 히데요시가 오슈 지방을 평정할 때 공을 세워 일약 30만 석을 영유하는 다이묘가 되었다. 하지만 갑자기 출세한 기무라 요시키요의 권력기반은 취약했다. 요시키요는 지배지 곳곳에 가신들을 배치했지만 인원수가 적었고, 가신들의 능력도 부족해서 지배지 민중의 신뢰를 얻을 수 없었다. 더구나 영내에는 가사이·오자키 가문이 멸망하면서 할 수 없이 농촌으로 돌아온 낭인浪人 즉, 실직한 무사들이 많았다. 그들의 불만이 언제 폭발할지 알 수 없는 상황이었다.

9월이 지나고 아사노 나가마사가 교토로 돌아오자, 때를 기다렸다는 듯이, 10월 16일 이사와군 카시야마 농민들이 잇키一揆 즉, 민란을 일으켰다. 이것을 시작으로 동북 지방 이곳저곳에서 잇키가 일어났다. 잇키 세력은 각지에 배치된 기무라 요시키요의 가신들을 죽이고 관청을 점거했다. 농민들은 가사이 · 오자키 가문 유신들의 지휘 하에 일사분란하게 움직였다.

히데요시는 다테 마사무네와 가모 우지사토에게 잇키 세력을 진압하라고 명령했다. 마사무네는 11월 5일 1만5000여 명의 군사를 거느리고 미야기군宮城郡 리후利府(미야기현 리후초)로 출병했고, 우지사토는 도쿠가와 이에야스에게 구원을 요청해 영내의 경비를 강화한 후, 11월 10일 미야기군 마루모리丸森(미야기현 마루모리초)로 출병했다. 가모 우지사토는 다마쓰쿠리군玉造郡(미야기현 오자키시)을 공략했고, 마사무네는 11월 20일 다카시미즈성高清水城(미야기현 구리하라시)에서 잇키 세력과 대치하고 있던 기무라 요시키요를 구출했다.

하지만 잇키는 와가·히에누키 지역으로 파급되었다. 와가·히에누키 가문의 유신들은 각지의 관청을 습격해서 아사노 나가마사의 다이칸代官들을 죽였다. 난부 노부나오南部信直는 즉시 500여 기를 거느리고 하나마키로 출동하여 아사노 나가마사의 다이칸을 구출하고, 성을 포위하고 있던 잇키 세력을 물리쳤다. 하지만 혼란이 오랫동안 지속되었다.

가사이·오자키에서 잇키가 발생해서 그 지역의 다이묘 기무라 요시키요가 사실상 지배력을 상실하자, 히데요시는 다테 마사무네를 요시키요가 다스리던 지역으로 전봉轉封 즉, 영지를 옮겨 다스리도록 했다. 1591년 6월부터 마사무네는 잇키 진압에 나서 요네자와米沢(야마가타현 요네자와시)의 잇키 세력을 토벌하고 가미군加美郡(미야기현 서북부)으로 진격했다. 그러자 잇키 세력이 사누마성佐沼城(미야기현 도메시)에 결집했다. 마사무네는 6월 28일 사누마성 공격을 개시했다. 사누마성은 하자마가와迫川에 면한 성으로 기무라 요시키요가 몰락한 후 잇키 세력이 견고하게 수축한 요새였다. 마사무네는 7월 3일에 사누마성을 점령했다.

9월 23일 마사무네는 이와테자와성岩手沢城(미야기현 오자키시)을 수축하고 그곳으로 거처를 옮겼다. 다테 마사무네의 새로운 영지는 가사이·오자키의 구로카와黒川·미야기宮城·나토리名取·시바타柴田·우다宇多 등 20개 군이었다. 한편, 히데요시는 마사무네의 옛 영토 오키타마置賜·다테伊達·시노부信夫·아다치安達·다무라田村·가리타刈田를 몰수해서 가모 우지사토에게 주었다. 가모 가문은 동북 지방 최대의 다이묘가 되었다.

가사이·오자키 잇키의 영향을 받아 난부 가문이 지배하던 모리오카盛岡(이와테현 모리오카시)에서 구노헤 마사자네九戸政実(1536-91)의 난이 일어났다. 1591년 3월이었다. 구노헤 마사자네는 난부 가문의 중신으로 주군인 난부 노부나오에 필적하는 실력을 갖추고 있었다. 마사자네는 주군인 난부 노부나오를 제거하면 자신이 모리오카 지역을 다스리는 다이묘가 될 수 있다고 생각했던 것 같다. 마사자네는 다테 마사무네가 가사이·오자키 잇키를 진압한 후 상경하고, 히데요시군도 철수한 틈을 노려서 반란을 일으켰다.

구노헤 마사자네가 난을 일으키자, 난부 가문의 가신들이 양분되었다. 당황한 난부 노부나오는 4월 13일 아들을 히데요시에게 보내 급박한 상황을 전했다. 그러자 6월 24일 히데요시는 구노헤 마사자네의 난을 진압하기 위해 대군을 파견했다. 진압군은 6군단으로 편성되었다. 1군은 다테 마사무네, 2군은 가모 우지사토, 3군은 사타케 요시노부, 4군은 우에스기 가게카쓰, 5군은 도쿠가와 이에야스, 6군은 하시바 히데쓰구가 이끌었다. 정벌군이 파견되었다는 소식이 전해지자, 형세를 관망하던 난부 가문의 가신들이 난부 노부나오의 편에 섰다. 구노헤 마사자네는 고립되었다. 반란군은 성을 견고히 수리하고 결사의 각오로 방어했지만, 정벌군의 공격을 견디지 못하고 9월 4일 항복했다. 오슈가 평정되면서 일본이 통일되었다.

CHAPTER18. 병영국가 체제 완성

1) 병농분리

중세사회의 무사는 농촌에 토착해서 직접 또는 간접적으로 경작에 종사하고 있었다. 그러나 무사는 평소에도 항상 갑옷, 투구, 무기 등 군장을 준비하고, 안장을 얹은 말을 항상 대기시켜 놓고 생활했다. 주군의 명령이 있으면 즉시 출동해야 했기 때문이다. 일본어에 "이자가마쿠라いざ鎌倉"라는 말이 있는데, 이것은 쇼군将軍의 명령이 하달되면 고

케닌御家人 즉, 쇼군과 주종관계를 맺은 무사들이 잠시도 지체하지 않고 가마쿠라로 달려간 데서 유래했다.

전국시대에 들어서면서 무사의 생활양식이 급변했다. 특히 오다 노부나가가 활약했던 16세기 중엽은 전국시대 중에서도 가장 변화가 심했던 전환기였다. 일본 각지에서 다이묘大名가 발흥했고, 그들은 영토를 확장하기 위해 싸웠다. 다이묘들 간의 전쟁이 갈수록 치열해지고, 속도전이 요구되면서 상비군 편성의 필요성이 대두되었다. 다이묘들은 농촌에 토착하는 무사들을 자신의 거성 주변으로 불러들여 집단으로 거주하게 했다. 다이묘의 거성 주변에 조카마치城下町라는 도시가 형성되었다. 일본사에서는 농촌에 토착하던 무사가 조카마치로 이주하는 과정을 병농분리兵農分離 과정으로 인식하고 있다.

병농분리 정책이 보다 명확한 형태로 시행된 것이 가타나가리刀狩 정책이었다. '가타나'는 일본 무사들이 무기로 사용하던 도검이다. '가리'는 '사냥' 또는 '몰수한다'는 뜻이다. 가타나가리는 서민을 대상으로 하는 정책이었다. 그런데 '가타나'는 무기를 상징하는 개념으로 쓰이기도 했다. 요컨대, '가타나가리'는 단지 도검뿐만 아니라 서민이 보유한 모든 무기를 몰수하는 정책이었다. 도요토미 히데요시는 서민이 무기를 보유하고 있으면 무장 봉기를 일으키는 원인이 된다고 생각했다. 서민의 무장해제가 가타나가리 정책의 가장 중요한 목적이었다.

가타나가리는 병농분리를 완성하는 정책이기도 했다. 전국시대에는 서민이 자기의 목숨은 물론 가족과 재물을 지키기 위해 무장하는 것이 당연시되었다. 자위권을 상징하는 무기가 바로 도검이었다. 서양의 선교사 루이스 프로이스Luis Frois는 당시 일본의 서민이 무장하는 관행에 대해 다음과 같이 기록했다. "일본에서는 오늘날까지 관습으로, 농민을 비롯하여 모든 사람이 일정한 연령에 달하면 대도와 소도를 차고 있었고, 그들은 이것을 가타나刀와 와키자시脇差라고 부르고 있었다." 히데요시는 서민이 보유한 무기를 몰수함으로써, 전국시대를 통해 형성된 서민의 자위권을 부정했다. 히데요시는 도검으로 상징되는 무기를 무사가 배타적으로 독점하게 하려고 했던 것이다. 이 무렵부터 도검은 무사의 신분을 상징하는 표식이 되었다.

가타나가리라고 하면 일반적으로 1588년 7월에 시행된 히데요시의 가타나가리령을 가리킨다. 그러나 가타나가리에 관한 법령은 1588년에 이르러 처음으로 발령된 것이 아니었다. 히데요시는 이전에도 가타나가리를 실시했다. 그것은 주로 점령지 민중을 대상으로 한 무장해제가 목적이었다. 하지만 1588년의 가타나가리령은 일본 전국의 서민을 대상으로 한 것이었다. 이전의 법령과는 일선을 긋는 성격을 지닌 법령이었다.

1588년 7월에 발령된 가타나가리령의 내용을 소개하면 대략 다음과 같다. (1) 농민이 가타나 · 와키자시 · 유미弓 · 야리槍 · 뎃포鉄砲 그 밖의 무구 종류를 보유하는 것을 엄금한다. 농민이 무기를 보유하면 불순한 음모를 꾸미고, 연공을 징수하는 것을 어렵게 하고, 반란을 획책하고, 나아가 관리에 대해 무례를 범하는 경우가 많다. 지역의 영주와 관리들은 농민이 보유한 무구들을 모두 거두어 들여야 할 것이다. (2) 몰수한 가타나 · 와키자시 등의 무구는 이번에 대불을 건립하는 데 필요한 못과 철물로 사용할 것이다. 그러면 금생은 말할 것도 없고 내생까지도 농민에게 이익이 될 것이다. (3) 농민은 농구만 소유하고 오로지 경작에 전념한다면 자자손손까지 번영할 것이다. 농민에게 자비심을 갖고 있기 때문에 무구를 거두어들이는 것이다. 진정으로 국토안전 만민쾌락의 근본인 것이다. 다른 나라에서는 고대 성군이 천하를 안정시키고 보검과 이도利刀를 농구로 사용했다고 한다. 일본에서는 아직까지 전례가 없지만, 이와 같은 정신을 잊지 말고, 각기 그 뜻을 헤아려 농민은 농사와 양잠에 전념해야 할 것이다.

위에 제시된 (1)의 내용은 다이묘와 관리들만 볼 수 있게 한 대외비 성격의 공문이었다. 이 공문에 가타나가리의 목적과 의도가 분명하게 제시되어 있다. 즉 가타나가리는 농민이 보유한 무기를 몰수하여 그들이 반란을 일으키는 것을 방지하기 위한 것이었다. 농민이 무장하고 있으면 도요토미 정권에 저항할 우려가 있었다. 히데요시는 농민이 보유한 무기를 몰수하면 그들을 통치하기가 더욱 용이할 것이라고 판단했던 것이다.

위에 제시된 (2)와 (3)의 내용은 농민에게 공포되었다. (2)의 내용 중에서 '대불을 건립하는데 필요한 못과 철물로 사용할 것'이라고 설명하고 있는 점이 주목된다. 도요토미 정권이 당시 농민의 종교 관념을 이용하려고 의도했다는 것을 알 수 있다. 히데요시는 농민에게서 몰수한 무기는 결국은 농민의 복덕으로 돌아간다는 논리를 전개했다. (3)에서는 무사와 농민의 직분이 다르다는 것을 강조하고 있다. 바람직한 농민상은 농구를 보유하고 농업에 종사하는 것이고, 농민이 무기를 손에 들고 싸우는 것은 바람직하지 않다는 논리였다. 바람직한 농민으로 돌아가 농업에 종사하는 길이야말로 이상적인 것이며, 도요토미 정권은 농민이 안전하게 생업에 종사할 수 있는 사회를 건설할 것이라는 취지의 말이다.

가타나가리로 병농분리 정책이 완성되었다. 일본 근세 사회에서는 무사와 농민의 신분이 명확히 구분되었고, 농민이 무사로 신분 상승할 수 있는 길이 원칙적으로 봉쇄되었다. 무사는 지배계급, 농민은 피지배계급으로 구별되었다. 무사는 조카마치에 집단으로 거주하면서 다이묘 권력을 더욱 공고히 했고, 다이묘 권력은 농민을 농촌에서 도시로 이주하지 못하도록 강제하면서 무사와 농민의 거주지역이 공간적으로 분리되었다.

2) 도시와 상공인

조카마치는 병농분리 과정에서 인위적으로 형성된 도시라고 할 수 있다. 조카마치는 무사가 집단으로 거주하는 지역과 상공인들이 거주하는 지역으로 구분되었다. 주군의 거성 주변에 모여 사는 무사는 소비자 집단이었다. 양곡은 무사들이 직접 지배하는 영지에서 조달할 수 있었지만, 생활용품과 군수품은 시장에서 구입하지 않으면 안 되었다. 조카마치의 상공인은 무사들에게 군수품과 생활용품을 원활하게 공급하기 위해서도, 다이묘가 영내의 생산시설을 정비할 때 그들의 재력과 기술을 이용하기 위해서도 반드시 필요한 존재였다.

그런데 전국시대의 조카마치는 전투 때마다 큰 피해를 입었다. 적군이 다이묘의 거성을 공격할 때 조카마치에 불을 지르는 것이 상투적인 전법이었다. 뿐만 아니라 다이묘의 거성이 적군에 포위되면 먼저 조카마치를 불태우는 경우가 많았다. 적군이 숨을 곳을 없애기 위해서였다. 교토나 오사카의 상공인들은 위험한 조카마치로 이주하려고 하지 않았다. 그래서 다이묘들은 자신의 조카마치로 이주하는 상공인을 우대하는 정책을 추진했다.

오다 노부나가는 아즈치성安土城을 건설한 후 교토와 오사카 상공인들을 조카마치로 불러들이기 위해 파격적인 조건을 제시했다. 상공인에게 거주지를 무상으로 제공하고, 각종 세금을 면제했다. 히데요시는 노부나가의 도시 정책을 계승했다. 상공인들에게 세금과 부역을 면제하는 등 상공인을 보호하는 정책을 추진했다.

1577년 6월 노부나가는 아즈치성 조카마치에 13개조의 법령을 내렸다. 주요 내용을 소개하면 다음과 같다. 아즈치의 조카마치를 라쿠이치樂市 즉, 모든 상인이 자유롭게 장사를 할 수 있는 지역으로 한다. 상공업에 대한 모든 세금을 면제한다. 가도를 왕래하는 상인은 반드시 아즈치에서 숙박해야 한다. 전쟁 등 특별한 때 이외에는 주민에게 부역을 면제한다. 아즈치에 거주하는 상공인의 채권을 보증한다. 다른 지역에서 이주한 자도 이전부터 거주한 자와 차별하지 않는다. 노부나가는 라쿠이치와 함께 라쿠자樂座 즉, 중세 상공업의 독점단체였던 자座를 폐지했다. 이것은 라쿠이치보다도 더욱 파격적인 상업자유화 정책이었다.

노부나가가 관소關所를 철폐하고 도로를 정비하면서 상공인의 활동 범위가 넓어졌다. 상업과 교통의 발달은 노부나가의 경제력과 군사력을 강화시키는 수단이기도 했다. 관소의 철폐와 도로의 정비는 군대의 이동과 군수품의 수송을 원활히 했고, 라쿠이치·라쿠자는 다른 지방에서 생산되는 생활용품과 군수품을 손에 넣기 쉽게 했을 뿐만 아니라 영내의 경제력을 강화하는 수단이었다. 히데요시는 노부나가의 정책을 계승했다.

히데요시가 전국을 제패할 무렵, 일본의 도시는 큰 변화기를 맞이하고 있었다. 히데요시는 굳이 상공인을 우대하는 정책을 시행하지 않았다. 오히려 농촌에서 도시로 이주하는 인구를 억제할 필요가 있었다.

히데요시는 더욱 세밀한 병농분리와 농상분리 정책을 추진했다. 그는 농민이 도시로 이주하는 것을 금지했을 뿐만 아니라, 농민이 임시로 도시로 와서 노동자가 되는 것도 금지했다. 교토 주변에 고사쓰高札 즉, 히데요시의 명령을 네거리에 써 붙인 게시판을 내걸고 위반자를 사형에 처한다고 공고했고, 실제로 위반자를 체포해 사형에 처했다.

히데요시는 농민이 도시로 진출하는 것을 금했지만, 상공업자가 도시로 이전하는 것은 장려했다. 특정한 지역만 도시로 인정하고 그 외의 지역은 농촌으로 분류했다. 농촌으로 분류된 곳에 거주하는 상공인에게는 세금 면제와 같은 특혜를 주지 않았다. 예를 들면 오사카 인근에서는 오사카와 사카이堺만 도시로 인정하고, 히라노고平野郷(오사카시 히라노쿠)를 비롯한 자연발생적인 도시는 농촌으로 분류해서 겐치를 실시했다.

그것은 상공인을 오사카로 이주시키기 위해 취한 조치였다. 중세 이래 등유를 독점적으로 생산하고 공급했던 것은 셋쓰摂津와 야마시로山城의 경계에 위치한 오야마자키大山崎(교토부 오야마자키초)의 상인이었다. 그들은 자座라는 배타적 동업조합을 결성하고 이와시미즈하치만궁石清水八幡宮(교토부 하치만시 소재)의 보호를 받고 있었다. 등유의 대량 소비지는 교토와 오사카였다. 그러나 히데요시 시대부터 오야마자키에서 등유를 제조하고 판매하는 상인이 거의 자취를 감췄다. 그들의 대부분이 오사카로 이주했기 때문이다.

히데요시는 계획적으로 도시를 구획하고 건설했다. 신분과 직분을 구분해서 도시의 거주지역을 정했다. 무사와 상공인의 거주지역이 구별되었다. 대로변에는 상인의 점포가 같은 업종끼리 모여 배치되었고, 이면도로에는 직인職人이 업종별로 모여 일할 수 있게 배치되었다. 어용상인과 어용직인은 특별히 성곽에서 가까운 곳에 배치되었다. 도시의 외곽에는 사원이 배치되었다.

히데요시는 호상과 친밀한 관계를 유지했다. 특히 이마이 소큐今井宗久(1520-93), 쓰다 소큐津田宗及(? -1591), 고니시 류사小西立佐(? -1592) 등과 같은 사카이의 호상과 가깝게 지냈다. 고니시 류사의 아들 고니시 유키나가小西行長(1558-1600)를 조선 침략군의 선봉장으로 중용하기도 했다. 셋쓰의 히라노고에도 스에요시末吉 일족이 활약하고 있었고, 호쿠리쿠北陸 지방의 수운을 장악한 쓰루가敦賀와 오바마小浜(후쿠이현 오바마시)의 호상, 조선 무역을 장악했던 하카타의 가미야 소탄神屋宗湛(1551-1635), 시마이 소시쓰島井宗室(1539-1615) 등도 모두 히데요시의 측근이었다.

호상들은 전국적인 유통과 국제무역을 주도하고 있었다. 그들은 대형 선박을 보유하고 시장과 유통망을 장악하고 있었다. 당시 탄약의 원료인 초석은 전량 수입에 의존하고 있었다. 전투가 벌어지면 수만 명의 군대가 동원되었는데, 무기와 탄약의 보급, 군량과 말을 먹이는 건초의 수송 등에 대형 선박이 반드시 필요했다. 성곽 공사와 도시 건설의 자재, 재료, 식료 등을 공급할 필요가 있었다. 히데요시는 호상의 경제력과 정보력을 최대한으로 이용했다.

히데요시는 일찍부터 상인의 자금을 전쟁에 이용했다. 1581년 히데요시는 돗토리성鳥取城을 공략하기 수개월 전부터 상인들을 돗토리성 조카마치로 보내 시가보다 3배 비싼 값으로 미곡을 사들이게 했다. 그러자 돗토리성 무사들이 비상시를 대비해 비축한 군량미까지 시장에 방출했다. 히데요시가 보낸 상인들이 사들인 미곡은 항구에 대기시켜 놓은 선박으로 운반해 다른 지역으로 수송했다. 히데요시군이 돗토리성을 포위했을 때, 적의 비축미는 이미 바닥이 나 있었다. 전투가 시작되었을 때 승패는 이미 결정되어 있었던 것이나 마찬가지였다. 군량이 고갈된 적이 항복했다. 히데요시는 호상의 자금을 동원해서 적을 굴복시켰던 것이다.

16세기 중엽을 전환 축으로 전술이 변화하고 전쟁 방식이 바뀌었다. 노부나가의 전쟁 방식을 계승한 히데요시는 전장에서 직인의 기술과 재능이 얼마나 유용한 지 잘 알고 있었다. 특히 공성전에서는 참호를 파고, 진지를 구축하고, 방책을 세우고, 진지와 진지를 왕래하는 통로를 건설하는 대규모 토목공사가 필요했다. 적을 포위하고 수공을 감행할 때는 제방을 쌓아야 했다. 히데요시는 직인을 언제든지 동원할 수 있는 체제를 갖추고 있었다.

노부나가 군단의 토목공사 기술은 1673년부터 비약적으로 발전했다. 1576년 아즈치성 축조공사에 착수한 오다 노부나가는 오미近江 지역의 벌목꾼·목수·대장장이·지붕 기술자·다타미 기술자 등의 직인을 동원했다. 노부나가의 명령은 각지에 산재하는 기술 집단의 수장을 통해 직인에게 전달되었다. 동원된 직인은 조세를 비롯한 각종 부담이 면제되었다.

오다 노부나가는 각지의 직인집단 조직을 장악하고 있었다. 특히 교토·오사카 일대의 기술자를 동원할 수 있는 조직망을 갖추고 있었다.

도요토미 히데요시는 전국적인 규모로 기술자 집단을 장악할 수 있는 조직망을 완성했다. 오사카성을 축조할 때나 나라 도다이지東大寺(나라현 나라시 조시초 소재) 대불전 조영에 기술자 집단을 총동원했다. 히데요시가 최고 권력자가 된 후에는 다이묘나 귀족이 지배하는 지역의 직인까지 동원할 수 있었다.

히데요시는 일찍부터 직인의 기술력을 전쟁에 이용했다. 1582년 히데요시는 다카마쓰성高松城을 포위했다. 이 성의 3면이 늪으로 둘러싸인 저습지대에 위치해 있다는 것에 착목한 히데요시는 수공 작전을 전개했다. 다카마쓰성 가까이에 있는 하천의 하류에 제방을 쌓아 물을 끌어들이기로 했다. 5월 8일부터 2만5000여 명의 인원이 밤낮으로 제방 공사에 동원되었고, 길이 2.8킬로미터 높이 7미터의 제방이 19일 만에 완성되었다. 제방이 완성되자 장마철에 접어들었다. 다카마쓰성은 물에 잠겨 고립되었다. 견디다 못한 적은 히데요시의 강화교섭에 응하지 않을 수 없었다.

히데요시는 1584년 6월의 미노美濃 다케가하나성竹ヶ鼻城(기후현 하시마시 다케하나초 소재) 공성 작전에서도 수공 작전을 펼쳤다. 30리나 되는 제방을 쌓아서 성을 포위했다. 제방의 높이는 약 10.8미터, 폭은 약 36

미터였다. 제방을 쌓기 위해 구축한 작은 성이 14~5개소, 동원 인원이 10여만 명이었다. 전쟁은 이미 백병전이 아니라 토목공사를 하는 것이었고, 히데요시의 가신단이 모두 이 공사에 동원되었다. 히데요시는 이미 장기간 적을 포위하고 지킬 수 있는 경제력이 있었고, 또 직인집단의 기술력을 십분 활용하여 전쟁에서 반드시 승리하는 전술을 구사하고 있었다.

3) 농촌과 농민

봉건사회는 토지 관계를 기초로 하는 시대였다. 국가권력은 겐치檢地 즉, 토지의 생산량과 소유관계 등을 조사했다. 중세에서 근세로 전환하는 과정에서 이미 겐치를 실시한 전국시대 다이묘들이 있었다. 1568년 9월 오다 노부나가도 교토로 입성한 후 겐치를 실시했다.

노부나가는 1568년부터 오미近江 · 야마시로山城 · 야마토大和 등의 호족에게 사시다시指出 즉, 토지면적을 기록한 대장을 제출하게 했다. 노부나가는 사시다시를 기준으로 조세액을 확정하고 지배권을 확립했다. 히데요시는 노부나가가 실시한 것보다 더 구체적으로 겐치를 실시하여 농민을 장악했다. 먼저 농민을 부역에 동원할 수 있는 자와 그렇지 못한 자로 구별하여 파악했다. 거지·승려·노인·과부·홀아비·장님·소작인 등이 부역에 동원할 수 없는 자로 분류되었다. 그 밖의 농민은 모두 부역에 동원할 수 있는 자로 확정했다.

히데요시가 처음 겐치를 실시한 것은 1582년이었는데, 그가 전국을 제패한 후에는 중앙에서 관리가 파견되어 전국에 걸쳐서 거의 동일한 기준으로 경작지와 택지를 조사했다. 겐치 담당 관리는 먼저 경작지의 면적을 파악하고, 그 다음에 생산량을 파악했다. 관리는 경작지의 특정한 곳의 일정한 면적에서 벼를 추수하여 그 생산량을 되로 되어 보고, 그 결과를 가지고 전체 경작지의 생산량을 산출하는 방식이었다. 겐치의 결과 전국의 경작지와 생산량이 산술적으로 파악되었다. 경작자도 함께 파악되었다. 농촌에 거주하고 있는 농민의 숫자는 물론, 특정 농민의 성별, 나이, 신체상태 등이 구체적으로 파악되었다. 이와 같이 치밀한 조사사업은 과거 어떤 다이묘도 시도하지 못한 것이었다. 그래서 히데요시가 시행한 겐치를 이전의 그것과 구별하여 타이코켄치太閤檢地라고 한다.

장원제 하에서는 수탈 체계가 중층적인 구조로 되어 있었는데, 그러한 중세적인 질서는 타이코켄치에 의하여 부정되었다. 전국시대 이래 농촌에 근거하면서 하극상의 원동력이 되었던 토호들의 군사적 기반도 붕괴되었다. 히데요시가 전국의 토지를 완전히 장악하게 되면서 다이묘를 재배치하기 용이하게 되었다. 타이코켄치에 의하여 근세 봉건제의 기초가 확립되었다.

  히데요시는 아사노 나가마사를 책임자로 임명하여 겐치 정책을 추진했다. 히데요시가 직접 겐치 현장으로 나아가 감독하기도 했다. 유력한 지주의 토지든 일반 농민의 토지든 차별을 두지 않고 조사하라는 명령을 내렸다. 겐치는 한 사람이라도 많이 연공年貢 즉, 조세를 납부하는 농민을 확보하려는 히데요시의 방침과 토지의 점유권을 인정받고 싶어 하는 농민의 요구가 일치하여 비교적 큰 저항 없이 시행될 수 있었다.

  그러나 대토지를 보유한 토호는 겐치가 부담스러울 수밖에 없었다. 겐치가 시행되면서 토호들이 저항했다. 겐치를 시행하는 관리에게 뇌물을 주거나, 극단적인 경우에는 경작지를 포기하고 마을의 농민들과 함께 도망하기도 했다. 하지만 히데요시는 모든 난관을 극복하고, 무수한 희생을 감수하면서 겐치 정책을 흔들림 없이 추진했다.

히데요시는 단호한 태도를 취했다. 1584년의 겐치에서는 농민에게 은전隱田 즉, 신고하지 않은 경작지를 두지 않을 것, 뇌물을 주고 숨겨둔 경작지를 신고할 것, 겐치 후에 새로 개간한 땅도 숨기지 말고 신고할 것, 경작지의 등급을 속이지 말 것 등을 서약하게 했다. 만약에 서약을 어길 경우에는 여자와 아이를 포함한 촌락의 전 농민을 사형에 처할 것이라고 선언했다.

1590년 오우奧羽(동북 지방)에 하달된 히데요시의 명령서를 보면, 히데요시의 겐치에 대한 의지가 얼마나 강력했는지를 알 수 있다. 히데요시는 다음과 같이 명령했다. "겐치의 의도를 토호나 농민에게 잘 이해시키도록 하라. 만약에 겐치에 반대하는 토호가 있을 경우에는 마을 사람 모두를 성으로 몰아넣고 한 사람도 남기지 말고 죽여라. 농민에 대해서도 마찬가지다. 다시 강조하지만 한 마을, 두 마을 사람 모두 몰살시켜도 좋다. 설령 한 지방이 황폐해져도 좋으니 전국 방방곡곡에 이르기까지 혼신을 다하여 겐치를 시행하도록 하라."

히데요시는 겐치를 시행할 때 전국적으로 적용될 수 있는 기준을 마련했다. 토지를 측량하는 장척丈尺, 경작지의 등급, 도량형, 생산량 등을 확정했다. 논·밭·거주지 모두 가로 5간間 세로 60간의 공간을 정하여 새끼를 두르고 겐치를 실시한 후, 경작지를 4등급으로 구분하고, 등급별로 부과하는 연공의 기준을 정했다. 논의 경우 상등급지는 교토의 말카로 1석石 5두斗, 중급지는 1석 3두, 하급지는 1석 1두를 연공으로 납부하도록 했다. 밭의 경우 상급지는 1석 2두, 중급지는 1석, 하급지는 8두를 연공으로 납부하고, 하하급지는 매년 경작 상황에 따라서 연공을 부과했다.

겐치의 결과는 고젠초御前帳라는 장부에 기록되었다. 고젠초 작성의 목적은 히데요시가 직접 일본 전역의 생산량과 경작자를 파악하는 것이었다. 작성 시기가 조선을 침략하기 전 해인 1591년이라는 점에 주목하면, 침략을 위한 군역규정을 설정하는 기초자료로 고젠초가 필요했다는 것을 알 수 있다.

고젠초에는 어떤 마을의 경작지가 몇 평, 생산량이 몇 석, 경작자가 몇 명, 이런 식으로 세밀하게 파악되어 기재되었다. 정보는 마을 단위, 군 단위, 다시 다이묘의 지배 지역 단위로 합산되어 기재되었다. 이런 식으로 도요토미 히데요시는 일본 전역의 경작지, 생산량, 경작자를 파악할 수 있었다. 1591년 5월 히데요시는 모든 다이묘에게 각 마을 별, 지배지 별로 조감도를 첨부한 지형, 경작지의 수, 사원의 수 등을 작성하여 제출하도록 명령했다. 전국에서 제출된 자료를 근거로 하여 일본 전체의 생산지도와 인구지도가 작성되었다.

타이코켄치의 시행으로 촌락의 성격이 변화했다. 중세의 촌락은 집락의 주민을 중심으로 한 조직이라는 측면이 강했다. 타이코켄치는 경작지 이외의 거주지·산야·저수지 등도 석고제로 파악했다. 그 결과 촌락은 경작지를 포함한 하나의 구획된 영역을 의미하게 되었다. 이전에는 촌락의 경계가 산이나 하천 등으로 막연하게 구분되었으나 타이코켄치 후에는 겐치초의 기록에 따라 경계 표지판이 세워졌다. 촌락의 주민은 농경지를 경작하고, 연공과 부역의 의무를 지는 혼뱌쿠쇼本百姓가 촌락의 중핵을 구성한다는 원칙이 성립되었다.

히데요시는 겐치와 함께 호구조사를 명령했다. 전근대 사회에서는 국가가 인간의 노동력을 동원하는 일이 매우 중요한 일로 여겨졌다. 전쟁이 일어났을 때 무사가 갑옷을 입고 투구를 쓰고 전장에 나가 싸우기만 하면 되는 것이 아니었다. 무기와 탄약을 공급해야 하고, 군량과 말에게 먹일 건초도 마련해야 했다. 이러한 병참과 관련된 일은 주로 부역으로 동원된 농민들이 담당했다. 호구조사의 목적은 부역을 부과하기 위한 것이었고, 그 기초가 되는 가구 수를 파악하는 것이었다.

이미 오다 노부나가 시대에 농촌의 가구 수를 조사해서 본가本家와 후가後家로 구분하여 파악했다. 본가는 부역을 제공하는 성인 남자가 있는 집안이고, 후가는 성인 남자가 없는 집안이었다. 노부나가의 정책을 계승한 히데요시는 농민을 부역에 동원할 수 있는 자와 그렇지 못한 자로 구별하여 파악했다. 동원의 기준은 촌락의 고쿠다카石高 즉, 생산량이었다. 전쟁이 일어나면 농민은 일정한 기준에 따라 부역인으로 동원되어 전쟁터에서 잡일을 해야 했다. 도요토미 정권은 촌락 단위로 연대책임을 지웠고, 명령에 따르지 않으면 무거운 형벌을 가했다. 권력의 손아귀에서 벗어날 수 있는 일본인은 없었다.

CHAPTER 19. 히데요시의 실력

1) 정치력

　1585년 7월 도요토미 히데요시는 관백關白에 취임해서 일본을 통치하는 최고 권력자가 되었다. 그 해 10월 초 히데요시는 규슈에서 교전 중인 오토모大友 가문과 시마즈島津 가문에게 "영토의 경계를 둘러싼 다툼은 내가 처리할 것이다. 두 가문은 전투를 중지하라."는 명령을 내리면서 "이것은 천황의 뜻이다."라는 말을 덧붙였다.

히데요시는 센고쿠다이묘戰国大名들이 서로 영토를 확장하기 위해서 싸우고 있다고 보았다. 그들의 전쟁이 영토분쟁이라면 그것은 재판을 통해 해결할 수 있을 것이고, 그렇다면 전쟁을 하지 않아도 되니, 히데요시 자신이 재판관이 되겠다고 선언한 것이다. 만약 이 제안을 받아들이지 않는다면 군사력을 동원한다는 뜻이기도 했다.

오토모 가문은 당주인 오토모 소린이 직접 오사카로 가서 히데요시와 대면했고, 시마즈 가문에서는 가신 가마타 마사히로鎌田政広를 히데요시에게 보냈다. 히데요시는 두 사람에게 다음과 같이 제안했다. "현재 시마즈 가문이 차지하고 있는 히고肥後의 2분의 1(구마모토현), 부젠豊前의 2분의 1(오이타현), 지쿠고筑後(후쿠오카현의 일부) 등을 오토모 가문에 돌려주고, 히젠肥前(나가사키현과 사가현)은 모리毛利 가문에게 양도하고, 지쿠젠筑前(후쿠오카현의 일부)은 내가 차지할 것이다." 히데요시는 당시 규슈를 거의 차지하고 있던 시마즈 가문에게 그동안 쟁취한 영토를 대부분 포기하고 원래의 지배지 사쓰마薩摩·오즈미大隅·휴가日向의 영토만 다스리라고 했던 것이다.

히데요시는 처음부터 시마즈 가문이 도저히 수용할 수 없는 제안을 했다. 이 제안을 수용하면 즉, 시마즈 가문이 히데요시에 항복한다면 그 가문은 내부에서 붕괴될 것이고, 거부하면 즉, 시마즈 가문이 히데요시와 정면승부를 선택한다면 히데요시가 동원한 정벌군의 공격으로 멸망할 것이다. 이것이 히데요시가 제압해야 할 다이묘를 다루는 방식이었고, 천황의 이름으로 발령된 소부지레이惣無事令 즉, 평화령의 실상이었다.

히데요시는 시마즈 가문에 1586년 3월 중순까지 자신의 제안에 대하여 회답하라고 요구했고, 그 기한이 지나면 정벌에 나서겠다고 통고했다. 당시의 교통 여건으로 오사카에서 규슈의 남단인 가고시마鹿兒島까지 왕복하는 거리와 시간을 감안하면, 히데요시는 시마즈 가문이 가신들과 충분히 논의할 시간조차 주지 않고 회답을 요구했던 것이다. 오토모 가문은 히데요시의 제안을 수용했지만 시마즈 가문은 거부했다.

다음 해 7월 히데요시는 대군을 동원해서 규슈를 침공했다. 히데요시의 제안을 거부했으니 정벌한다는 명분이었다. 그 후 히데요시는 관동·동북 지방의 여러 다이묘들에게도 같은 방식으로, '사사로운' 싸움을 중지하고 히데요시의 제안을 수용하라고 명령했다. 히데요시는 그동안 다이묘들이 전쟁이라는 수단을 통해 분쟁을 해결하던 관행을 부정하고, 다이묘들 사이에 발생한 분쟁은 천황의 권위를 배경으로 하는 히데요시 자신이 판단할 것이라는 새로운 분쟁해결 방식을 일방적으로 선언했던 것이다. 히데요시로부터 서로 싸우지 말라는 일방적인 명령을 받은 다이묘들은 항복한 후 히데요시 군단에 편입되어 평생 전쟁터를 전전하든지, 아니면 전면전쟁에 돌입해서 '멋지게' 싸우다 멸망하든지 두 길 중에 한 길을 선택할 수밖에 없었다.

전국시대 농민들 중에는 무장을 하고 무사의 종자가 되는 자들이 많았다. 그러나 히데요시가 일본을 제패하면서 전쟁의 기회가 없어졌다. 그러자 낭인浪人 즉, 무사단에 소속되어 있지 않으면서 뚜렷한 직업이 없이 생활하는 실업 무사들이 넘쳐났다. 그들이 무장을 하고 거리를 배회하면서 사회질서를 어지럽혔다. 히데요시는 1590년 12월에 낭인을 단속한다는 낭인정지령浪人停止令을 내렸다. 이 법령의 가장 큰 목적은 낭인들이 소지한 무기를 몰수하는 것이었다. 다시 말하면, 신분은 무사가 아니지만 무사사회의 구성원이 된 자는 무기를 소지하는 것을 용인하고, 그렇지 않으면서 농업·상업·공업에 종사하지 않는 자는 무기를 몰수해서 마을에서 퇴출하겠다는 것이었다.

히데요시는 가타나가리령刀狩令과 함께 해적의 활동을 금지하는 해적정지령도 내렸다. 두 법령은 동시에 발령되었다. 그래서 해적금지령은 바다의 가타나가리령이라고도 일컬어졌는데, 이 법의 목적은 고기를 잡아 생계를 유지하는 어민과 선박을 이용해서 생활하는 자들을 파악하고, 특히 선박을 이용해서 해적행위를 하지 못하도록 하는 것이었다. 히데요시는 각 지역을 다스리는 다이묘들에게 해적행위를 엄중히 단속하라고 명령했다.

해적금지령으로 규슈를 거점으로 동아시아 여러 지역을 침략하며 약탈을 일삼던 왜구의 활동이 금지되었다. 히데요시는 왜구가 창궐한 이래 감합무역勘合貿易 즉, 다이묘들이 파견한 일본의 선박이 명나라를 왕래하며 무역하는 것이 어렵게 되었다고 인식하고 있었다. 그래서 해적금지령을 내려 왜구의 활동을 금지한 후, 명나라와의 무역을 재개하려는 생각을 갖고 있었다.

히데요시는 서민들이 무기를 갖고 서로 싸우는 행위를 금지하는 겐카금지령喧嘩禁止令을 내렸다. 1592년 초겨울 효고현 니시노미야시西宮市에 있던 나루오무라鳴尾村와 가와라기무라瓦木村 농민들이 칼·활·창 등 무기를 들고 물꼬싸움을 했다. 히데요시는 싸움에 가담한 두 마을 농민 83명을 모두 사형에 처했다. 히데요시가 내린 겐카금지령을 위반했기 때문이다. 사형 당한 사람 중에는 8살 난 아이도 있었고, 80

세가 넘은 노인도 있었다.

전국시대는 공권력이 기능을 상실한 시대였다. 개인 사이에 또는 집단 사이에 분쟁이 일어났을 때도 공권력이 재판권을 행사해서 시비를 가릴 수 없었던 무법의 시대였다. 농촌의 농민들이나 도시의 상공인들은 자신과 가족의 목숨 그리고 재산을 지키기 위해 스스로 무장했고, 분쟁이 일어났을 때는 싸워서 정의를 실현했다. 히데요시가 일본을 제패하고 가장 먼저 재판권을 행사하려고 했고, 그것이 농촌에 적용된 것이 겐카금지령이었다.

전쟁에서 군사를 동원하는 일은 매우 중요했다. 용병 능력에 따라서 전쟁 양상이 달라졌기 때문이다. 그러나 그 보다도 더욱 중요했던 것은 군사의 동원을 원활하게 하는 국가 권력의 경제력이었다. 그것은 권력이 사회의 생산력을 효과적으로 수취하고 또 국민의 노동력을 최대한 동원하는 정치력을 통해 비로소 구현되었다.

전국시대 말 농민은 일본 인구의 90퍼센트 이상을 차지하고 있었다. 당시 군량과 말의 사료는 물론 전쟁에 필요한 물자 대부분이 농민의 노동력에 의하여 산출되었다. 히데요시는 겐치 정책을 추진하여 농촌의 생산량을 상세히 파악하고, 가타나가리령·겐카금지령을 내려서 농민을 완전히 장악했다. 그리하여 완전 착취에 가까울 정도로 많은 조세를 거둬들였고, 또 농민을 빠짐없이 역부役夫로 동원할 수 있었다. 히데요시가 친 그물망을 빠져 나갈 수 있는 농민은 거의 없었다.

2) 경제력

전쟁에서 승리하려면 강한 군대를 보유하지 않으면 안 되었다. 그런데 강한 군대를 보유하려면 국가의 경제력이 뒷받침되어야 했다. 물론 일선에서 싸우는 무사의 전투력이 전쟁의 승패를 결정짓는 가장 중요한 요인일 것이다. 하지만 전투력은 후방에서 군량, 무기, 탄약 등의 군수물자와 말의 사료를 보급하는 병참부대의 지원이 충분하지 못하면 무사의 전투력이 유지될 수 없을 것이다. 히데요시는 일찍부터 병참의 중요성을 인식하고 있었고, 전쟁은 결국 경제력으로 결판난다는 것을 경험으로 알고 있던 지휘관이었다.

도요토미 히데요시는 전투에 임하면서 요행을 바라지 않았다. 처음부터 이길 수 있는 싸움이 아니면 섣불리 군대를 움직이지 않았다. 히데요시가 수세에 몰리는 싸움도 거의 없었다. 히데요시가 악전고투한 전투는 한두 번에 지나지 않았다. 물론 전투가 히데요시가 뜻대로 진행되지 않은 경우는 있었지만, 결국 전투에서 승리한 것은 히데요시였다. 히데요시는 군사 수는 물론 무기, 화기, 탄약, 군장, 군량, 군수품, 말의 사료 등 경제력 면에서 적을 압도했기 때문에 항상 승리를 거둘 수 있었다.

『난카이쓰키南海通記』에 1585년 6월 히데요시군이 시코쿠 정벌에 나섰을 때 히데요시군과 조소카베군의 모습을 비교한 대목이 있다. "히데요시군은 무구와 마구가 화려해서 눈부시고, 금과 은으로 칠하고, 큰 말을 타고 칼을 차고 깃발을 등에 꽂은 모습이 늠름했다. 그러나 조소카베군은 10명 중 7명이 조랑말에 나무 안장을 얹고, 무사는 빛바랜 갑옷을 낡은 삼나무 껍질로 엮어서 입고 있었다. 조랑말이라도 탄 무사는 호족 신분에 해당하는 자였다." 히데요시군은 이미 싸우기 전에 경제력으로 적을 압도하고 있었다.

히데요시가 오다 노부나가를 섬기며 전공을 세워 처음으로 다이묘로 승격해 자신의 영지를 지배하게 되었을 때, 교통의 요지에 거성을 건설하고, 중앙시장이라고 할 수 있는 오사카와 교역하고, 여러 도시의 상인 세력을 자기편으로 끌어들이고, 물자를 확보하는 일부터 시작했다. 특히 전쟁물자 확보에 히데요시의 예민한 경제 감각이 유감없이 발휘되었다.

16세기 중엽까지 대부분의 다이묘들은 무장자변武裝自辯의 원칙에 따랐다. 즉, 전쟁이 일어나면 무기와 군량은 무사 개인이 지참하고 전장에 나아갔다. 다이묘는 그런 조건으로 무사들에게 영지를 지급했다. 그런데 무사 개인은 3~5일 분 이상의 군량을 지참할 수가 없었다. 그 이상의 무게를 감당할 수 없었기 때문이다. 당연히 전투는 3~5일을 넘기지 못했다. 그래서 농성籠城이 효과적인 방어 전술이었다. 공격을 당했을 때, 다이묘는 군량이 비축되어 있는 산성을 지키면 적이 스스로 물러가게 되어 있었다. 그래서 중세 시대에는 적을 포위하는 전략이 사실상 불가능했다.

히데요시는 그런 한계를 극복하고 전쟁의 개념을 바꾼 전략가였다. 히데요시는 적을 포위하는 작전을 전개했다. 포위 작전은 병력을 동원해서 적의 성곽이나 진지를 오랜 시간에 걸쳐서 고립시키는 작전이었다. 그것은 적보다 병력이 최소한 3~5배 많고, 장기간 사용할 수 있는 무기와 탄약, 군수품, 군량, 말의 사료 등을 조달할 수 있는 경제력이 있어야 가능한 일이었다.

1587년 4월 규슈의 시마즈 가문을 정벌 할 때 히데요시는 20만 명 이상의 대군을 동원했다. 그때 이시다 미쓰나리 · 오타니 요시쓰구 · 나쓰카 마사이에 등 유능한 병참 참모에게 30만 명 분량의 군량, 말 2만 필 분량의 사료를 준비하라고 명령했다. 히데요시의 참모들은 전쟁 중에 군량과 말의 사료를 조달할 수 있는 능력 · 경험 · 체제를 갖추고 있는 경제 관료였다.

히데요시는 10만 또는 20만 명이 넘는 대군을 동원하는 일이 많았는데, 그런 대규모 군사행동이 가능했던 것은 군수품, 군량, 말의 사료 등을 확보할 수 있었기 때문이다. 히데요시가 확보한 군량과 말의 사료는 전쟁에 동원된 모든 다이묘 군대에게 분배되었다. 히데요시의 명령에 따르는 다이묘들은 예전처럼 스스로 군량과 말의 사료를 마련하여 지참하고 출진할 필요가 없었다.

여러 다이묘들 중에서 최후까지 히데요시에 굴복하지 않았던 것은 오다와라성에 근거하며 관동 지방을 다스리던 호조 가문이었다. 오다와라성은 난공불락의 요새였다. 뿐만 아니라 동쪽이 바다에 접했기 때문에 위급할 때 바닷길을 통하여 물자를 공급받을 수 있었다. 일찍이 용맹하기로 이름이 났던 우에스기 겐신上杉謙信(1530-78)이 오다와라성을 공격했을 때, 호조 가문은 오다와라성에 군량을 쌓아두고, 농민은 물론 상공인도 모두 데리고 들어가 농성했다. 그러자 현지에서 물자를 조달하기 곤란했던 겐신은 며칠 만에 스스로 물러났다.

1589년 히데요시가 약 22만의 군사를 동원해 오다와라 정벌에 나섰다. 그러자 호조 가문은 예전과 같이 유유하게 농성에 들어갔다. 히데요시는 대군을 동원하여 오다와라성을 겹겹이 포위하고 장기전 태세에 들어갔다. 바다에 함대를 배치하여 물샐틈없는 방어선을 구축했다. 그리고 히데요시는 인근의 두 항구를 점령하고, 수송선이 오사카와 두 항구를 왕래하면서 물자를 공급하도록 했다. 4개월 만에 군량이 바닥난 호조씨 일족은 항복하지 않을 수 없었다.

히데요시 정권의 재정규모를 상세하게 파악할 수 있는 사료는 많지 않지만, 1598년에 작성된 「도요토미케구라이리모쿠로쿠豊臣家蔵入目録」라는 자료가 남아 있다. 이것은 히데요시가 사망하기 직전에 작성된 것으로 도요토미 정권의 재정 전반을 상세하게 조사한 것이었다. 이

자료에 따르면, 히데요시는 약 200만 석이 생산되는 구라이리치蔵入地 즉, 직할령을 보유하고 있었다. 구라이리치는 통일정권에 걸맞게 전국에 걸쳐서 설정되어 있었지만, 특히 규슈九州와 교토・오사카 주변 지역에 집중되어 있었다.

교토・오사카 주변 지역의 구라이리치는 약 65만 석으로 전체의 약 30퍼센트, 히데요시의 정치적 기반인 미노美濃・오와리尾張・이세伊勢・오미近江 지역의 구라이리치는 약 52만 석으로 전체의 25퍼센트 정도였다. 그밖에 에치젠越前에 13만 석, 기이紀伊・하리마播磨에 약 20만 석, 사누키讃岐(카가와현)・이요伊予(에히메현)에 8만 석, 규슈 북부에 약 35만 석의 구라이리치가 설정되었다. 특히 규슈 북부에 설정된 구라이리치는 조선을 침략할 때 수군을 양성하고, 선박을 건조하고, 물자를 보급하기 위해서 설정된 것이었다.

히데요시는 전국의 금・은 광산을 직영지로 삼았다. 특히 이와미石見(시마네현 서부), 사도佐渡(니이가타현 사도시), 이쿠노生野(효고현 아사고시) 등의 금・은 광산에 관리를 파견해서 직접 경영했다. 그밖에 다이묘들이 지배하던 광산에서 산출되는 금・은의 대부분을 상납금 형식으로 수취했다. 광산에서 산출된 금과 은으로 화폐를 주조했다.

전국의 거대도시나 국제무역 도시도 직할령으로 삼았다. 히데요시는 교토·오사카·사카이堺·후시미伏見·오쓰大津(시가현 오쓰시)·하카타博多·나가사키長崎 등의 도시에 관리를 파견해서 직접 지배했다. 히데요시가 중요한 도시를 직접 장악한 것은 전국의 시장을 효율적으로 통제하면서 그곳의 상인에게서 유통세·영업세 등 각종 세금을 징수하기 위해서였다.

도요토미 정권의 가장 중요한 수입원은 역시 연공年貢이었다. 농민들은 연공을 미곡으로 납부했다. 미곡은 식량이기도 했지만 화폐의 성격을 지니고 있었다. 히데요시가 농민에게서 연공으로 수취한 미곡은 우선 직접 거느리는 가신들의 봉록으로 지급되었다. 극히 일부분이지만 직접 식용으로 사용하기도 했다. 나머지 미곡은 시장에서 화폐로 교환했다. 교토·오사카를 비롯한 거대도시에 거주하는 상공인들은 화폐를 미곡과 교환해서 식용으로 사용했다.

히데요시는 논과 밭에서 생산되는 상품작물뿐만 아니라 산이나 바다에서 산출되는 산물에 대해서도 연공을 부과했다. 1594년 7월 히데요시의 측근 이시다 미쓰나리가 사쓰마薩摩에 파견되어 겐치를 실시했는데, 대나무, 철, 차, 옻나무, 목재 등도 과세 범위에 포함시켰다. 특히 대나무는 생산량의 90퍼센트를 수취했다. 대나무는 활과 화살을 만드는 군수품이었기 때문이다. 견직물과 면직물 등 수공업 제품도 과세의 대상이었다.

3) 군사력

히데요시가 오다 노부나가의 후계자 지위를 쟁취한 후, 1584년 4월 도쿠가와 이에야스와 자웅을 겨룬 고마키·나가쿠테 전투가 있었다. 당시 히데요시가 직접 거느리는 군단의 규모는 약 3만 명으로 3군으로 편성되어 있었다. 군단을 크게 동군과 서군 그리고 친위군으로 나누고, 각 군단을 다시 각각 4~5개 부대로 나누어 각 부대에 5000명 내지 7000명의 병력을 배치했다. 원래 오다 군단에 속해있던 다이묘들과 히데요시와 친분이 있던 다이묘들이 각 부대의 주력을 형성하고 있었다. 군단의 중추라고 할 수 있는 히데요시의 친위군은 1만여 명이었다. 전위대에 2000여 명의 뎃포 부대가 특별히 배치되어 있었고, 4000여 명의 정예병이 히데요시 주변을 에워싸고 있었다. 후위대에는 2000여 명이 배치되어 있었다.

히데요시 군단은 그가 직접 거느리는 군단과 자신에게 복종하는 다이묘들이 거느리는 군단으로 구성되어 있었다. 히데요시 군단은 히데요시가 전쟁에 승리할 때마다 증강되었다. 히데요시에게 항복한 다이묘는 다음 전투 때부터 히데요시의 명령에 따라 전쟁터를 전전해야 했다. 히데요시는 자신이 멸망시킨 다이묘가 다스리던 지역에 새로운 다이묘를 임명했다. 그 다이묘는 히데요시가 정한 군역 규정에 따라 군단을 편성하고 히데요시 군단에 편성되었다. 히데요시의 권력이 강해질수록 그는 더욱 많은 다이묘 군단을 거느리게 되었다.

히데요시는 천황의 이름으로 전국의 다이묘들에게 일방적으로 소부지레이惣無事令 즉, 서로 싸우지 말라는 사투금지령을 내렸다. 명령을 받은 다이묘들이 선택할 수 있는 것은 두 방식 중의 하나였다. 히데요시의 명령에 복종하거나 그와 정면승부를 하는 것이었다. 명령에 복종한 다이묘는 교토로 상경해서 히데요시에게 충성을 맹세하고 그의 군단에 편성되었다. 히데요시와 정면승부를 택한 다이묘는 히데요시와 싸워 이길 수 없다는 것을 알고 있었지만, 무사로서의 자존심을 지키기 위해 싸움을 선택했다. 히데요시에 맞서 싸운 다이묘의 운명은 또 두 방향으로 갈렸다. 히데요시가 적장을 죽이고 그의 영지를 몰수하여 다른 다이묘에게 주는 경우, 적장을 죽이지 않고 그에게 이전보다 축소된 영지를 다스리게 해서 가문의 명맥을 유지하게 하는 경우가 있었다. 어떠한 경우에도 적장의 운명을 결정하는 것은 히데요시였다.

주군과 가신은 주종제 즉, 은혜와 봉공이라는 계약관계로 맺어진 사이였다. 주군은 가신에게 영지를 수여하고, 신분이나 경제적 이익을 보호하는 등 은혜를 베풀어야 했고, 가신은 그 대가로 주군에게 충성으로 보답해야 했다. 그런데 히데요시는 주종제의 근간인 은혜와 봉공의 관계를 계량화하는 정책을 추진했다.

1580년 9월 히데요시는 가신인 히토쓰야나기 나오스에게 2500석의 영지를 수여했는데, 그중 1000석은 히토쓰야나기의 무역분無役分으로 하고, 나머지 1500석은 군역분軍役分으로 이용하라고 명령했다. 무역분은 히토쓰야나기가 생계비와 체면유지비 등으로 사용할 수 있는 토지이고, 군역분은 히데요시가 군역으로 인원을 동원할 때 기준이 되는 토지를 말하는 것이었다. 다시 말하면 군역분 1500석은 히데요시의 명령이 있으면 히토쓰야나기가 거느리고 출진하는 무사들에게 다시 나누어주거나 또는 그곳에서 생산되는 미곡을 봉록으로 지급해야 하는 토지였다. 무역분과 군역분의 비율은 1:1.5였는데, 훗날 사타케 요시노부를 비롯한 다이묘에게 영지를 수여할 때도 무역분과 군역분의 비율이 거의 같았다.

1591년 3월 히데요시는 지쿠젠筑前·지쿠고筑後·비젠備前 지방의 30만7300석을 고바야카와 다카카게에게 영지로 주었는데, 무역분이 10만4300석 군역분이 20만 석이었다. 당시 고바야카와는 '100석 당 4명' 기준으로 8000명을 군역으로 동원하게 되어 있었다. 그러니까 고바야카와는 30만 석이 생산되는 영지를 보유하고 있었지만, 그중 65퍼센트에 해당하는 20만 석으로 가신을 양성하고, 일단 유사시 가신이 거느리는 종자까지 포함해서 8000명의 군사를 거느리고 히데요시가 지정한 곳으로 출진해야 했다.

히데요시는 다이묘들이 보유한 영지의 생산량을 기준으로 군역의 인원수를 구체적으로 정했다. 일반적으로 '100석 당 4명'이 기준이 되었지만, 전쟁 때에는 '100석 당 5명'의 기준이 적용될 수도 있었고, 중요한 직책을 맡고 있는 경우에는 기준이 낮게 적용될 수도 있었다. 군역 기준은 매우 합리적인 논의과정을 거쳐 확정되었다.

히데요시는 군역의 원칙과 기준을 정해 놓고 일단 유사시에 언제라도 다이묘의 군대를 동원할 수 있는 체제를 마련했다. 1590년 오다와라 정벌 때는 도쿠가와 이에야스를 비롯한 도카이도東海道 연변의 다이묘와 동북 지방 다이묘는 본역本役 즉, 원래 군역 기준에 따라 '100석 당 5명'의 기준을 적용했고, 교토·오사카 일대의 다이묘에게는 본역의 3분의 1, 시코쿠四国의 다이묘에게는 본역의 2분의 1이라는 기준을 적용해 인원을 동원했다. 예를 들면, 히데요시의 측근이었던 야마나카 나가토시의 영지 중에 셋쓰와 가와치에 있는 지역에는 '100석 당 5명' 이세伊勢와 오미近江에 있는 영지에는 '100석 당 4명'의 군역이 부과되었다. 그의 영지 6215석 중 무역분이 1000석이고 나머지 5200여 석이 군역분이었다. 그러니까 야마나카가 거느리고 출진해야 하는 인원은 220명이었다. 그는 어느 해에는 본역의 3분의 1이 적용되어 74명의 인원, 어느 해에는 본역의 2분의 1이 적용되어 110명의 인원을 거느리고 출진한 경우도 있었다.

히데요시는 왜 이렇게 세밀한 군역규정을 마련했을까? 히데요시는 자신의 명령에 따라 전투에 참가한 다이묘들을 효과적으로 통제하려고 했다. 그러기 위해서 히데요시는 출진한 다이묘들에게 군량과 말의 사료를 제공했다. 히데요시가 일본에서 처음으로 병참이라는 개념을 도입하면서 전투의 양상이 달라졌다. 히데요시가 거느리는 군단은 멀리까지 출진해서 장기간 전투를 수행할 수 있게 되었다.

히데요시는 병참 부서를 두었다. 히데요시는 오다와라 정벌 때 나쓰카 마사이에를 군량 책임자로 임명하고 그 밑에 17명의 관리를 두어 나쓰카를 보좌하도록 했다. 히데요시는 1589년 말까지 히데요시 직할령에서 미곡 20만 석을 가져다 스루가(시즈오카현)의 에지리江尻와 시미즈淸水에 설치한 창고에 보관하면서 각 부대에 배분하고, 동시에 금화 1만 매로 스루가·이세·오와리·미카와 지역에서 미곡을 구입해서 오다와라 인근의 항구로 이송하고, 말 2만 마리분의 사료를 준비하라고 명령했다.

병참 기지가 설치되면서 히데요시가 동원한 약 22만 명의 군사가 오다와라성을 장기간 포위할 수 있었다. 히데요시는 1590년 3월에 누마쓰沼津의 산마이바시성三枚橋城(시즈오카현 누마쓰시)에 있는 성에 이르러 진을 쳤다. 그 후 히데요시는 후지산 기슭에 성을 쌓고, 그곳에서 애첩과 수많은 시녀들을 거느리고 유유자적하게 시간을 보내며 호조 일족이 항복할 때까지 기다렸다.

오다와라성에서 피를 말리며 농성하던 호조씨 일족은 전쟁을 마치 산책하러 나온 아이처럼 즐기는 히데요시의 동정을 살피고 간담이 서늘했을 것이다. 유유자적함은 히데요시의 고도로 계산된 정치 행위였다고 할 수 있다. 그의 정치 행위는 가공할 군사력을 배경으로 하고 있었고, 그의 군사력은 상상을 초월한 경제력을 전제로 하고 있었다.

CHAPTER20. 동아시아 정복 계획

일본 열도를 통일한 히데요시는 동남아시아 여러 지역에 대한 외교를 전개했다. 규슈를 정벌한 히데요시는 사쓰마의 다이묘 시마즈 가문을 통하여 류큐琉球(오늘날의 오키나와)를 복속시키려고 했다. 1588년 8월 히데요시는 시마즈 요시히로에게 다음과 같이 명령했다. "류큐왕 상영尙永에게 사자를 보내 조공하도록 하라." 요시히로는 즉시 류큐왕에게 사자를 보내 히데요시가 일본을 통일했으니 그에게 복속하라고 요구했다. 1589년 가을 류큐왕은 히데요시에게 사절을 파견했다.

1590년 2월 히데요시는 류큐왕에게 서신을 보내 자신이 일본을 어떻게 통일했는지 자랑하면서 일본 주변의 여러 나라를 지배하고 싶다고 말했다.

1591년 히데요시는 포르투갈의 인도 총독에게 서신을 보냈다. 이 서신에서 히데요시는 자신이 곧 명나라를 정복할 계획이라고 밝히며 복속을 요구했다. 히데요시는 스페인의 필리핀 총독에게도 서신을 보내어 다음과 같이 말했다. "나는 이미 태어날 때부터 천하를 평정할 운명을 타고났으며 뜻을 세운 지 10년도 지나지 않아서 일본을 통일했다. 앞으로 조선과 류큐를 복속시키고 나아가 명나라를 정복하려고 한다. 이 또한 하늘이 정한 바이다. 따라서 필리핀 총독도 나에게 복속하고 조공을 바치는 것이 좋을 것이다."

스페인은 1571년 필리핀을 식민지로 삼고 그곳을 동아시아 교역의 거점으로 삼았다. 스페인은 동남아시아의 향료 무역에 손을 대면서 포르투갈과 치열하게 경쟁하는 한편, 중국과 일본에 진출하려고 기회를 엿보고 있었다. 하지만 당시 스페인은 아메리카 대륙 경영에 힘을 기울이고 있었다. 그래서 동아시아는 포르투갈에 양보하고 필리핀을 손에 넣는 데 만족하지 않을 수 없었다.

1593년 히데요시는 고산국高山國(타이완)에도 서신을 보내 조공을 요구했다. 히데요시의 서신에는 다음과 같은 내용이 있었다. "나는 태양의 정기를 품고 태어났다. 덕과 위세를 만방에 비추는 운명을 타고난 인물이다. 내가 그곳을 정벌하기 전에 스스로 복종하는 것이 좋을 것이다." 당시 타이완에는 대륙에서 이주한 중국인이 서부와 북부에 거주하고 있었을 뿐 다른 지역에는 거주하는 사람이 거의 없었다. 타이완을 대표하는 정부도 없었다. 물론 히데요시가 보낸 사신을 접견할 국왕도 없었다. 히데요시는 아무런 성과를 올릴 수 없었다.

 히데요시가 명나라를 정복하려는 뜻을 밝힌 것은 그가 관백에 취임한 직후인 1585년 9월이었다. 히데요시는 측근 히토쓰야나기 나오스에一柳直末에게 보낸 서신에서 명나라 정복 계획에 대해서 언급했다. 선교사 루이스 프로이스Louis Frois의 1586년 3월 자 기록에 따르면, 히데요시는 다음과 같이 말했다. "나는 일본 전국을 제패하고 현재의 지위에 올랐다. 국토도 금은도 충분히 보유하고 있다. 다른 어떤 것도 원하지 않고 단지 죽은 후에 본인의 이름과 권세에 대한 평판을 남기고자 할 뿐이다. 일본 국내가 진정되면 일본을 동생 히데나가에게 맡기고 나는 명나라 정복에 전념하고자 한다."

1586년 4월 히데요시가 규슈의 시마즈 가문 정벌에 나섰을 때, 그는 선교사 루이스 프로이스에게 다음과 같이 말했다. "전국을 평정하고, 질서를 세운 다음, 대량의 선박을 건조하여 20~30만의 군대를 이끌고 중국으로 건너가 그 나라를 정복할 계획이다." 히데요시의 호언에 주위에 있던 측근과 다이묘들이 환성을 지르며 기뻐했다. 히데요시는 전국을 평정하고 일본 열도를 통일했다. 그리고 겐치, 가타나가리, 낭인금지, 겐카금지, 해적금지 등의 정책을 일관되게 추진했다. 그것은 질서를 세우는 과정이었다. 이제 남은 것은 '대량의 선박을 건조하여 20~30만의 군대를 이끌고' 대륙을 침략하는 일이었다.

　히데요시의 대륙 침략 계획은 이미 비밀이 아니었다. 나라에 있는 대사원 고후쿠지興福寺(나라현 나라시 소재)의 승려가 남긴 1587년 3월 3일 자 『다몬인닛키多聞院日記』에 다음과 같은 기록이 있다. "고려高麗, 남만南蠻, 대당大唐까지도 쳐들어간다는 소문이다. 대저 웅대한 기도 전대미문이다." 히데요시는 자신의 정실 기타노만도코로北政所에게 보낸 그해 5월 28일 자 서한에서 다음과 같이 말했다. "이미 조선 국왕에게 일본으로 건너와 조공하라고 요구했고, 만약 조선 국왕이 거절하면 내년에 조선을 정벌하고, 여세를 몰아 명나라까지 침략할 것이다."

히데요시는 이미 규슈를 정벌할 때부터 대륙침략 계획을 실행에 옮겼다. 첫 번째 목표인 조선을 상대로 교섭을 진행했다. 1587년 5월 8일 히데요시는 쓰시마의 영주에게 조선 국왕이 스스로 일본으로 건너와 조공하도록 힘쓰라고 명령했다. 이 명령은 훗날 조선침략 일본군 선봉대 지휘관 고니시 유키나가와 일본 수군의 지휘관 구키 요시다카九鬼嘉隆(1542-1600)를 통해 하달되었다. 히데요시는 일찍부터 현해탄 도해 계획을 이 두 사람에게 입안하게 했다는 것을 알 수 있다.

CHAPTER21. 수군 창설

 섬나라 일본이 대륙을 침략하려면 바닷길에 밝은 수군과 육군을 일본에서 한반도 남부까지 실어 나르는 대형 선박이 필요했을 것이다. 도요토미 히데요시는 규슈를 평정한 후, 전국에서 선박을 건조할 수 있는 직인들을 징집해서 대형 선박을 건조하는 한편, 서부 일본의 여러 섬을 무대로 활동하던 왜구를 여러 다이묘의 지배하에 편입시키는 방식으로 일본 수군을 창설했다.

당시 해적 집단은 일본 열도 각지의 바다를 무대로 활동했다. 관동 지방과 동북 지방에도 해적이 있었다. 그러나 규모가 큰 해적 집단은 주로 세토나이카이瀨戶內海 즉, 시코쿠四國와 시부 혼슈本州 사이의 바다와 현해탄 즉, 일본의 규슈와 한반도 남단 사이에 있는 바다를 활동무대로 하고 있었다. 쓰시마對馬·이키壱岐를 비롯한 여러 섬과 규슈 북단의 마쓰우라松浦에 본거지를 두고 때때로 바다를 건너 한반도 해안지역을 침략하던 해적 무리를 조선에서는 왜구라고 불렀다.

해적 중에서 특히 강성했던 것은 무라카미씨村上氏 일족이 거느리는 집단이었다. 그들은 세토나이카이의 구루시마來島(에히메현 이마바리시 구루시마 해협에 있던 섬), 노시마能島(세토나이카이의 거의 중앙 하카타시마와 오시마 사이에 있는 무인도), 인노시마因島(히로시마현 오노미치시에 속한 섬) 등에 성을 쌓고 서부 일본의 바다를 사실상 지배하고 있었다. 구루시마씨來島氏도 무라카미씨 일족이었다. 마쓰라씨松浦氏와 우쿠씨宇久氏는 규슈 서쪽의 나가사키長崎·아마쿠사天草 지역에 근거지를 두고 규슈와 한반도 사이에 있는 여러 섬을 무대로 활동하고 있었다.

일찍이 분고豊後(오이타현 지역)의 다이묘 오토모大友 가문은 해적의 우두머리를 휘하에 거느리면서 국제 무역에 관여했고, 관동 지방의 호조 가문, 시나노信濃(나가노현에 기후현의 일부를 포함한 지역)의 다케다武田 가문, 미카와三河의 이마가와今川 가문 등 여러 센고쿠다이묘가 해적의 우두머리를 가신단에 편입시키고, 때때로 해적이 거느리는 무리를 수군으로 활용했다.

여러 센고쿠다이묘 중에서 일찍부터 해적 집단을 수군으로 활용했던 것은 서부 일본의 모리 가문이었다. 모리 가문은 가장 강력한 해적 집단의 우두머리 무라카미씨 일족을 거느렸다. 16세기 중엽 포르투갈 선교사가 일본 최대의 해적이라고 일컬었던 무라카미씨 일족은 세토나이카이를 왕래하는 선박에 자신의 가문을 상징하는 깃발을 걸게 하여 안전을 보장하고 상상을 초월하는 통행세를 징수했다. 다른 해적 집단도 무라카미씨 일족과 같은 수법으로 통행세를 징수하거나 교역에 종사하면서 막대한 부를 축적했다.

해적 집단의 우두머리는 애써 센고쿠다이묘의 가신단에 편입하려고 하지 않았다. 오히려 센고쿠다이묘가 파격적인 조건을 제시하며 해적 집단의 우두머리를 가신단에 편입시키려고 했다. 센고쿠다이묘가 해적 집단의 우두머리를 가신으로 거느리기 위해서는 그들의 이권을 보장하지 않으면 안 되었다. 통상 교역대금의 10퍼센트에 해당하는 통행료를 징수할 수 있는 권리를 부여하고, 다이묘의 공무에 동원되었을 때에는 별도로 막대한 보상을 약속하지 않으면 그들을 가신으로 거느릴 수 없었다.

센고쿠다이묘의 수군은 주로 해상의 요충지를 점거하거나 물자와 병력을 수송하는 역할을 담당했다. 당시 수군은 어디까지나 육군의 전투를 외곽에서 지원하는 세력에 불과했다. 조선의 수군과 같이 독자적으로 작전을 전개하여 적의 군선을 격파하고 제해권을 장악하는 것을 목적으로 하는 군대가 아니었다는 점에 유의할 필요가 있다.

1570년대 일본에서 가장 강력한 군사력을 배경으로 일본 열도 통일을 목전에 두고 있던 오다 노부나가 조차도 수군의 필요성을 절실하게 인식하지 못하고 있었다. 육전에서 연전연승하던 노부나가는 오사카의 이시야마혼간지를 공략할 때 모리 가문의 수군이 바다에 면한 이시야마혼간지에 식량을 보급하는 것을 저지할 수 없었다.

1576년 노부나가가 오사카의 이시야마혼간지를 포위하고 있었을 때, 모리 가문은 이시야마혼간지를 지원하면서 노부나가와 맞서고 있었다. 같은 해 7월 모리 가문이 동원한 함선 700여 척이 이시야마혼간지에 군량과 군수품을 공급하기 위해 오사카로 향했다. 노부나가는 모리 가문의 수군을 저지하기 위해 해적선 300여 척을 동원하여 오사카 앞바다에 배치했다. 하지만 수적으로 우세한 모리 가문의 수군이 노부나가의 방어선을 돌파하여 이시야마혼간지에 군량과 군수품을 공급했다.

모리 가문의 수군을 막아내지 못한 노부나가는 수군의 필요성을 절감했다. 노부나가는 해적의 우두머리 구키 요시타카를 가신으로 영입하고, 요시타카에게 전선 여섯 척과 수송선을 건조하라고 명령했다. 구키가 새로 건조한 전선은 길이가 30여 미터가 넘는 대선이었다. 일본인이 안택선安宅船이라고 부르는 대선에는 대포 3문과 대형 뎃포를 설치했다. 전력이 강화된 노부나가의 수군은 1578년 11월 다시 모리 가문의 수군과 오사카 앞바다에서 대진했다. 이때 구키 요시타카가 이끄는 노부나가 수군은 모리 가문의 수군을 격퇴할 수 있었다.

노부나가의 신임을 얻은 구키 요시타카는 다이묘로 성장했다. 1582년 6월 노부나가가 급사한 후, 구키 요시타카는 도요토미 히데요시 가신단에 편입되었고, 그 후 히데요시의 통일 전쟁에 동원되었다. 규슈의 시마즈 가문 정벌 때 군대와 군량을 수송했고, 관동 지방의 호조 가문 정벌 때는 대규모 군선을 이끌고 오다와라성을 해상에서 봉쇄하는 작전을 전개했다. 임진왜란과 정유재란 때는 일본군 수군 장수로서 참전했다.

16세기 후반에는 해적 집단 대부분이 센고쿠다이묘의 가신단에 편입되었지만, 여전히 적지 않은 해적이 어떤 다이묘에도 속하지 않고 독자적인 세력으로 남아 있었다. 가장 대표적인 존재는 세토나이카이의 해적 무라카미씨 일족으로 노시마能島에 본거지를 두고 있던 해적이었다. 그러나 1588년 7월 도요토미 히데요시가 해적금지령을 내리면서 해적은 더 이상 독자적인 세력으로 존속할 수 없게 되었다.

히데요시는 오랜 기간 동안 해적들이 관행적으로 누려왔던 특권을 부정했다. 여러 다이묘에게 내렸던 전투금지령의 논리가 해적금지령에도 적용되었다. 해적들은 히데요시에게 복종하든지 아니면 히데요시 군단의 토벌을 기다리든지 선택하지 않으면 안 되었다. 해적금지령이 내리면서 모든 해적은 다이묘 권력에 흡수되었고 '바다의 평화'가 도래했다. 해적금지령이 내려진 이후 세토나이카이 해적은 대부분 도요토미 히데요시에 복종한 모리 가문의 수군으로 재편되었다. 고바야카와 다카카게가 이끄는 모리 가문의 수군은 일본이 조선을 침략할 때 크게 활약했다.

　임진 · 정유 왜란 때 이순신의 조선 수군에 맞서 싸웠던 일본의 수군 장수들은 구키 요시타카, 토도 다카토라藤堂高虎(1556-1630), 와키자카 야스하루脇坂安治(1554-1624), 가토 요시아키加藤義明(1563-1631) 등이었다. 그들이 일본의 수군을 이끌었던 것은 그들의 영지가 세토나이카이 주변에 있었고, 세토나이카이 해적 대부분이 도요토미 정권의 수군으로 재편되면서 그들 휘하에 편입되었기 때문이다. 그들의 이력을 살펴보면, 구키 요시타가 이외에는 바다에서 싸운 경험이 거의 없는 인물들이었다. 와키자카 야스하루는 히데요시를 따라 전쟁터를 전전하던 인물로, 1585년 8월에 오사카가 건너다 보이는 아와지淡路 섬 3만 석의 영지를 보유한 다이묘가 되었다. 토도 다카토라와 가토 요시아키 역시 와키자카 야스하루와 거의 같은 이력의 소유자였다. 어릴 때부터 히데요시를 섬기며 전투 경험을 쌓아 다이묘가 된 자들이었다. 해적 출신도 아니었고 바다와 인연이 있던 인물도 아니었다.

CHAPTER22. 조선 침략

1586년 12월 히데요시는 규슈九州 남부를 지배하고 있던 시마즈 가문 정벌에 나섰다. 1587년 3월 규슈로 건너간 히데요시는 쓰시마의 다이묘 소 요시시게宗義調(1532-89)에게 조선의 국왕을 일본으로 데려오라고 명령했다. 당황한 소 요시시게는 5월 3일 야나가와 시게노부柳川調信(1539-1605)와 유즈야 야스히로柚谷康広를 히데요시에게 보내 조선과 일본의 관계에 대해 설명한 후, 조선 국왕을 일본에 입조하도록 요청하는 것은 양국 간의 분쟁을 일으킬 수 있는 원인이 될 터이니 그 대신에 조선에 공물을 바치고 인질을 제공하게 하는 방안을 제시했다. 그러나 히데요시는 듣지 않았다.

1587년 6월 15일 히데요시는 다시 소 요시시게에게 서신을 보냈다. 히데요시는 요시시게에게 조선 국왕을 일본으로 데려오라고 채근하면서 만약 조선 국왕이 도일을 지체한다면 즉시 바다를 건너 가서 처벌하고 나라를 빼앗을 것이라고 말했다. 히데요시가 다시 엄명을 내리자, 소 요시시게는 유즈야 야스히로를 히데요시가 보내는 일본국 사신으로 꾸미고, 위조한 국서를 지참시켜 조선으로 보냈다. 하지만 차마 조선 국왕의 조공을 요구할 수 없었던 요시시게는 조선에 통신사를 파견해 달라고 요청했다. 조선의 사절이 도일하면, 히데요시에게 조선에서 조공사절이 왔다고 둘러댈 심산이었다. 이때부터 쓰시마의 거짓말 외교가 시작되었다.

1588년 12월 소 요시시게가 사망한 후, 소 요시토시宗義智(1568-1615)가 대를 이어 조선과의 교섭에 나섰다. 히데요시는 소 요시토시에게 늦어도 1589년 여름까지 조선 국왕을 일본으로 데려오라고 다그쳤고, 겁에 질린 요시토시는 그렇게 하겠다고 약속했다. 요시토시는 1589년 3월 하카타博多에 있는 임제종 사원 쇼후쿠지聖福寺(후쿠오카현 후쿠오카시 하카타구)의 승려 겐소玄蘇(1537-1611)를 정사로 삼고, 자신은 부사 신분으로 위장해서 조선으로 갔다.

소 요시토시는 조선에 도요토미 히데요시가 일본의 패자가 되었으니 그것을 축하하는 통신사를 파견해 달라고 요청했다. 그러나 조선의 조정은 통신사 파견에 쉽사리 응하려 하지 않았다. 조선은 까다로운 조건을 제시했다. 조선에서 반란을 일으킨 사화동과 손죽도를 침입한 왜구가 납치한 조선인을 송환한다면 국왕이 일본 사절을 접견하겠다는 것이었다. 소 요시토시는 즉석에서 약속하고 그 약속을 지켰다. 그러자 조선은 비로소 통신사 파견을 결정했다. 정사는 황윤길, 부사는 김성일이었다.

1590년 4월에 부산을 출발한 조선의 통신사는 7월에 교토에 도착했다. 그때 도요토미 히데요시는 관동 지방의 호조씨 가문을 정벌하던 중이었다. 호조씨 가문은 4개월 만에 항복했으나 히데요시는 동북 지방을 둘러보고 9월에 교토로 돌아왔다. 그러나 히데요시는 조선의 통신사를 2개월이 넘게 기다리게 했다. 히데요시는 11월 7일이 되어서야 통신사 일행을 접견했다. 히데요시는 통신사가 도일한 것은 곧 조선 국왕이 일본에 복종한 것이라고 믿었다. 히데요시는 통신사에게 명나라를 침략할 계획을 밝히고, 조선이 침략에 앞장서 일본군을 안내하는 역할을 하라고 협박하는 내용의 서신을 조선 국왕에게 보냈다.

도요토미 히데요시는 규슈 정벌 때부터 대륙 침략을 위한 준비를 하고 있었다. 한반도로 건너가는 길목인 규슈 북쪽의 항구 근처에 침략의 전진기지를 구축하는 작업을 서둘렀다. 히데요시는 규슈의 여러 다이묘 영지 내에 히데요시가 직접 지배하는 구라이리치藏入地 즉, 병참기지를 두었다. 그리고 일본 제일의 국제 무역항이라고 할 수 있는 하카타博多의 부흥을 꾀하겠다고 공약했다. 조선 사정에 밝은 하카타 상인들을 전쟁에 동원하려는 계획의 일환이었다.

히데요시의 명령을 받은 하카타의 호상 시마이 소시쓰, 가미야 소탄 등이 직접 실무를 담당하면서 조선 침략 계획을 추진했다. 특히 시마이 소시쓰는 대륙 침략의 선봉장 고니시 유키나가, 쓰시마 영주 소 요시토시 등과 긴밀하게 연락하면서 조선 침략 준비에 여념이 없었다. 시마이 소시쓰가 직접 조선으로 건너가서 정보를 수집하기도 했다.

1591년 5월 히데요시는 가토 기요마사加藤清正(1562-1611)에게 구라이리치에 보관하고 있던 미곡을 대륙 침략을 위한 군량으로 충당하라

는 명령을 내렸다. 구라이리치 설치 목적이 무엇인지 알 수 있는 대목
이다. 히데요시는 전국의 광산도 구라이리치로 접수했다. 히데요시는
교토·오사카 지방에도 구라이리치를 설정했다. 다이묘들에게 금·은
을 납부하라는 명령을 내렸다.

   침략 준비는 군수 붐을 일으켰다. 특히 군량미 수송을 책임진 상인
들이 막대한 이윤을 얻었다. 많은 상공인들이 군수산업에 종사했다.
1588년 히젠肥前(사가현과 나가사키현)의 다이묘가 된 가토 기요마사의
구마모토성熊本城(구마모토현 구마모토시 주오쿠)과 조카마치城下町는 처음
부터 대륙침략을 염두에 두고 건설되었다. 군수품 제조를 위한 마을이
강제로 설정되었고, 기술의 선진지역인 오사카·나라·사카이에서 장
인들을 초빙하여 군수품을 생산하도록 했다. 조선 침략에 동원될 예정
인 다이묘들도 침략 준비에 여념이 없었다. 해상 교통의 요지에 거성을
신축하여 본거지를 옮겼다. 기술의 선진지역에서 상공인을 불러들여
서 군수품 생산기지를 건설했다.

   히데요시가 대륙 침략 계획을 정식으로 발표한 것은 1591년 8월 23
일이었다. 침략군의 본영은 나고야名護屋(사가현 가라쓰시)에 건설하기로
했다. 규슈의 북단에 위치하고 바다에 면한 나고야는 조선의 부산과 가

장 가까운 곳이었고, 또 항구를 건설하기에 좋은 조건을 갖추고 있었다. 전면에 있는 가베시마加部島(사가현 가라쓰시 요부코초)는 현해탄의 거친 파도를 막아 주었고, 내륙 깊숙이 들어온 항구는 많은 배가 정박할 수 있을 만큼 넓었다.

히데요시는 규슈의 나고야에 침략 기지를 건설했다. 고니시 유키나가, 가토 기요마사, 구로다 나가마사黑田長政(1568-1623) 등 규슈의 여러 다이묘가 침략기지 건설에 앞장섰다. 축성 공사에 매일 약 5만 명의 인부가 동원되었다. 2중의 높은 돌담으로 에워싼 나고야성의 중앙에 히데요시의 지휘소가 들어섰다. 성 밖에는 여러 다이묘의 저택이 질서정연하게 자리를 잡았고, 그곳에서 약간 떨어진 곳에 상가들이 처마를 맞대고 들어섰다. 숙박시설도 마련되었다.

1591년 9월 도요토미 히데요시는 대륙침략을 위한 동원령을 내렸다. 침략군으로 편성된 다이묘들에게 군역이 부과되었다. 규슈에 영지를 보유한 다이묘에게는 영지의 생산량 100석당 5명을 동원하는 본역本役, 시코쿠四国와 주고쿠中國의 다이묘에게는 100석당 4명을 동원하는 4인 역이 부과되었다. 그리하여 규슈의 고니시 유키나가는 7000명, 가토 기요마사는 1만 명, 시코쿠의 하치스카 이에마사蜂須賀家政(1558-

1639)는 7200명, 이런 식으로 조선 침략에 참가한 모든 다이묘들에게 군역이 부과되었다. 농민이 역부로 동원되었다. 전쟁에 동원된 인원은 전투원인 무사보다 농민이 더 많았다.

동원령이 내려지면서 본격적인 전쟁 준비에 들어갔다. 나고야성 주변에 마련된 상가에 무구상, 도검상, 소금상, 목재상, 어물상, 석재상 등이 직종별로 정연하게 배치되었다. 교토·오사카·하카타 등에서 상인들이 모여들어 전쟁특수를 구가했다. 나고야에서 멀리 떨어지지 않은 무역항 하카타는 군수물자·군량미를 조달하는 병참기지, 물자수송을 위한 국제 항구로 발달했다. 히데요시는 조선 사정에 밝은 하카타 상인들을 우대했다. 히데요시는 군용으로 사용할 금화·은화를 주조했다. 병참 전문 관료들에게 48만 명분의 군량을 마련하라고 지시했다.

❖ 나고야성

◎ 일본에는 나고야성이라고 발음하는 성이 두 곳에 있다. 일본인은 한자로 달리 표기하여 두 성을 구분한다. 한 곳은 아이치현 나고야시에 있는 나고야성名古屋城이고, 또 한 곳은 규슈의 사가현 가라쓰시에 있는 나고야성名護屋城이다. 전자는 17세기 초엽에 도쿠가와 이에야스의 아들이 다이묘로 독립하면서 세워진 성이고, 후자는 도요토미 히데요시가 조선을 침략하기 위해 머물렀던 전진기지였다. 전자는 오늘날에도 그 모습이 잘 보존되고 있지만, 후자는 성곽의 기단만 남아있다. 우리가 살펴보려고 하는 성은 후자의 名護屋城이다.

◎ 나고야성은 규슈의 북쪽 바다 건너 이키壱岐 섬이 바라다보이는 히가시마쓰우라東松浦 반도 끝에 위치한다. 바다에 면한 그곳은 기복이 심한 지형으로, 표고 60미터에서 100미터에 이르는 낮은 산등성이가 이어져 있는 곳이다. 도요토미 히데요시는 그곳에 나고야성을 건설하라고 명령했다. 나고야성 주변에는 조선 침략에 동원된 다이묘들의 저택이 배치되었다.

◎ 나고야성 터의 중앙에 있는 동산에 사방 200미터 정도의 터를 다지고, 그곳에 히데요시가 기거하는 혼마루本丸(성의 중심이 되는 건물)가 자리잡았고, 혼마루 북서쪽에 천수각天守閣(3층 또는 5층으로 제일 높게 만든 망루형 건물)이 세워졌다. 천수각의 최상층에 올라서면

멀리 있는 섬들이 손에 잡힐 듯 보였다. 혼마루의 서쪽 편에 니노마루二の丸(혼마루 외곽에 있는 성곽), 동쪽 편에 산노마루三の丸(세 번째 성곽)가 세워졌다.

◎ 현재 나고야성 돌담은 거의 무너졌다. 1637년에 규슈의 서남쪽에 있는 시마바라島原(나가사키현 시마바라시)에서 민중 반란이 일어났는데, 그때 난을 일으킨 민중이 나고야성을 점거하고 농성할 수도 있다고 판단한 에도 막부가 돌담을 무너뜨렸다고 전한다. 특히 혼마루의 북쪽으로 진입할 수 있는 돌담을 철저하게 파괴했다. 민중이 농성할 경우, 막부의 군대가 성 안으로 진입하기 쉽게 하기 위해서였을 것이다.

◎ 나고야성은 1591년 10월에 착공하여 1592년 3월에 완공된 전쟁지휘소를 겸한 성이었다. 완공된 나고야성은 오사카성이나 후시미성에 비교해도 결코 뒤떨어지지 않는 위용을 자랑했다. 나고야성을 둘러싸고 건설된 다이묘들의 저택도 임시 저택이 아니었다. 매우 견고하게 쌓은 기단 위에 지어진 성곽이었다.

◎ 히데요시는 조선을 점령하고, 그 여세를 몰아 중국 대륙까지 침략하려면 나고야성이 상당히 오랜 기간 전쟁지휘소 역할을 해야 한다고 여겼을 것이다. 그래서 나고야성을 항구적인 성곽으로 건설했던 것 같다.

히데요시는 전시체제를 강화했다. 다이묘를 통제하고, 농촌에서 농민이 이탈하지 못하도록 촌락공동체 구성원이 서로 감시하게 했다. 농촌이나 도시를 막론하고 낯선 자를 숨겨주지 못하도록 했다. 전국적으로 신분별·직업별 인구조사를 실시했다. 인구의 이동을 원칙적으로 불가능하게 하기 위해서였다. 일단 동원된 병사와 역부는 군영을 이탈해도 숨어 지낼 곳이 없게 되었다. 전쟁 준비가 완료되었다.

1592년 정월 5일 도요토미 히데요시는 3월 상순경에 조선 침략군이 출발하도록 하라고 명령했다. 육군과 수군의 여러 부대의 부서를 정했다. 침략에 동원된 다이묘는 부대를 이끌고 규슈의 나고야성으로 집결하라는 명령이 하달되었다. 1군단에서 16군단, 그리고 보충대 2개 군단까지 25만 명, 군선의 노를 젓는 수부 약 4000명, 히데요시의 친위대 3만 명 등 모두 약 33만 명이 편성되었다.

다른 나라를 침략하려면 그 나라의 말을 통역하는 사람이 필요했다. 히데요시는 쓰시마 영주 소 요시토시에게 쓰시마 사람 중에서 조선 사정에 밝고 조선어를 구사할 수 있는 자를 선발하라고 명령했다. 조선어 통역사는 침략군 각 부대에 배치했지만, 통역사의 대부분이 선봉장 고니시 유키나가 부대에 배속되었다. 부족한 통역사는 일본군이 조선에 상륙해서 일본어가 가능한 조선인을 현지에서 납치하여 충당할 계획이었다. 당시 조선의 삼포 즉, 부산포, 제포薺浦(진해), 염포鹽浦(울산)에 3000명이 넘는 일본인이 거주하고 있었고, 그들과 조선인 사이에 태어난 혼혈아가 상상 이상으로 많았다. 실제로 그들 중에는 일본군이 상륙한 후에 스스로 통역을 담당하면서 침략군의 길을 안내하는 자들이 많았다.

1592년 3월 13일 히데요시는 조선으로 건너가서 싸울 침략군의 부서를 정했다. 침략군의 총인원은 15만8700여 명이었다. 침략군은 육군 9군단 이외에 구키 요시타가, 토도 다카토라, 와키자카 야스하루, 가토 요시아키 등이 이끄는 수군 9200명이 별도로 편성되어 있었다. 일본 수군은 바다에서 전투를 전문으로 하는 집단이라기보다 주로 육군과 군수품을 일본의 규슈에서 조선의 부산, 마산 등으로 실어 나르는 역할을 담당하기 위해 편성되었다. 한국인들이 일본 수군 대장으로 알고 있는 구루시마 미치유키来島通之(1558-93)・미치후사通総(1561-98) 형제는 처음에 침략군 5군단에 속했으나 일본의 수군이 이순신에게 연패한 후, 1592년 7월에서야 수군으로 배치되었다.

고니시 유키나가가 이끄는 1군이 선봉이었고, 그 뒤를 이어 가토 기요마사가 이끄는 2군, 구로다 나가마사가 이끄는 3군이 나고야에서 출항했다. 그런데 그해 1월에 고니시 유키나가가 조선에 사자를 보내 정명가도征明假道 즉, 명나라를 치러 가는 일본군을 위해 길을 빌려달라고 요청했고, 그 회답이 오기까지 이키·쓰시마 섬에 주둔하면서 진격을 서두르지 않고 있었다. 4월 7일 조선으로 간 고니시의 사자가 교섭에 실패하고 쓰시마로 돌아왔다. 그러자 4월 12일 가토 기요마사의 압박을 견디지 못한 고니시 유키나가가 700여 척의 병선에 1만8700여 명의 일본군을 태우고 쓰시마의 오우라大浦 항구에서 출항했다. 병선은 순풍을 타고 그날 오후 5시경에 부산 앞바다에 도착했다. 제1차 조선 침략(임진왜란)이 일어난 것이다.

700여 척의 병선이 부산 앞바다를 덮었을 때, 부산진 수군첨사 정발은 절영도에서 사냥을 하고 있었다. 황급히 부산진으로 돌아온 정발은 그제야 일본군이 쳐들어왔다는 사실을 알았다. 고니시는 곧바로 상륙하지 않고 일단 절영도에서 밤을 지새우면서 정발에게 정명가도를 요구했다. 정발은 아무런 대응도 하지 않았다. 그러자 다음 날 새벽 일본군은 안개가 자욱한 부산진에 상륙했다. 조선군은 필사적으로 싸웠으나 정발을 비롯한 조선군과 조선인 1200여 명이 전사하고 200여 명이 포로로 잡혔다. 일본군은 아침 8시경에 부산진을 점령했다.

고니시 유키나가가 이끄는 제1군은 4월 14일 동래성을 공략했다. 동래 부사는 송상현이었다. 고니시는 송상현에게 다시 정명가도를 요구했다. 그러자 송상현은 "죽기는 쉬워도 길을 빌려주는 것은 어렵다."라고 답하고 항전했다. 송상현은 남문에 올라 전투를 지휘했으나 성이 함락될 지경에 이르자 관복으로 갈아입고 의자에 앉아 일본군의 칼을 받았다. 동래성 전투에서 조선군과 조선인 3000여 명이 전사하고 500여 명이 포로로 잡혔다.

4월 15일 침략군은 기장과 좌수영을 점령했다. 경상 좌수사 박홍은 싸우지도 않고 좌수영을 버리고 도망했다. 이 소식을 들은 우수사 원균은 거제도의 우수영에 있던 병선에 구멍을 내어 바다에 가라앉히고 무기를 버리고 도망했다. 4월 17일 고니시 유키나가가 이끄는 1군이 밀양을 점령했다. 밀양부사 박진은 군기와 창고를 불태우고 산으로 도망했다. 그 후 고니시군은 아무런 저항 없이 청도·대구·인동·선산을 거쳐 20일에 상주에 이르렀다.

가토 기요마사가 이끄는 2군 2만2800여 명의 일본군이 4월 17일 부산에 상륙해서 1군이 진격한 길보다 동쪽에 있는 길(동로)로 북진해서 다음 날 언양을 점령하고 여세를 몰아 20일에 경주를 점령했다. 이때 일본군 2군은 조선군과 조선인 1500여 명을 살육했다. 그 후 가토군은 아무런 저항 없이 영천과 의성을 거쳐 상주로 향했다.

4월 18일 구로다 나가마사가 이끄는 일본군 3군 1만1000여 명이 안골포에 상륙해서 김해성을 공략했다. 이때 일본군은 밭에서 보리를 베어 성 밖에 쌓아 올리고, 그 위에서 김해성 안으로 화승총을 쏘자 조선군이 견디지 못하고 도망했다. 일본군은 조선군과 조선인 수천 명의 목을 베었다. 구로다군은 창원을 공략한 후 4월 24일에 성주에 이르렀다. 이때부터 구로다군은 1군이 진격한 길보다 서쪽에 있는 길(서로)을 따라 북진했다.

4월 중순부터 5월 초에 걸쳐서 모리 가쓰노부毛利勝信(?-1611)와 시마즈 요시히로가 이끄는 4군 1만4000여 명, 후쿠시마 마사노리와 조소카베 모토치카가 이끄는 5군 2만5000여 명, 고바야카와 다카카게가 이끄는 6군 1만5700여 명, 모리 데루모토가 이끄는 7군 3만여 명, 총대장 우키타 히데이에가 이끄는 8군 1만여 명, 도요토미 히데카쓰豊臣秀勝(1569-92)와 호소카와 타다오키가 이끄는 9군 1만1500여 명이 차례로 부산에 상륙했다. 4군·5군·6군·7군·8군·9군은 1군·2군·3군이 앞서 진격한 중로·동로·서로를 따라 한성을 향해 북진했다.

일본군이 침략했다는 소식이 한성에 전해진 것은 4월 16일 아침이었다. 조선의 조정은 급히 이일을 경상도 순변사로 임명하여 일본군의 북진을 막으려고 했다. 당시 조선의 군사동원 체제는 제승방략 즉, 여러 지역의 수령이 각각 소속된 군사를 거느리고 약속한 곳에 모여 기다리고 있으면, 한성에서 파견한 장수가 도착하여 지휘하는 체제였다. 이에 따라 경상도의 수령들은 모두 소속된 군사를 거느리고 대구 인근의 냇가에서 노숙하면서 조정이 파견한 순변사 이일을 기다렸다. 그러나 며칠이 지나도 순변사는 오지 않고 적은 점점 가까이 다가오고 있었다. 군사들이 두려워하며 동요하기 시작했다. 때마침 큰 비가 와서 옷이 다 젖고 군량도 떨어졌다. 그러자 조선의 군사들은 밤중에 다 흩어져 버리고 수령들도 말을 타고 도망쳐 버렸다.

뒤늦게 문경에 당도한 이일은 현지에서 강제로 징집한 백성과 한성에서 데리고 온 병사 800여 명을 거느리고 상주 벌판에 진을 쳤다. 그러나 전투가 시작되자마자 이일이 먼저 말을 타고 달아났다. 그러자 군사들이 앞을 다투어 달아났고, 미처 달아나지 못한 자들은 모두 일본군에 붙잡혀 죽었다. 이일은 문경에서 패전 상황을 조정에 급히 보고한 후 도순변사 신립이 있는 충주로 갔다.

    4월 27일 고니시군과 가토군은 아무런 저항 없이 험준한 문경 새재를 함께 넘어 충주로 향했다. 도순변사 신립은 8000여 명의 조선군을 거느리고 충주 탄금대 벌판에 진을 쳤다. 신립은 기마전으로 일본군에 맞선다는 작전을 세웠다. 하지만 탄금대 벌판은 대부분 논이어서 말을 달리기에 불편했다. 부장 김여물이 작전의 변경을 요구했으나 신립은 듣지 않았다. 일본군이 조선군을 포위하자 신립은 두 차례 기마병을 이끌고 적진으로 돌진했으나 조선군 대부분이 전사했다. 당황한 신립이 강으로 뛰어들어 죽었다. 그러자 조선군 병사들도 강으로 뛰어들었다. 조선군 시체가 강물을 덮었다. 김여물도 전사했다. 이일은 탄금대 동쪽 산골짜기를 따라 도망쳤다.

    충주에서 조선군을 무찌른 고니시 유키나가와 가토 기요마사는 그곳에서 회의를 열고, 충주에서부터 1군과 2군이 경쟁하며 각각 한성에 입성하기로 했다. 당시 고니시 유키나가는 조선어에 능통하고 조선 사정에 밝은 특수부대를 거느리고 있었다. 그래서 고니시 군단이 진군하는 데 아무런 문제가 없었다. 작전에 자신이 있었던 고니시는 기요마사에게 죽산·용인을 거쳐 한강 남쪽에서 강을 건너 용산에서 숭례문으로 한성에 입성하는 길과 여주 쪽으로 진격해서 한강 상류를 건넌 다음 동쪽에서 왕십리를 거쳐 흥인지문으로 한성에 입성하는 길이 있다고 설명하고 가토 기요마사에게 선택권을 주었다. 가토 기요마사는 전자의 길을 선택했다. 두 장수는 이때부터 한성 입성 경쟁을 벌였다.

일본군은 부산에 상륙한 지 19일 만에 고니시가 이끄는 1군이 흥인지문으로 조선의 수도 한성에 입성했다. 가토가 이끄는 2군은 반나절 늦게 숭례문으로 입성했다. 구로다 나가마사가 이끄는 3군은 4일 정도 늦게 한성으로 들어왔다. 승전보는 즉시 일본의 도요토미 히데요시에게 전달되었다. 서전의 승리로 일본은 들떠 있었다. 개전 후 1개월이 지나자 『多聞院日記』에 다음과 같은 기록이 보인다. "조선에서 여섯 군郡을 손에 넣었고, 점령지에서 토지조사를 실시하고 성을 쌓고 있다고 한다. 고려의 기물, 여자, 아이들까지 헤아릴 수 없이 일본으로 끌고 온다고 한다."

히데요시는 조선이 곧 멸망할 것이라고 믿었다. 1592년 5월 18일 히데요시는 조선을 멸망시킨 후 명나라로 진격할 계획을 구체화했다. 히데요시는 명나라도 단기간에 멸망시키고, 1594년경에 일본 천황을 중국의 베이징으로 옮기겠다고 호언했다. 자신의 조카 히데쓰구를 중국의 관백으로 임명하여 베이징 주변 100개 군을 영지로 주고, 일본의 관백으로는 하시바 히데야스羽柴秀保(1579-95)나 우키타 히데이에宇喜多秀家(1573-1655)를 임명하려고 생각했다. 조선 국왕을 누구로 임명할지도 고민했다. 히데요시 자신은 일명무역의 거점이었던 닝파오寧波로 옮겨서 여생을 보낼 꿈에 부풀어 있었다.

 5월 9일경에 침략군 총대장 우키타 히데이에가 8군 1만여 명의 군대를 거느리고 한성에 입성했다. 한성에 모인 일본군 장수들이 회의를 열어 조선 8도를 나누어 다스릴 계획을 세웠다. 한성과 경기도는 우키타 히데이에, 충청도는 후쿠시마 마사노리, 전라도는 고바야카와 다카카게, 경상도는 모리 데루모토, 황해도는 구로다 나가마사, 평안도는 고니시 유키나가, 강원도는 모리 가쓰노부, 함경도는 가토 기요마사가 각각 다스리기로 했다.

❖ 일본군의 조선 통치 계획

조선을 나누어 다스리기로 한 다이묘들은 하루라도 빨리 조선 민중의 일상생활을 안정시키고, 그들을 경작하게 하여 조세를 징수한다는 방침을 정했다. 모든 것이 일본 내 점령지 정책과 동일한 내용이었다. 다이묘들은 조선의 지역별 미곡 생산량을 다음과 같이 파악하고 있었다.

경상도 288만 7,999석　　전라도 226만 9,399석
충청도 98만 7,514석　　강원도 40만 289석
경기도 78만 5,133석　　황해도 72만 8,867석
함경도 207만 1,028석　　평안도 179만 4,186석
합계 1192만 4,406석

일본군은 조선 민중에게 광산의 채굴과 특산물 생산을 장려하는 한편, 자원을 철저하게 약탈했다. 일본군을 위한 기초 조선어독본을 간행하기도 했다. 일본군 장수들이 조선인과 기초적인 의사소통을 하려고 시도했다는 것을 알 수 있다. 승려 출신 안고쿠지 에케이安国寺惠瓊(1539-1600)와 같은 다이묘는 조선인을 모아놓고 일본어를 가르치기도 했다. 어떤 지역에서는 실제로 일본군이 조세를 징수하기도 했다.

5월 17일 한성을 출발한 고니시군·가토군이 한성 북쪽에 있는 임진강을 건너 개성을 점령했다. 개성에서 다시 북진한 고니시군과 가토군은 금교역에서 헤어졌다. 고니시군은 평양으로 진격하고, 가토군은 함경도 방면으로 향했다. 3군과 4군은 고니시군의 뒤를 따라 북진했다. 6월 9일 고니시군이 대동강 남쪽 기슭에 이르렀고, 6월 13일에는 구로다 나가마사가 이끄는 3군과 모리 가쓰노부·시마즈 요시히로가 이끄는 4군이 합류했다. 6월 16일 일본군이 대동강을 건너 평양성을 점령했다.

한편, 조선의 국왕과 대신들은 이미 6월 11일에 윤두수와 김명원이 이끄는 수비병만 남겨두고 평양성에서 영변으로 향했다. 6월 15일 일본군이 대동강을 건너자 윤두수와 김명원이 그날 밤 평양성에 있는 병사와 백성을 피난시키고 순안으로 달아났다. 6월 22일 조선 국왕이 의주에 도착했다. 이때 명나라 장수 조승훈이 이끄는 구원병 5000명이 압록강을 건넜다. 7월 13일 명군이 평양성을 공격했다. 하지만 명군은 일본군 화승총 부대의 활약으로 대패했다. 조승훈은 패잔병을 이끌고 요동으로 돌아갔다.

도요토미 히데요시는 고니시 유키나가에게 연말까지 압록강까지 진

22. 조선 침략 237

격하라고 명령했다. 하지만 고니시군은 평양성에서 움직이지 않았다. 이때 일본군은 이미 북진할 여력을 상실하고 있었다. 일본군이 전투 중에 많이 죽거나 다쳤고, 탄약과 무기의 공급이 원활하지 못했다. 8월 18일 일본군 총대장 우키타 히데이에는 고니시 유키나가, 가토 기요마사, 구로다 나가마사, 고바야카와 다카카게 등 여러 장수를 한성으로 불러 작전회의를 열었다. 이 회의에서 고니시군이 평양 이북으로 진격하지 않기로 결정했다.

명나라는 책사 심유경을 파견해서 일본 측과 강화 협상에 나섰다. 8월 29일 심유경이 고니시 유키나가를 만났다. 고니시는 심유경에게 몇 가지 강화조건을 제시했고, 심유경은 본국의 조정에 보고해서 회답을 얻어야 한다고 했다. 명군과 일본군은 심유경이 베이징에 갔다가 돌아올 때까지 50일간 정전하기로 합의했다. 심유경은 9월 3일 평양성 북쪽에 경계선을 정한 다음, 일본군과 조선군이 서로 그 선을 침범하지 못하도록 하고 본국으로 돌아갔다.

한편, 함경도로 향한 가토군은 강원도 북부를 거쳐 태백산맥을 넘어 함경도 안변을 지나 영흥에 이르렀다. 그 무렵 조선의 왕자 임해군과 순화군이 함경도로 피난했다는 정보를 입수한 가토 기요마사는 급히 길주 · 명천 · 경성 · 부령을 지나 7월 23일 두만강 근처에 있는 회령을 공격하려고 했다. 이때 회령부사 국경인이 조선의 두 왕자를 사로잡아 일본군에 넘겼다. 가토 기요마사는 임해군과 순화군을 인질로 잡은 후 함경도 지배에 전념했다.

일본의 장수들이 조선 8도를 나누어 지배하기로 한 목적은 조선의 치안을 유지하고, 농민을 경작시켜 조세를 거두고, 호적을 정비하여 명나라 침략 때 조선인을 노역에 동원하기 위해서였다. 그러나 일본의 점령정책은 계획대로 진행되지 않았다. 조선 각지에서 의병이 일어났고, 조선군이 전열을 가다듬어 반격을 개시했다. 이순신이 이끄는 조선 수군이 일본군의 기세를 꺾었다. 이순신은 5월에 옥포해전, 6월에 사천 · 당포해전, 7월에 한산도해전, 그리고 9월에 부산해전에서 연전연승했다. 조선 수군이 제해권을 장악했다. 이순신의 활약으로 일본 수군은 한반도의 서해로 나아가 평양에 주둔한 일본군에게 병력과 군량을 보급할 수 없게 되었다. 도요토미 히데요시가 직접 조선으로 건너가려고 했던 계획도 무산되었다.

이여송이 이끄는 명군이 한반도로 진군했다. 1593년 정월 조선군과 명군이 평양을 탈환하고 후퇴하는 일본군을 추격했다. 이여송은 정월

25일 2만여 명의 군사를 거느리고 개성을 출발해서 임진강을 건너 파주에 도착했다. 26일 아침 벽제관 부근에서 명군과 일본군 사이에 전투가 벌어졌다. 전투는 일본군의 대승으로 끝났다. 하지만 일본군은 패주하는 명군을 추격할 여력이 없었다.

벽제관 전투에서 패배한 이여송은 애써 싸우려 하지 않았다. 하지만 조선군과 조선인의 전의는 불탔다. 1593년 2월 전라도 순찰사 권율이 이끄는 2300여 명의 조선군이 한성 서쪽에 있는 행주산성에 진을 치고 일본군을 측면에서 압박했다. 2월 12일 한성에 주둔하던 일본군이 3만 여명의 군사를 동원해서 행주산성을 공격했다. 하지만 조선군과 조선인이 산성을 지키며 일본군의 공격을 막아냈다. 이 싸움에서 우키타 히데이에·이시다 미쓰나리·깃카와 히로이에吉川広家(1561-1625) 등 일본군 장수가 부상을 입었다.

행주산성에서 패배한 일본군은 한성을 지키는 데 급급했다. 일본군은 추위·질병·기아에 시달렸다. 일본군 장수들이 주전파와 주화파로 나뉘어 대립했다. 그러자 도요토미 히데요시는 측근인 구마가야 나오모리熊谷直盛(?-1600)를 한성으로 파견해서 여러 장수가 단합하겠다는 서약서를 제출하도록 했다. 3월 23일 히데요시의 지시에 따라 이시다 미쓰나리를 비롯한 측근이 일본군의 인원수를 파악했는데, 당시 일본군은 20개 부대 5만3000여 명이었다. 그동안 전투를 거듭하는 동안 전사한 자가 상상 이상으로 많았다. 특히 고니시 유키나가가 이끄는 1군과 가토 기요마사가 이끄는 2군의 손실이 컸다. 부산에 상륙할 당시와 비교했을 때, 1군은 약 65퍼센트, 2군은 40퍼센트 이상의 군사가 사망했다. 일본군은 이미 전투를 치를 수 없을 정도로 큰 타격을 입었다.

일본군은 이미 전의를 상실했다. 벽제관에서 대패한 이여송 또한 싸울 생각이 없었다. 이여송은 강화에 나설 뜻을 내비쳤다. 명나라의 책사 심유경이 다시 한성으로 들어가 고니시 유키나가를 만나 일본군의 후퇴를 종용했다. 이미 식량이 바닥난 일본군은 한성에서 물러나 남쪽으로 내려갔다. 4월 28일 일본군 1군·2군·3군이 경상도 상주까지 후퇴했고, 나머지 일본군도 5월 1일에서 15일에 걸쳐서 경상도 해안으로 물러났다. 일본군이 후퇴할 때 명나라 사절이 동행했다. 일본군은 조선인 1000여 명을 인질로 잡고 쉬엄쉬엄 후퇴했다.

히데요시는 진주성 공략을 후퇴의 명분으로 삼았다. 진주성은 1592년 10월 일본군의 공격을 잘 막아냈는데, 히데요시는 그것을 분하게 여기고 있었다. 진주는 경상도의 요충지였다. 남쪽으로 강이 흐르고 동북쪽에는 험준한 산이 있었다. 진주성은 일본군이 경상도에서 전라도로 나아가는 길을 막고 있는 형국이었다. 1593년 5월 20일 히데요시는 진주성을 공격하라고 명령했다. 진주성 공격에 일본군 9만3000여 명이 동원되었다. 당시 진주성은 김천일이 이끄는 조선군과 조선인 약 6만 명이 농성하고 있었다. 일본군은 6월 22일 진주성 공격을 시작해서 6월 29일에 점령했다. 일본군은 진주성에 있던 조선군과 조선인을 몰살했다. 일본군은 우물을 메우고, 집을 불태우고, 재물을 약탈하고, 심지어 소, 말, 닭, 개 등도 모두 약탈했다.

일본군이 진주성을 무자비하게 공격한 것에는 몇 가지 이유가 있었다. 첫째, 히데요시는 일본군이 명군과 조선군에 밀려 한성에서 후퇴하는 수모를 당했다고 생각했다. 그래서 일본군의 무위武威를 과시하지 않으면 애써 일으킨 침략전쟁의 의미가 퇴색하고, 그것이 국내 여론에 악영향을 미쳐 권력기반이 흔들릴 수 있었다. 둘째, 진주성을 점령하지 않으면 전라도로 나아갈 수 없었다. 만약에 화의가 깨진다면 일본군은 즉시 전라도로 진격할 계획이었다. 셋째, 히데요시는 강화회담의 상대가 명나라이고 조선이 아니라고 생각했다. 당시 진주성에는 명나라 군대가 없었다. 진주성을 공격해도 강화의 정신을 어기는 것이라고 우려

하지 않아도 되었다. 넷째, 일본은 한반도 남부를 일본 영토에 편입시키려고 했다. 향후 조선을 지배하려면 조선인을 공포에 떨게 할 필요가 있었다.

진주성 공격으로 '조선인의 간담을 서늘하게 한' 일본군은 서생포, 기장, 동래, 부산, 김해, 안골포, 웅천, 가덕도, 거제도, 장문포 등 주로 경상남도 해안을 따라 왜성을 쌓고 주둔했다. 히데요시는 이시다 미쓰나리를 비롯한 3명의 측근 및 아사노 나가마사에게 명령해서 일본군이 주둔한 왜성에 식량과 군수품을 부족하지 않게 공급하도록 조치했다. 명나라와 약속한 휴전선에 국경비를 세우고, 지배 지역의 조선인을 동원하여 성을 쌓고 조세를 징수했다. 경상남도 남부 지역은 사실상 명나라가 인정한 일본의 영토였다.

❖ 왜성

◎ 왜성의 거의 대부분은 오늘날 경상남도 해안가에 쌓았다. 왜성이 본격적으로 축조된 것은 평양까지 진군한 일본군이 경상남도 일대로 후퇴한 1593년 4월부터였다. 일본군은 전략적 요충지인 거제도에 먼저 왜성을 쌓은 후 이어서 다른 지역에 왜성을 축조하기 시작했다. 일본군은 동쪽으로는 울산에서 서쪽으로는 전라남도 순천에 이르기까지 해안을 따라 왜성을 쌓고 그곳에 주둔했다.

◎ 경상남도에 축조한 왜성을 동쪽에서부터 헤아려보면, 울산, 서생포, 임낭포, 기장, 동래, 부산, 죽도, 가덕도, 안골포, 웅천, 명동, 마산, 영등포, 송진포, 장문포, 견내량, 고성, 사천, 남해 등이었다. 그리고 전라남도에 순천성을 축조했다. 내륙에 쌓은 성은 오늘날 경상남도의 구포, 호포, 양산, 마사 등의 왜성이었다.

◎ 정유재란이 발발한 후에 일본군은 이미 쌓은 왜성을 수축하기도 하고 또 새로 축조하기도 했다. 그 목적은 한반도 남부를 완전히 점령하여 일본 영토로 편입시키기 위해서였다.

◎ 일본군은 주로 조선군이나 조선의 어민이 사용하던 항만을 차지하고 왜성을 쌓았다. 그것은 항만을 이용하여 일본과 자유롭게 왕래하기 위해서였다. 또 조선군이 그 항만을 이용하지 못하게 하는 효과도 있었다.

◎ 왜성의 축조연도, 소재지, 축성하고 주둔한 다이묘 또는 훗날

주둔한 다이묘(☆)는 다음과 같다. 부산성(1593, 부산시 동구 좌천동, 毛利輝元, 毛利秀元☆), 부산자성대(1593, 부산시 동구 범일동, 毛利秀元, 寺沢広高☆), 부산동삼동(1593, 부산시 영도구 동삼동, 毛利輝元), 부산중앙동(1593, 부산시 중구 중앙동, 毛利輝元), 동래(1593, 부산 동래구 칠산동, 吉川広家 등), 임낭포(1593, 부산시 기장군 장안읍, 島津豊久 등), 기장(1593, 부산시 기장읍 죽성리, 黒田長政), 구포(1593, 부산시 북구 구포동, 小早川隆景), 죽도(1593, 부산시 강서고 죽림동, 鍋島直茂), 가덕도(1593, 부산시 강서구 눌차동, 毛利輝元, 高橋直次☆), 서생포(1593, 울산시 울주군 서생면, 加藤清正), 안골포(1593, 진해시 안골동, 脇坂安治 · 加藤嘉明 · 九鬼嘉隆, 藤堂高虎☆), 웅천(1593, 진해시 남문구, 小早川隆景, 小西行長☆), 명동(1593, 진해시 명동, 小早川秀包, 宗義智☆), 영등포(1592, 거제시 장목면 구영리, 島津義弘), 송진포(1593, 거제시 장목면 송진리, 福島正則 · 長宗我部元親), 장문포(1593, 거제시 장목면 장목리, 蜂須賀家政 등), 견내량(1597, 거제시 사등면 덕호리, 宗義智), 울산(1597, 울산시 중구 학성동, 浅野幸長 등, 加藤清正☆), 양산(1597, 양산시 물금읍 물금리, 黒田長政), 마산(1597, 마산시 산호동, 鍋島直茂), 고성(1597, 고성군 고성읍, 吉川広家 등, 立花宗茂☆), 사천(1597, 사천시 용현면 선진리, 長宗我部元親 등, 島津義弘), 남해(1597, 남해군 남해읍 선소리, 脇坂安治, 宗義智☆), 호포(불명, 양산시 동면 가산리), 마사(불명, 김해시 생림면 토성) 순천(1597, 전남 순천시 해룡면 신성리, 宇喜多秀家 · 藤堂高虎, 小西行長☆)

한편, 명나라는 일본과의 강화에 심혈을 기울였다. 물론 조선 측은 강화에 반대했다. 그러자 강화교섭은 조선을 배제하고 진행되었다. 이여송은 명나라 조정에 보고하지 않고 가짜 사절을 일본으로 보냈다. 그것은 고니시 유키나가를 비롯한 일본 측 강화 담당자들도 양해한 것이었다. 5월 8일 심유경, 서일관 등이 부산을 출발하여 일본으로 향했다. 명나라 사절은 5월 15일 규슈의 나고야에 도착했고, 23일에 히데요시와 대면했다.

1593년 6월 도요토미 히데요시는 다음과 같은 강화조건을 제시했다. (1) 명나라의 황녀를 일본 천황의 후비로 보낼 것, (2) 명나라와 일본 간에 공무역을 행할 것, (3) 일본의 다이묘와 명나라의 대신이 서로 화친 서약서를 교환할 것, (4) 조선의 8도 중 한성 이남의 4도를 일본에 할양할 것, (5) 조선의 왕자와 조선의 대신 한 두 명을 일본에 인질로 보낼 것, (6) 그러면 인질로 잡은 조선의 두 왕자 즉, 임해군과 순화군을 조선에 돌려보낼 것임 (7) 조선의 대신은 이후 일본을 배반하지 않겠다는 서약서를 제출할 것 등이었다.

명나라 사절은 원래 가짜였기 때문에 히데요시의 강화조건은 명의 황제에게 전해지지 않았다. 심유경과 고니시 유키나가가 획책하여 고니시의 부하 나이토 조안內藤如安(1550-1626)을 도요토미 히데요시가 보낸 일본의 정식 사절로 꾸며 베이징으로 보냈다. 그해 12월 명나라는 다음과 같은 강화조건을 제시했다. (1) 일본군은 조선에서 물러갈 것, (2) 책봉 이외에 어떠한 무역도 요구하지 않을 것, (3) 일본과 조선이 수교하고, 두 나라는 명나라의 속국이 되며, 일본은 다시 조선을 침략하지 않을 것. 나이토 조안은 이 조건을 받아들였다.

명나라 황제는 히데요시에게 책봉사를 파견했다. 1596년 8월 18일 명나라의 정사 양방형, 부사 심유경 그리고 조선의 사신 황진, 박홍 등이 고니시 유키나가의 안내로 사카이堺에 도착했다. 도요토미 히데요시는 소·돼지·닭 수백 마리를 보내고, 이어서 가토 기요마사를 보내 사신들을 맞이하게 했다. 9월 2일 히데요시는 도쿠가와 이에야스를 비롯한 여러 다이묘와 측근들을 거느리고 명나라 사절을 맞이했다. 그때까지 히데요시는 자신이 요구했던 강화 조건을 명나라가 수용해서 사신을 보냈다고 믿고 있었다. 히데요시는 매우 기분 좋게 명나라 사절을 접견했고, 이어서 백관을 거느리고 성대한 향연을 베풀었다. 향연이 끝나고 숙소로 돌아온 히데요시는 측근을 불러 명나라가 보낸 문서를 읽게 했다. 거기에는 히데요시를 일본국왕에 봉한다고 적혀 있을 뿐, 명나라 황녀를 일본에 시집보낸다든지, 조선 땅의 절반을 일본에 양도한

다든지 하는 내용이 없었다.

　자신이 제시한 강화조건이 완전히 무시되었다는 것을 확인한 히데요시는 크게 분노했다. 히데요시는 즉석에서 여러 다이묘에게 조선을 다시 침략하라고 명령했다. 고니시 유키나가·가토 기요마사·나베시마 나오시게가 즉시 바다를 건너 조선으로 건너갔다. 고니시는 1596년 12월 말에 웅천, 가토와 나베시마는 1597년 정월에 조선으로 건너가 각각 서생포와 죽도에 있는 왜성에 주둔했다.

　1597년 2월 21일 히데요시는 조선 재침을 위한 군대 편성을 발표했다. 제2차 조선침략(정유재란)이 일어난 것이다. 이번에는 가토 기요마사가 이끄는 군단을 1군, 고니시 유키나가가 이끄는 군단을 2군으로 정하고, 조선의 경상도 해안에 계속 주둔하고 있던 일본군까지 포함해서 총 14만1490명이 편성되었다. 수군은 제6군의 토도 다카토라와 가토 요시아키, 7군에 속한 와키자카 야스하루가 겸하도록 했다. 일본군은 1597년 2월부터 6월에 걸쳐서 차례로 바다를 건너 경상도 해안을 따라 건설된 왜성에 주둔했다. 토도 다카토라를 비롯한 일본의 수군 장수들은 웅천·안골포에 본거지를 두고 함선을 건조했다.

이때 이순신은 경상우수사 원균의 참언으로 삼도수군통제사의 지위에서 해임되어 옥에 갇혀 있었다. 7월 7일 새로이 삼도수군통제사에 임명된 원균이 수백 척의 병선을 이끌고 출항하여 경상도 앞바다로 나아갔으나 일본군의 공세에 밀려 이렇다 할 전과를 올리지 못했다. 7월 15일 원균 함대는 물을 구하기 위해 거제도 서북쪽에 있는 칠천도에 잠시 정박했다. 이때 일본군이 조선의 수군을 급습하여 160여 척을 부수거나 불태웠다. 이 전투에서 원균, 전라우수사 이억기, 충청수사 최호 등 조선의 수군 장수가 전사했다.

2차 조선침략의 목적은 명나라 침략이 아니었다. 히데요시가 강화교섭 조건의 하나로 제시한 조선의 8도 중 한성 이남의 4도를 실력으로 빼앗는 것이었다. 일본군은 크게 2군단으로 나누어 전라·충청도로 침입했다. 일본군은 7월 하순부터 10월 중순까지 전라·충청도를 휩쓸었다. 경상도에서 전라도로 진군한 일본군은 8월 16일 남원성을 점령하고, 8월 25일 전주성을 함락시켰다. 그 후 일본군은 부대를 3군단으로 나누어 충청도, 경상도, 전라도 지방을 완전히 초토화시키는 작전을 전개했다.

8월 27일 일본군 좌군은 금강을 건너 충청도 부여를 거쳐 서천까지

갔다가 그곳에서 다시 남하해서 9월 15일에 전라도 정읍에 도착했다. 우군은 정읍에서 회의를 열고, 일부 부대는 부산으로 돌아가고, 나머지 부대는 시마즈 요시히로가 주둔한 경상도 사천과 나베시마 나오시게가 주둔한 창원의 중간에 위치한 고성을 지키기로 했다. 고니시 유키나가는 전라도 남원을 거쳐 순천에 성을 쌓고 주둔하기로 했다. 고니시가 순천에 도착한 것은 9월 하순이었다. 시마즈 요시히로와 나베시마 나오시게는 전라도 정읍에서 해남, 강진, 광주, 구례 등을 거쳐 경상도로 돌아가서 10월 말에 각각 주둔지로 돌아갔다. 일본군은 전라도·충청도 지방을 초토화시키며 조선인들을 닥치는 대로 죽이고 코와 귀를 베었다.

9월 16일 새벽 다시 삼도수군통제사에 임명된 이순신은 수효를 알 수 없는 일본의 병선이 쳐들어온다는 보고를 받고 출진했다. 이순신이 병선 12척을 거느리고 명량 앞바다로 출진하자, 적의 병선 130여 척이 앞을 막고 나섰다. 우수사 김억추를 비롯한 부장들이 겁에 질려 대장선에서 멀리 떨어졌다. 이순신은 초요기를 세우고 부하 장수들을 불러 호령하며 전투를 독려했다. 이 전투에서 12척의 병선을 거느린 이순신이 130여 척의 일본 병선을 물리쳤다. 기적에 가까운 승리였다.

명량 전투에서 일본군의 선봉장 구루시마 미치후사와 그 휘하 장수 간 마사카게菅正陰(?-1597)가 전사하고, 뒤따르던 주력 함대의 장수 토도 다카토라, 모리 다카마사毛利高政(1559-1628) 등이 부상을 당했다. 임진왜란 때 육전과 해전을 통틀어 일본군 지휘관이 전사한 것은 명량 해전뿐이었다. 전투가 얼마나 치열했는지 알 수 있다. 이순신은 명량 해전에서 승리한 후 궤멸되었던 조선의 수군을 재건하고 전라도 앞바다를 지켰다.

1597년 9월 명나라가 다시 군대를 조선에 보냈다. 명나라 대군은 동로·중로·서로로 남하했다. 잔악한 행위를 일삼던 일본군은 조선군과 명군에게 밀려 주로 경상도 남부 해안에 있는 왜성에 들어가 농성했다. 명군과 조선군은 가토 기요마사·시마즈 요시히로·고니시 유키나가가 지키고 있는 울산성·사천성·순천성을 집중 공략했다. 명나라 수군과 조선 수군은 주로 전라도 바다를 지키며 육군과 협동작전을 전개했다. 조선군과 명군의 공격으로 궁지에 몰린 일본군은 극도의 공포에 떨며 1598년을 맞이했다.

1598년 8월 히데요시가 사망했다. 도요토미 정권의 수뇌부 즉, 도쿠가와 이에야스를 비롯한 5다이로五大老, 이시다 미쓰나리를 비롯한 5

부교五奉行는 히데요시의 죽음을 비밀로 하고 조선에서 일본군을 철수시키기로 했다. 일본군은 조선의 왕자를 인질로 잡은 후 철수의 명분을 찾으려는 계획을 세웠으나 실패했다. 조선은 이미 히데요시 사망 정보를 입수하고 있었다. 일본군은 철수할 수 있는 길을 찾기 위해 혈안이 되었다. 1598년 11월 이순신은 노량 앞바다에서 철수하는 일본군을 맞아 싸우다가 전사했다. 12월까지 일본군은 조선에서 모두 물러갔다.

일본군은 수많은 조선인을 포로로 연행하여 노예로 삼거나 산업에 종사하게 했다. 특히 각종 기술을 보유한 조선인을 계획적으로 납치했다. 인쇄공, 제지공, 철물공, 목공, 석공, 자수공, 세공, 와공, 의원, 침모, 승려, 상인, 심지어는 양봉 기술자까지 납치했다. 그중에서도 특히 일본군의 표적이 되었던 것은 도공이었다. 일본군은 조선의 문화재, 서적, 공업시설, 심지어 도자기 굽는 데 필요한 찰흙까지 닥치는 대로 약탈하여 일본으로 가져갔다. 기술자가 납치되고, 공업시설이 파괴되면서 조선의 생산·산업 기반이 무너졌다. 1598년 일본군이 조선에서 철수할 때까지 일본으로 납치된 조선인은 5만 내지 10만으로 파악된다. 그중에서 송환된 인원은 극히 일부에 지나지 않았다.

CHAPTER 23. 만년의 히데요시

도요토미 히데요시와 정실 사이에 자식이 없었다. 히데요시는 최고 권력자가 된 후에 많은 측실을 두었으나 역시 자식을 두지 못했다. 히데요시는 거의 자식을 기대하지 않았다. 그런데 그의 나이 53세가 되어 애첩 요도도노淀殿(1569-1616)가 임신했다. 요도도노는 오다 노부나가의 여동생 오이치와 아자이 나가마사 사이에 태어난 차차茶々였다. 1588년 히데요시는 차차를 자신의 측실로 삼았다. 차차가 임신하자, 히데요시는 그녀를 요도성淀城(교토시 후시미쿠 요도혼초)에 거주하게 했다. 차차는 이때부터 요도도노로 불리게 되었다.

1589년 5월 요도도노는 요도성에서 히데요시의 아들을 낳았다. 히데요시는 그 아들에게 스테棄라는 이름을 지어주었다. 스테는 버린다는 뜻이었는데, 귀한 자식일수록 어릴 때 천한 이름을 지어주어야 아무 탈 없이 성장하고 또 장수한다는 속설에 따른 작명법이었다. 스테가 생후 30일이 되었을 때, 천황과 귀족은 물론 여러 다이묘와 호상에 이르기까지 수많은 사람이 히데요시에게 축하 선물을 보냈다.

히데요시는 스테에게 정식으로 쓰루마쓰鶴松라는 이름을 지어주었다. 쓰루마쓰가 생후 4개월이 되었을 때 요도성에서 오사카성으로 거처를 옮겼다. 이때 고요제이 천황이 쓰루마쓰에게 단도를 선물했고, 다이묘와 호상들이 다시 값비싼 선물을 보냈다. 히데요시는 쓰루마쓰를 도요토미 가문의 후계자로 삼았다. 그러나 쓰루마쓰는 병약했다. 1590년 7월에 큰 병에 걸린 후 병석에서 일어나지 못했다. 히데요시는 영험이 있는 사원과 신사에 쓰루마쓰의 쾌유를 비는 기도를 올리도록 명령했다. 그러나 1591년 8월 5일 쓰루마쓰가 두 살이 갓 넘어서 죽고 말았다.

히데요시는 아들을 잃은 슬픔을 이겨내지 못했다. 히데요시는 스스로 상투를 자르고 외딴 방에 칩거했다. 그는 가족이나 측근들도 만나지 않고 비탄에 빠져 지냈다. 그러자 다이묘들이 차례로 상투를 자르고 자신의 저택에 칩거했다. 이 소식을 들은 히데요시는 칩거 3일 만에 방에서 나와 기요미즈데라淸水寺(교토시 히가시야마쿠 소재)로 행차하여 마음을 달랬다. 8월 9일에는 아리마 온천有馬溫泉(효고현 고베시 기타쿠)으로 가서 요양했다.

늦은 나이에 둔 아들을 잃은 히데요시는 다시는 자식을 둘 수 없을 것이라고 여겼던 것 같다. 히데요시는 누이의 아들을 양자로 들였다. 그가 도요토미 히데쓰구豊臣秀次(1568-95)였다. 1591년 11월 히데요시는 관백의 지위를 히데쓰구에게 물려주었다. 12월 12일 히데요시는 히데쓰구에게 훈계장을 내리고 다음과 같이 서약하게 했다. 첫째, 무비武備에 힘을 기울일 것, 둘째, 상벌을 공평하게 할 것, 셋째, 조정에 충성을 다할 것, 넷째, 평소의 생활과 행동에 허물이 없도록 할 것 등이었다. 히데요시는 자신이 심혈을 기울여 조영한 거성 주라쿠테이도 히데쓰구에게 양도했다. 히데요시는 스스로 타이코太閤라는 관직에 취임했다.

조선 침략군이 한참 기세를 올리며 북진하던 1592년 7월 22일 히데요시의 모친 오만도코로大政所가 세상을 떠났다. 당시 히데요시는 규슈의 나고야성에서 조선침략 전쟁을 진두지휘하고 있었다. 히데요시는 모친이 위독하다는 보고를 받고 즉시 오사카로 향했으나 모친의 임종을 지키지 못했다. 히데요시는 이름난 효자였다. 7월 29일 오사카성에 도착한 히데요시는 모친을 잃은 슬픔에 기절했다고 한다. 8월 2일 히데요시는 교토의 다이토쿠지大德寺(교토시 기타쿠 무라사키노다이토쿠지초)에서 장례를 치르고, 고야산高野山의 곤고부지金剛峰寺(와카야마현 이토군 고야산 소재) 경내에 세이간지青厳寺를 건립하여 모친의 영생을 빌게 했다.

한편, 일본이 조선을 침략한 후 파죽지세로 북진하던 일본군이 1592년 겨울부터 수세에 몰리기 시작했다. 1593년 정월 명나라 이여송이 이끄는 조명연합군이 평양성을 탈환했다. 일본군은 추위에 떨면서 남하했다. 정월 26일 한성 북쪽의 벽제관에서 일본군이 명나라 군대를 무찌르며 조명연합군의 공격을 저지했다. 그러나 일본군은 더 이상 싸울 여력이 없었고, 이여송도 싸우려 하지 않았다. 고니시 유키나가와 이여송은 화의를 모색하기 시작했다.

하지만 도요토미 히데요시는 여전히 조선을 멸망시키고 명나라로 진격하려는 뜻을 버리지 못했다. 1593년 2월 27일 교토와 나라의 의원들을 빠짐없이 징집하여 조선으로 보냈다. 3월 15일에는 구로다 요시타카, 아사노 나가마사, 다테 마사무네 등이 이끄는 군단을 조선으로 보냈다. 히데요시가 나고야에 머물며 바쁜 나날을 보내고 있을 때, 히데요시의 측실 요도도노가 임신했다는 소식이 전해졌다. 히데요시는 요도도노에게 편지를 보내 위로의 말을 전했다.

1593년 8월 3일 요도도노가 오사카성에서 아들을 낳았다. 규슈의 나고야성에서 이 소식을 들은 히데요시는 즉시 요도도노에게 편지를 보내 태어난 아이의 아명을 히로이拾라고 지으라고 지시했다. 죽은 아들 쓰루마쓰의 아명이 '버리다'는 뜻의 스테였는데, 이번에는 '줍다'라는 뜻의 히로이로 작명한 것이다. 이번에는 늦게 얻은 아들을 반드시 잘 자라도록 보살펴야 한다는 소망이 담긴 이름이었다. 히데요시는 히로이에게 곧 도요토미 히데요리豊臣秀頼라는 정식 이름을 지어주었다.

❖ 쓰루마쓰와 히데요리는 과연 히데요시의 아들 이었을까?

◎ 1561년 8월 당시 25세였던 히데요시는 14세 소녀 오네와 혼인했다. 두 사람은 금슬이 좋기로 소문이 났지만 자녀를 두지 못했다. 그런데 히데요시는 자타가 공인하는 호색가였다. 히데요시가 일본의 여러 지역을 전전하며 전투를 치루는 동안, 히데요시는 많은 여자와 관계를 맺었지만 자식을 두지 못했다. 여러 여자 중 한 사람이 히데요시의 아들을 낳았다는 소문이 돌았을 뿐이었다.

◎ 히데요시가 일본의 최고 권력자가 된 후, 그의 여성 편력은 더욱 화려해졌다. 그는 주로 귀족이나 신분이 높은 가문의 딸을 첩으로 맞아들였다. 히데요시가 특히 사랑했다고 하는 요도도노는 오다 노부나가의 조카였다. 평생 비천한 농민 출신이라는 콤플렉스에서 벗어날 수 없었던 히데요시는 귀한 혈통 가문의 규수를 첩으로 맞아들여서 자신이 일본 최고의 권력자라는 것을 과시하고 싶었을 것이다. 사료에 등장하는 어린 측실만 헤아려도 20명에 가까웠다. 그런데도 히데요시는 자녀를 두지 못했다.

◎ 히데요시가 54세가 되었을 때 장남 쓰루마쓰가 태어났다. 당시 요도도노의 나이는 22세였다. 요도도노는 17세 때 히데요시의 첩이 되었으니 실로 5년 만에 아들을 낳은 것이다. 그렇지만 쓰루마쓰는 두 살이 갓 넘어서 죽었다. 1593년 8월 요도도노가 차남

히데요리를 낳았다. 히데요시의 나이 57세였다.

◎ 그런데 요도도노가 낳은 두 아들이 사실은 히데요시의 아들이 아니라는 풍문이 돌았다. 당시 무사사회에는 히데요시의 첩이 300여 명이라는 소문이 퍼져 있었다. 루이스 프로이스도 그 '정보'를 입수했다. 그의 저서 『일본사』에 다음과 같은 기록이 있다. "그는 정청 안에 중신들의 어린 딸들을 300명이나 머무르게 했으며 방문하는 여러 성마다 젊은 여성들을 여러 명 두었다." 히데요시가 이렇게 많은 여성들과 관계했음에도 자식을 두지 못했다. 그런데 히데요시의 나이 60이 다 되어서야 자식을 얻었다는 것이 상식적으로 이해하기 어려웠을 것이다. 당시 일본인 중에 60살이 될 때까지 생존하는 사람은 그리 많지 않았다. 물론 57세가 된 히데요시가 자식을 두지 말라는 법은 없다. 그러나 당시에는 그것이 생물학적으로 불가능에 가까운 일이었던 것이다.

◎ 당시 일본인들도 히데요시가 사망하기 직전에야 자식을 둔 것에 의문을 품었던 것 같다. 히데요시는 오노 하루나가大野治長(1569-1615)라는 가신에게 요도도노를 가까이에서 지키며 섬기라고 명령했다. 요도도노는 가까이에서 호위하는 하루나가를 총애했는데, 쓰루마쓰와 히데요리가 바로 오노 하루나가의 아들이라는 것이다. 이 소문은 나이토 다카하루内藤隆春(1528-1600)의 1599년 10월 1일 자 서한에 자세히 기록되어 있다.

◎ 당시 이 소문은 널리 퍼졌던 것 같다. 나라 고후쿠지의 승려가

쓴 『다몬인닛키多聞院日記』, 18세기 초엽 진언종 승려 조요增誉가 집필한 『메이료코한明良洪範』, 히데요시 사망 당시 일본에서 포로 생활을 하던 조선의 유학자 강항이 쓴 『간양록』 등에 기록되어 있다.

◎ 『간양록』에 다음과 같이 기록되어 있다. "임진년 겨울에 도요토미 히데요시가 총애하는 첩(요도도노)이 아들 히데요리를 낳았다. 어떤 이는 오노 하루나가가 히데요시의 총애를 받아 늘 침실에 드나들면서 히데요시의 첩과 간통하여 자식을 낳은 것이라고 말한다." "도쿠가와 이에야스는 히데요시가 남긴 명령이라 하여 히데요리의 어미를 첩으로 삼으려 했다. 그러나 요도도노는 이미 오노 하루나가와 사통하여 임신하였으므로 거절했다. 도쿠가와 이에야스는 분노하여 오노 하루나가를 잡아 관동 지방으로 유배보내는 도중에 죽였다."

◎ 에도 시대 국학자 아마노 사다카게天野信景(1663-1733)가 집필한 『시오지리塩尻』에는 조금 다른 이야기가 기록되어 있다. "도요토미 히데요리는 히데요시의 실자가 아니다. 오노 하루나가의 아들이라고 의심을 받고 있다. 그러나 사실은 당시 점을 치기 위해 드나들던 법사가 있었는데, 요도도노가 이 자와 밀통하여 쓰루마쓰와 히데요리를 낳았다고 한다. 오노 하루나가는 히데요시가 사망한 후에 요도도노와 음행을 저질렀다."

교토에 건설한 주라쿠테이를 히데쓰구에게 양도한 히데요시는 교토의 동남쪽 고바타야마小幡山 기슭에 자신이 만년에 지낼 후시미성伏見城(교토시 후시미쿠 모모야마초)을 조영했다. 후시미성은 외관은 성이었지만 내부는 주라쿠테이와 같은 저택으로 설계되었다. 이 성은 1592년 8월에 착공해서 1594년 10월에 완공되었다. 착공 당시 규슈의 나고야에 있던 히데요시는 자주 축성 책임자인 마에다 겐이前田玄以(1539-1602)에게 서신을 보내 공사를 지시했고, 오사카로 돌아온 후에는 후시미성으로 가서 직접 공사를 진두지휘했다.

요도도노는 히데요리의 양육에 온 힘을 기울였다. 히데요리는 아무 탈 없이 성장해서 1596년에 5살이 되었다. 히데요시에게 히데요리는 눈에 넣어도 아프지 않을 만큼 사랑스러운 아들이었다. 히데요시는 후시미에 있으면서 요도도노에게 자주 편지를 보냈는데, 그 내용 중에 다음과 같은 말이 있다. "내가 히데요리의 입술을 빨고 싶으니 그때까지 누구에게도 입술을 내주어서는 안 될 것이다." "내가 없는 사이에 다른 사람이 히데요리의 입술을 빨지는 않을까 생각하니 걱정이 된다."

히데요시는 가족을 끔찍하게 사랑했던 사내였다. 정실은 물론 여러 첩실에게도 자주 서신을 보내 애정 표현을 하던 자상한 사내였다. 특히 히데요리에 대해서는 맹목적인 애정을 쏟았다. 히데요리 옆에는 항상 4명의 시녀가 시중을 들었다. 하루는 어린 히데요리가 비위가 상했는지 히데요시에게 사람을 보내 하녀가 마음에 들지 않는다고 고자질했다. 그러자 히데요시는 노발대발하며 말했다. "하녀들을 당장 큰 기둥에 묶어두어라. 내가 가서 죽이겠다."

히데요시는 가족과 친족에 대한 애정이 남달랐지만, 민중에 대해서는 매우 가혹했다. 후시미성 공사에 25만 명이 동원되었는데, 그들은 모두 히데요시가 여러 다이묘에게 명령해서 징발한 자들이었다. 그들은 성의 축대를 쌓는 데 쓰이는 거대한 돌을 옮기고, 멀리 기소木曽에서 목재를 운송하고, 땅을 파고 기단을 쌓는 등 중노동에 시달렸다. 돌에 깔려 죽거나 다치는 자가 속출했고, 과로와 영양실조로 사망하는 자도 부지기수였다. 사정이 이런데도 일을 하지 않으면 식량을 지급하지 않아서 교토 시내를 방황하는 거지들이 그 수를 헤아릴 수 없었다고 전한다. 히데요시의 비정함은 관백의 지위에 있는 도요토미 히데쓰구를 처형한 것에서도 적나라하게 드러났다.

히데요시는 양자 히데쓰구에게 관백이라는 관직과 거성 주라쿠테이를 물려주었다. 조선침략이 시작된 후, 히데요시는 히데쓰구에게 일본

국내 정치를 위임하고, 자신은 규슈의 나고야성에 체류하면서 전쟁을 지휘했다. 그렇지만 정치의 실권은 여전히 히데요시의 측근들이 장악하고 있었다. 관백 히데쓰구가 마음대로 할 수 있는 일은 조정과 교섭하는 일, 사원과 상공인의 소송을 처리하는 일에 불과했다. 히데쓰구는 아무런 실권도 없는 자신의 처지가 불만이었을 것이다. 게다가 그 무렵 히데요시가 사랑하는 측실 요도도노가 아들 히데요리를 낳았고, 히데요시가 어린 아들을 애지중지한다는 소문을 듣고 자신의 지위가 불안해졌을 것이다.

히데쓰구는 자신이 점점 소외되고 있다는 것을 실감했고, 그러면 그럴수록 불안감을 달래기 위해 여색을 탐했다. 히데쓰구의 호색 성향은 그의 외삼촌이기도 한 히데요시와 닮은 점이 있었다. 히데쓰구는 20대 중반의 나이에 이미 첩을 36명이나 거느리고 있었다. 어느 날 히데요시는 히데쓰구에게 다음과 같이 말했다. "나의 흉내를 내는 것은 좋으나 여색을 탐하는 것만은 본받지 말거라." 그러나 히데쓰구는 히데요시의 충고를 흘려들었다.

날이 갈수록 히데쓰구의 성격이 포악해졌다. 히데쓰구는 사람을 함부로 죽였다. 여성의 생식기관이 궁금해서 임신한 여인의 배를 산 채로

갈라서 직접 확인한 일도 있었다. 히데쓰구의 만행이 극에 달하자, 히데쓰구의 측근 다나카 요시마사田中吉政(1548-1609)가 충심으로 간언했다. "타이코님의 은혜를 생각하여 자중자애하십시오." 그러나 히데쓰구는 늙은 신하의 충언에 귀를 기울이지 않았다. 히데쓰구의 기행은 계속되었다. 주변 사람들이 그를 살생 관백이라고 불렀다.

교토 일대에서 곧 내전이 일어난다는 소문이 돌았다. 관백 히데쓰구가 천황에게 과분한 금은보화를 헌상하기도 하고, 남몰래 오사카성에 첩자를 심고, 1만여 명의 군사를 동원해 오사카성을 기습하는 계획을 세웠다는 등 유언비어가 난무했다. 히데요시에게 다음과 같은 보고가 잇달았다. "히데쓰구가 모반을 꾸미고 있다고 합니다." "히데쓰구가 모리 데루모토, 다테 마사무네, 모가미 요시아키最上義光(1546-1614) 등 여러 다이묘와 내통하고 있다고 합니다." "히데쓰구가 막대한 자금을 여러 다이묘에게 빌려주며 자기편으로 끌어들이고 있다고 합니다." "히데쓰구가 독자적인 정치를 모색하고 있다고 합니다." 히데요시의 불안감이 점점 커졌다.

그렇지 않아도 히데요시는 히데쓰구에게 관백의 지위를 물려준 후 자신이 국내 정치에서 점점 소외되어 가는 것을 실감하고 있었다. 이윽고 히데요시는 히데쓰구에게 심상치 않은 소문에 대하여 해명하라고 명령했다. 그러나 히데쓰구는 히데요시의 명령을 대수롭지 않게 여겼던 것 같다. 히데쓰구는 명령을 받은 지 12일이 지나서야 후시미성으로 가서 히데요시에게 알현을 요청했다. 하지만 히데요시는 히데쓰구의 요청을 거절했다. 1595년 7월 히데요시는 관백 히데쓰구를 일단 고야산高野山으로 추방한 후 이어서 자결을 명했다. 당시 히데쓰구의 나이는 28세였다.

히데요시는 히데쓰구의 수급을 교토의 번화가에 효시하고, 히데쓰구의 어린 아들 3명과 30여 명의 처첩을 교토 시내에서 조리돌린 후, 히데쓰구의 수급 앞에서 한 명씩 목을 잘라 죽였다. 당시 히데쓰구 일족의 참살 장면을 목격한 사람은 다음과 같이 증언했다. "50살쯤 되어 보이는 수염이 덥수룩한 사내가 마치 개를 잡아끌 듯이 거칠게 어린 히데쓰구의 아들을 붙잡아 두 번이나 찔렀다. 그러자 어미와 첩들이 자지러지게 소리를 질렀다. 그래도 그 남자는 잇달아 8~9명의 첩을 죽여 어린애의 주검 위에 던져놓았다. 그 광경을 차마 볼 수 없었던 히데쓰구의 한 첩이 달려 나와 '관백 가문의 어린 귀공자에게 무슨 짓인가? 책임자는 무엇을 하고 있는가?'라고 소리치며 울부짖었다." 처형이 끝나자 큰 구덩이를 파고 30여 구의 시체를 한꺼번에 묻었다. 히데요시는 히데쓰구에게 양도했던 주라쿠테이를 당장 허물라고 명령했다. 해체된 주라쿠테이 건물 일부는 후시미성으로 옮겨졌다.

히데쓰구가 처형된 후, 히데요시는 도쿠가와 이에야스, 마에다 도시이에, 모리 데루모토 등 유력한 다이묘와 이시다 미쓰나리, 마시타 나가모리增田長盛(1545-1615) 등 측근들에게 자신의 아들 히데요리에게 충성을 다하겠다는 서약서에 혈판을 찍어 제출하라고 명령했다. 이어서 히데요시는 15개 조에 달하는 법령을 공포해서 다이묘의 인간관계, 예의범절, 일상생활 등을 통제하려고 했다. 1596년에는 다시 유력한 다이묘와 측근들에게 전년과 같은 내용의 서약서를 제출하라고 명령했다.

히데요시는 조선 침략이 마음대로 진행되지 않아서 매우 초조했다. 설상가상으로 그의 건강이 급격히 악화되었다. 히데요시는 매우 건강한 몸을 갖고 태어났고, 그래서 초인적인 활동을 했지만, 1593년 9월경부터 눈이 갑자기 침침해지고 기침을 하기 시작했다. 1595년 11월 말부터 감기 증상으로 자주 병석에 누웠다. 그것이 중병의 조짐이었다.

하지만 겉으로는 히데요시의 병세가 특별히 깊어진 것 같아 보이지 않았다. 1596년 9월 명나라 사신을 접견하고, 강화가 결렬된 후 다시 조선에 침략군을 파견하는 등 정치와 군사의 일에 매달렸다. 명나라와의 화의 교섭이 결렬되자, 히데요시는 1597년 정월부터 다시 조선침략을 명했다. 2월 20일부터 14만여 명의 일본군이 바다를 건너 조선으로 향했다. 그런 중에 히데요시는 2월 24일 후시미성에서 다회를 열고, 3월 8일에는 다이고지醍醐寺(교토부 후시미구에 있는 진언종 사원)에서 벚꽃놀이를 하며 한가한 시간을 보냈다.

히데요시는 다이고지의 벚꽃을 좋아했다. 1594년 봄부터 때때로 다이고지 경내에 건물을 증축하고, 길을 내고, 교토·오사카 인근에서 벚나무를 경내에 옮겨 심었다. 1598년 3월 15일 히데요시는 일족과 측근들을 거느리고 다이고지에서 벚꽃놀이를 했다. 이날은 히데요시의 정실 기타노만도코로, 요도도노를 비롯한 측실, 아들 히데요리 등 가족이 빠짐없이 참석했다. 수많은 시녀와 측근들이 히데요시 일족을 멀리서 에워쌌고, 히데요시 일족이 꽃구경하는 사방 5킬로미터 주변에 23개소의 초소를 설치하고 각종 무기와 화승총으로 무장한 무사들이 철통같이 경비하며 일반 사람들의 출입을 막았다. 이것이 히데요시의 마지막 외출이 되었다.

CHAPTER 24. 임종과 장의

    1598년 5월 5일 히데요시는 후시미성에서 단오 명절 의식을 거행하고 도쿠가와 이에야스를 비롯한 여러 다이묘를 접견했다. 여러 다이묘가 물러간 후, 히데요시가 측근에게 말했다. "감기 기운이 있다. 한기가 들어 견딜 수 없다." 의원들이 달려와서 히데요시를 진맥하고 탕약을 들였다. 그날 밤 교토에서 명성이 있는 의원들이 달려와 번갈아 진맥했으나 병명을 알 수 없었다. 그날부터 히데요시는 식욕이 없다며 음식을 제대로 넘기지 못했다. 그는 날이 갈수록 쇠약해졌다. 하루는 후시미성 건축 현장을 둘러보았는데, 눈이 침침하고 어지러운 증상이 심하여 곧바로 침실로 돌아와서 자리에 누웠다.

히데요시는 이미 스스로 병을 이겨낼 수 있는 기력을 상실했다. 5월 8일 예정되었던 아리마 온천 요양 계획도 취소했다. 6월 16일 히데요시는 병석에 누워서 여러 다이묘와 측근들을 접견했다. 그때 히데요시는 길게 한숨을 쉬면서 측근 중의 측근 이시다 미쓰나리에게 말했다. "하다못해 내 아들 히데요리가 15살이 될 때까지 살 수 있다면, 그에게 정예 군사를 맡기고, 오늘처럼 다이묘들이 머리를 조아리는 것을 내가 옆에서 쳐다볼 수 있다면 소원을 이뤘다고 할 수 있을 것이다. 그러나 이러한 상태에서는 어찌할 수 없다." 히데요시는 눈물을 흘렸다. 6월 17일 히데요시는 한 측실에게 다음과 같은 편지를 썼다. "15일째 음식이 식도로 넘어가지 않아서 곤란한 지경이다. 어제 기분을 전환하려고 공사장에 나갔더니 병세가 더욱 심해졌다."

히데요시의 육체가 쇠약해지면서 정신이 몽롱해졌다. 때로는 미친 사람처럼 행동하기도 했고, 측근에게 도저히 이해할 수 없는 명령을 내리기도 했다. 어린 히데요리에게 마음에 들지 않는 자를 때려죽이면 발칙한 놈들이 자취를 감춘다고 훈계하기도 했다. 악몽에 시달리는 날이 많았다. 히데요시가 자신의 꿈 이야기를 다른 사람에게 했는지 어떤지 모르지만, 히데요시의 오랜 벗이며, 흉금을 터놓을 수 있는 동료이며, 가장 믿을 수 있는 충신인 마에다 도시이에는 다음과 같은 기록을 남겼다.

7월 초하룻날 밤, 히데요시님의 꿈에 노부나가님이 나타나서 말했다. "어이, 히데요시 이제 때가 되었으니 네놈도 내가 있는 곳으로 오라." 꿈속에서 히데요시님이 말했다. "저는 주군의 원수를 갚은 공이 있는 자이옵니다. 원컨대 잠시 말미를 주십시오." 그랬더니 노부나가님께서 말했다. "아니야, 아니야, 내 자식들에게 네놈이 어떻게 했는지 생각해 보거라. 이제 더 이상 말미를 줄 수 없다. 자 서둘러 내가 있는 곳으로 오거라." 그리고 노부나가는 히데요시를 끌어 잡아당겼다. 그때 놀란 히데요시가 번쩍 눈을 떴는데, 정신을 차려 보니 자던 자리에서 2미터 정도나 되는 곳에 있었다. 이 사실을 안 히데요시의 정실과 측근들의 간이 콩알만 해졌다.

히데요시는 오다 노부나가의 은혜를 가장 많이 입은 사람이었다. 노부나가가 아니었다면 미천하고 가난한 농민의 아들로 태어난 히데요시가 최고 권력자가 될 수 없었을 것이다. 그런데 권력을 장악한 히데요시는 노부나가의 자손들을 죽이고 핍박하고 모독했다. 노부나가의 3남 오다 노부타카를 자결하도록 했고, 마음이 유약하고 순진한 차남 노부가쓰를 한껏 이용한 후 영지를 몰수하고 자신의 시중을 들게 했다. 노부나가의 딸, 조카, 외손녀 등 오다 가문의 딸 여러 명을 첩으로 삼았다. 히데요시는 오다 가문을 멸망시키고 욕보인 장본인이었다. 히데요시의 꿈에 노부나가가 등장한 것은 결코 우연이 아니었다.

히데요시의 병세가 더욱 악화되었다. 정신이 혼미해져서 측근조차 알아보지 못하는 일이 잦아졌다. 이 무렵 우키타 히데이에, 고바야카와 히데아키, 모리 히데모토毛利秀元(1579-1650), 하치스카 이에마사, 토도 다카토라, 와키자카 야스하루 등이 조선에서 돌아와 히데요시에게 인사를 올렸다. 히데요시는 그들에게 자신의 아들 히데요리에게 충성을 맹세하는 서약서를 제출하라고 명령했다. 1598년 7월 7일이었다.

7월 7일 히데요시의 측실 요도도노는 아들 히데요리의 이름으로 조정에 주청하여 가구라神樂 즉, 신에게 제사를 올릴 때 연주하는 무악舞樂을 개최하여 히데요시의 쾌유를 빌었다. 히데요시의 병세가 예사롭지 않다고 판단한 조정은 다이고지의 승려를 초빙하여 예부터 비밀리에 전하는 치유의 주문을 외우도록 했다. 그리고 천황의 특사를 교토 주변의 여러 사원에 보내 히데요시의 쾌유를 비는 기도를 올리도록 했다. 하지만 히데요시는 날이 갈수록 심해지는 고통을 견딜 수 없었다.

히데요시는 병마와 싸우면서도 어린 아들 히데요리의 앞날을 걱정했다. 7월 13일 히데요시는 여러 다이묘에게 최후의 정책을 발표했다. 먼저 히데요시는 五大老 즉, 다섯 명의 중신으로 구성된 합의제, 五奉行 즉, 다섯 명의 전문 관료로 구성된 행정 제도를 확정하고 그들의 직책을 명확히 정했다. 五大老에 도쿠가와 이에야스, 마에다 도시이에, 우키타 히데이에, 모리 데루모토, 고바야카와 다카카게 등을 임명했다. 大老는 히데요시가 신임하는 유력한 다이묘들이었다. 히데요시가 가장 신뢰하는 측근 다섯 명이 부교로 임명되어 정무를 분담했다. 사법에 관한 업무는 아사노 나가마사, 행정은 이시다 미쓰나리, 토목·건설은 마시타 나가모리, 재정·세무는 나쓰카 마사이에, 외교는 마에다 겐이가 담당하도록 했다.

죽음이 임박한 히데요시에게 남은 유일한 불안은 어린 아들 히데요리의 장래였다. 조선을 침략한 수십만의 일본군과 그들의 총칼에 죽어

가고 있는 조선 민중의 안위는 안중에 없었다. 7월 15일 히데요시는 서쪽 지방의 다이묘를 후시미성, 동쪽 지방의 다이묘를 오사카성으로 모이게 한 후 다음과 같은 취지의 유언을 발표했다.

(1) 나의 아들 히데요리는 도쿠가와 이에야스의 손녀를 정혼녀로 정한다.
(2) 마에다 도시이에를 히데요리의 보좌역으로 정한다.
(3) 도쿠가와 히데타다(도쿠가와 이에야스의 아들)는 히데요리의 장인이 될 사람이니 나이가 든 도쿠가와 이에야스에 대신하여 히데요리를 돌보아 주기 바란다.
(3) 마에다 도시나가前田利長(1562-1614 : 마에다 도시이에의 아들)는 나이가 든 마에다 도시이에를 도와 히데요리를 돌보아 주기 바란다.
(4) 우키타 히데이에는 정무를 공정하게 처리하기 바란다.
(5) 우에스기 가게카쓰와 모리 데루모토는 히데요리를 잘 모셔 달라.
(6) 五大老는 어떠한 일이 있더라도 힘을 합하여 히데요리를 소중하게 여겨 보살펴 주기 바란다.
(7) 정무는 도쿠가와 이에야스와 마에다 도시이에가 총괄하도록

한다.

(8) 어떤 일이든지 도쿠가와 이에야스와 마에다 도시이에의 의견을 들어 처리하라.

(9) 도쿠가와 이에야스는 후시미성에 거주하면서 정무를 담당하도록 한다.

(10) 오사카성은 히데요리의 거성이므로, 마에다 도시이에가 그곳에 머물면서 히데요리를 보살피도록 한다.

히데요시는 도쿠가와 이에야스와 그 아들 히데타다, 마에다 도시이에와 그 아들 도시나가, 그리고 우키타 히데이에, 우에스기 가케카쓰 등 五大老, 이시다 미쓰나리를 비롯한 五奉行에게 어린 히데요리의 장래를 부탁했다. 히데요시는 여러 다이묘에게 어린 히데요리에게 충성을 맹세하는 서약서를 마에다 도시이에와 도쿠가와 이에야스에게 제출하도록 했다. 모리 데루모토를 비롯한 여러 다이묘는 도쿠가와 이에야스와 마에다 도시이에에게 히데요시의 분부를 절대로 잊지 않겠다는 취지의 서약서를 제출했다. 서약서에는 혈판이 찍혀 있었다.

8월 5일 죽음이 가까워졌음을 직감한 히데요시는 五大老와 五奉行

에게 혈판을 찍은 서약서를 작성해서 서로 교환하도록 했다. 그 요지는 대략 다음과 같았다. 히데요시에게 충성한 것과 같이 히데요리에게도 충성을 다할 것이며, 법률과 규정을 위반하지 않을 것이며, 사사로운 원한을 품지 않을 것이며, 무리를 지어 싸우지 않을 것이며, 소송은 공정하게 처결할 것이며, 참언하지 않겠다.

같은 날, 히데요시는 五大老·五奉行을 비롯한 측근, 정실, 측실 등에게 유언을 남겼다. 히데요시는 도쿠가와 이에야스와 그의 아들 도쿠가와 히데타다, 마에다 도시이에, 우키타 히데이에, 우에스기 가게카쓰, 모리 데루모토 등에게 재차 어린 아들 히데요리의 장래를 부탁했다. 그리고 측근들에게 이에야스와 도시이에의 지시를 따르라고 명령했다. 특히 마에다 도시이에를 불러 병상에서 일어나 앉아 그의 손을 잡고 몇 번이나 어린 아들 히데요리의 장래를 부탁했다.

1598년 8월 10일경부터 히데요시는 의식을 되돌리지 못했다. 8월 18일 새벽 3시경 히데요시가 후시미성에서 파란만장한 삶을 마감했다. 향년 62세였다. 루이스 프로이스의 『일본사』에 따르면, 히데요시는 생전에 다음과 같이 말했다고 한다. "유체는 화장하지 말고 관에 넣어 오사카성 내의 유원지에 안치하도록 하라." 유언에 따라 히데요시의 유해는 히가시야마의 묘소에 매장되었다.

장례는 극비리에 치러졌다. 『세키가하라시마쓰키関ヶ原始末記』에 따르면, 히데요시는 임종에 즈음하여 다음과 같은 유언을 남겼다고 전한다. "내가 죽으면 그 사실을 깊이 감추고, 그 사이에 아사노 나가마사와 이시다 미쓰나리가 함께 바다를 건너 조선에 있는 군대를 철수시켜라. 조선에 있는 군대가 철수하면 내가 죽었다고 알리고, 여러 다이묘 모두에게 내 유물을 나누어주도록 하라."

히데요시 유물의 분배는 이미 히데요시가 사망하기 전인 7월 15일 마에다 도시이에의 저택에서 이루어졌다. 마에다 도시이에와 그 아들 도시나가, 도쿠가와 이에야스와 그 아들 히데타다, 고바야카와 히데아키, 우키타 히데이에, 모리 데루모토, 우에스기 가게카쓰, 그리고 五奉行에게 각각 금화, 단도, 장도, 다도구, 그림 등이 분배되었다. 히데요시는 조선 침략에 동원되었던 다이묘들에게도 유물을 나누어주라고 유언했다.

히데요시가 사망할 당시, 조선에서는 일본군이 조선군과 명군의 공격을 겨우 막아내며 힘겨운 싸움을 하고 있었다. 히데요시의 사망 소식이 조선에 전해지면 전세가 급격하게 기울 수 있는 상황이었다. 도요토미 정권의 실권자 도쿠가와 이에야스는 히데요시의 죽음을 비밀로 하고, 8월 25일 五奉行을 통해서 조선에 주둔하던 여러 다이묘에게 철수를 명령했다. 일본군이 조선에서 철수한 후에 히데요시의 장례식이 거행되었다는 기록이 없다. 8월 22일 호코지方広寺(교토부 교토시 히가시야마쿠 소재)의 대불전에서 히데요시의 명복을 비는 행사가 있었을 뿐이다.

제2부

도요토미 히데요시 목상 / 大阪城 天守閣 소장

CHAPTER25. 가족과 친족

나카仲는 히데요시의 모친이다. 일설에 따르면, 나카가 미노美濃의 대장장이 딸이라고 하나 정확하지 않다.『太閤素姓記』에는 오와리 아이치군愛知郡(아이치현 나가쿠테시) 고키소무라御器所村에서 출생했다고 기록되어 있고,『明良洪範』에는 아이치군 소네무라曾根村 농민의 딸이라고 기록되어 있다. 처음에 나카는 야에몬과 혼인했다. 야에몬이 사망한 후에 지쿠아미竹阿弥와 재혼했다. 젊은 시절에는 네 아이를 키우며 매우 가난한 생활을 했으나 히데요시가 최고 권력자가 된 후에는 오사카성에서 살면서 편안한 노후를 보냈다. 1585년 7월 히데요시가 관백에 취임한 후 조정은 나카에게 오만도코로大政所라는 존호를 내렸다. 1592년 7월 22일 사망했다.

도모智는 히데요시의 누나이다. 1534년 오와리(아이치현 아이치군) 나카무라 마을에서 태어났다. 미요시 요시후사三好吉房(?-1600)와 혼인해서 히데쓰구秀次・히데카쓰秀勝・히데야스秀保를 두었다. 3형제는 훗날 모두 히데요시의 양자가 되었다. 히데요시가 최고 권력자가 된 후, 도모는 1596년 정월에 법화종에 귀의하여 즈이료인닛슈瑞龍院日秀라는 법명으로 불렸고 즈이료지瑞龍寺를 건립했다. 1625년 4월에 91세를 일기로 세상을 떠났다.

도요토미 히데나가豊臣秀長(1540-91)는 히데요시의 남동생이다. 1540년 3월에 태어났고, 어렸을 때 고타케小竹 또는 쇼이치로小一郎라고 불렸다. 지쿠아미竹阿弥의 아들이라고 알려졌다. 형 히데요시를 따라 전쟁터를 전전하면서 무공을 세웠다. 특히 하리마播磨 지역을 공략할 때 큰 공을 세워 1580년 다지마但馬 이즈시성出石城(효고현 도요오카시 이즈시초) 성주가 되었다. 노부나가가 사망한 후, 히데요시를 도와 큰 공을 세우고 기이紀伊・이즈미和泉 지방 64만 석의 다이묘가 되었다. 그의 본성은 오카야마성岡山城(오카야마현 오카야마시 기타쿠)이었다. 1585년 4월에는 히데요시 대신에 대군을 거느리고 시코쿠를 정벌했고, 1587년 2월 히데요시가 규슈를 정벌할 때 선봉장으로 출진하는 등 히데요시 권력 강화에 앞장섰다. 1590년 정월에 병석에 누웠고 1591년 정월에 52세의 일기로 사망했다. 성격이 다정하고 인품이 온후해서 비정한 히데요시의 약점을 보완하는 역할을 했다.

아사히히메旭姬는 히데요시의 여동생이다. 처음에 오와리 지역의 무사와 혼인했으나 1586년 5월 히데요시의 뜻에 따라 도쿠가와 이에야스와 재혼했다. 전형적인 정략결혼이었다. 당시 아시히히메는 42세였다. 그녀는 이에야스의 3남으로 훗날 에도 막부의 2대 쇼군이 되는 도쿠가와 히데타다德川秀忠와 모자의 인연을 맺는 의식을 거행한 후 스루가駿河의 후추府中(도쿄도 후추시)에 저택을 마련하고 그곳에서 살았다. 1590년 정월 48세를 일기로 세상을 떠났다.

오네お禰는 히데요시의 정실이다. 1548년 스기하라 사다토시杉原定利(?-1593)의 차녀로 태어났다. 1561년 8월 14세 때 히데요시와 혼인했다. 그녀는 온후하고 사려가 깊은 여자였지만 남자보다 결단력이 있는 여성이었다. 히데요시가 일본 최고의 권력자가 된 후에도 솔직하고

겸손한 태도로 다이묘들의 인망을 얻었고, 비정한 히데요시도 항상 현명한 그녀의 말에 귀를 기울였다고 전한다. 히데요시가 관백에 취임한 후, 조정은 오네에게 기타노만토코로北政所라는 존호를 내렸다. 히데요시가 사망한 후, 히데요리秀賴 모자가 오사카성으로 들어가자 오네는 교토의 산본키三本木로 거처를 옮겼다. 1605년에 교토의 히가시야마東山에 고다이지高台寺(교토시 히가시야마쿠 소재)를 건립하고 히데요시의 명복을 빌었다. 그녀는 세키가하라關ヶ原 전투와 오사카의 전투를 거치며 도요토미 가문이 멸망하고 도쿠가와 가문이 흥륭하는 과정을 묵묵히 지켜보며 만년을 보냈다. 1624년 9월 77세를 일기로 세상을 떠났다.

요도도노淀殿는 히데요시가 가장 총애한 측실이었다. 1567년 아자이 나가마사淺井長政와 오이치お市의 장녀로 태어났다. 오이치는 오다 노부나가의 여동생이었다. 1573년 오다 노부나가가 아자이 나가마사의 거성을 공략할 때 모친 오이치와 함께 탈출했고, 1583년 4월 시즈가타케賤ヶ岳의 전투 때 히데요시에게 포로로 잡혔다. 요도도노는 몇 년 후 히데요시의 측실이 되었다. 1589년 3월 개축한 요도성淀城(교토시 후시미쿠 노조 소재)에서 살았다. 그때부터 요도도노라고 불렸다. 같은 해 5월 장남 쓰루마쓰를 낳았으나 곧 죽고, 1593년 27세 때 차남 히데요리를 낳았다. 히데요시의 총애를 받은 요도도노는 정실 기타노만도

코로를 능가하는 권세를 누렸다. 히데요시가 사망한 후 히데요리와 함께 오사카성으로 들어가 살며 히데요시의 은혜를 입은 다이묘들 위에 군림했다. 1600년 세키가하라 전투에서 승리한 도쿠가와 이에야스가 권력을 장악하자, 요도도노는 이에야스와 맞서는 자세를 취했고, 그런 태도가 도요토미 가문의 멸망을 재촉하게 되었다. 이에야스는 1614년 겨울과 다음 해 여름에 오사카성을 공략했고, 견디지 못한 요도도노와 히데요리는 1615년 5월 8일 함께 자결했다.

히데요시는 마쓰노마루도노松の丸殿라는 측실도 총애했다. 그녀의 거소가 후시미성의 마쓰노마루에 있어서 마쓰노마루도노라고 불렸다. 그녀의 부친은 교고쿠 다카요시京極高吉(1504-81), 모친은 아자이 나가마사의 여동생이었다. 요도도노와 고종사촌 사이인 셈이다. 처음에 와카사若狹의 호족 다케다 모토아키武田元明(1552-82)와 혼인했으나 1582년 7월 아케치 미쓰히데의 편에 섰던 모토아키가 전사한 후 히데요시의 측실이 되었다. 그녀는 인물이 출중해서 히데요시가 요도도노 다음으로 총애했다. 히데요시는 1590년 3월 오다와라 정벌 때, 1592년 3월 규슈의 나고야성으로 갈 때 등 교토에서 멀리 갈 때 항상 마쓰노마루도노를 데리고 갔다. 1643년 9월에 죽었다.

가가도노加賀殿도 히데요시가 총애했던 측실이었다. 그녀는 히데요시의 절친한 친구이자 동료인 마에다 도시이에의 셋째 딸로 이름은 마아摩阿였다. 1572년에 태어나 1582년 11세 때 시비티 가쓰이에의 가신과 혼약했다. 하지만 혼약자가 전사한 후, 1585년 윤8월에 히데요시가 마아히메를 교토로 데려왔고, 18세가 되던 1590년경에 그녀를 측실로 삼았다. 교토의 주라쿠테이에 거주할 때부터 가가도노라고 불렸다. 가가도노의 측실 서열은 4위였으나 그녀는 건강이 좋지 않았다. 1598년 3월에 히데요시의 허락을 받고 귀족 마데노코지 아쓰후사万里小路充房(1562-1626)와 혼인해서 아들 하나를 두었다. 하지만 곧 아쓰후사와 이혼하고 가가의 친정으로 돌아가 1605년 10월 34세를 일기로 세상을 떠났다.

그 밖에도 히데요시는 많은 측실을 두었다. 항간에서는 히데요시가 전국의 유력한 다이묘의 딸들을 측실로 들였다고 소문이 나 있었다. 선교사 루이스 프로이스도 그의 저서 『일본사』에서 다음과 같이 기록했다. "소문에 따르면, 히데요시는 오사카성 내에만 일본 전국의 다이묘와 귀족의 딸을 300여 명이나 측실로 거느리고 있다." 그러나 『다테케세신카후伊達家世臣家譜』에 따르면, 히데요시가 정식으로 거느린 측실은 16명이었던 것 같다. 그중에서 이름이 알려진 측실은 11명이었는데,

위의 3명 이외에 산노마루도노三の丸殿, 산조도노三条殿, 히메지도노姬路殿, 가이도노甲斐殿, 오타네お種, 미나미도노南殿, 히로사와노쓰보네広沢局 등이 있었다. 산노마루도노는 오다 노부나가의 5녀, 산조도노는 가모우지사토蒲生氏郷의 여동생, 히메지도노는 오다 노부나가의 동생 오다 노부카네織田信包의 딸, 오타네와 히로사와노쓰보네는 일반 무사의 딸이었다. 미나미도노의 출신과 신분은 알려져 있지 않다.

1589년 5월 히데요시의 장남 쓰루마쓰鶴松가 태어났다. 당시 히데요시는 53세, 모친 요도도노는 22세였다. 그러나 쓰루마쓰는 병약했다. 1591년 8월 5일 전국의 유명한 신사와 사원에서 기도를 올렸다. 하지만 쓰루마쓰는 겨우 3살 때 죽었다. 낙담한 히데요시는 그 해 11월 생질 미요시 히데쓰구를 양자로 들이고 관백의 지위도 물려주었다.

1593년 8월 2일 히데요시가 총애하는 측실 요도도노가 오사카성에서 차남 히데요리秀頼를 낳았다. 1594년 12월 히데요리 모자는 히데요시가 새로 건설한 후시미성으로 거처를 옮겼다. 히데요리가 건강하게 성장하자, 히데요시는 양자로 들인 히데쓰구를 대하는 태도가 점점 차가워졌다. 이윽고 히데요시는 히데쓰구와 그의 가족 30여 명을 잔혹하게 죽여서 히데요리를 후사로 삼겠다는 뜻을 분명히 했다. 그러자 여러 다이묘가 히데요리에게 충성을 맹세하는 서약서를 제출했다. 1599년 정월 히데요시의 유언에 따라 히데요리 모자가 오사카성으로 거처를 옮겼다. 하지만 1600년 9월 세키가하라 전투에서 승리한 이에야스가 실권을 장악하면서 히데요리는 일개 다이묘로 전락했다. 이에야스는 1614년 겨울과 다음 해 여름 두 번에 걸쳐 오사카성을 공격했고, 견디지 못한 히데요리 모자가 자결하면서 도요토미 가문이 멸망했다.

도요토미 히데요리와 측실 사이에 1남 1녀가 태어났다. 도쿠가와 이에야스가 오사카성을 함락한 후, 도요토미 가문의 가신들이 히데요리의 8살 난 아들 구니마쓰国松를 가와치河内의 히라카타枚方(오사카부大阪府 히라카타시)로 피신시켰으나, 곧 이에야스가 보낸 추격대에 의해 체포되어 교토의 로쿠조가와라六条河原에서 참살되었다. 히데요리의 딸은 가마쿠라鎌倉에 있는 도케이지東慶寺(가나가와현 가마쿠라시 소재)의 비구니가 되어 목숨을 부지했다.

히데요시는 여러 명의 양자를 들였다. 1585년 히데요시는 정실 기타노만도코로의 오빠 기노시타 이에사다木下家定(1543-1608)의 5남을 양자로 들여 히데토시秀俊라고 개명했다. 당시 히데토시는 3살이었다. 히데요시의 신임이 두터웠던 히데토시는 임진왜란 때 규슈의 나고야에 주둔하면서 예비군을 거느렸다. 히데토시는 1594년에 고바야카와 다카카게의 양자가 되었는데, 1597년 6월 양부 다카카게가 사망하자 고바야카와 가문의 대를 이으면서 고바야카와 히데아키小早川秀秋(1582-1602)로 개명했다. 정유재란 때 침략군 총사령관이 되었다. 1600년 9월 세키가하라 전투 때 서군 편에서 싸우다가 갑자기 아군인 서군의 선봉 오타니 요시쓰쿠大谷吉継 진영을 뒤에서 공격했다. 적군(동군)인 도쿠가와 이에야스가 승리하는 데 결정적인 역할을 했다. 이에야스는 히데아키에게 50만 석의 영지를 수여했다. 그 후 히데아키는 매일 밤 악몽에 시달리다가 미쳐서 죽었다고 전해진다. 향년 21세였다. 그가 요절하면서 고바야카와 가문이 단절되었다.

1577년경 히데요시는 오다 노부나가의 4남 히데카쓰秀勝(1569-86)를 양자로 들였다. 당시 히데요시는 자신은 자식이 없으니 영지와 재산을 히데카쓰에게 상속하겠다고 서약하고 노부나가의 허락을 얻었다. 1582년 3월 히데카쓰가 15살이 되었을 때 히데요시를 따라 주고쿠中國 지방 공략에 참전해 전공을 세웠다. 1582년 6월 혼노지의 변으로 노부나가가 죽은 후, 히데요시는 히데카쓰를 정략적으로 이용했다. 히데요시는 야마자키 전투에서 히데카쓰를 앞세워 다른 오다씨 일족이 자신의 휘하에 편입되도록 했고, 시바타 가쓰이에와 대립했을 때, 히데요시는 양자 히데카쓰를 인질로 보내 가쓰이에를 안심시켰다. 1582년 10월 5일 교토의 다이토쿠지大德寺에서 노부나가의 장례식을 거행할 때, 당시 노부나가의 차남 노부카쓰와 3남 노부타카를 비롯해 시바타 가쓰이에, 다키가와 가즈마스滝川一益 등의 중신들이 장례식에 소극적인 태도를 취하자, 히데요시는 히데카쓰를 상주로 내세우고 자신이 장례식을 주재했다. 1583년 4월 히데요시는 시즈가타케 전투, 1584년 4월 고마키·나가쿠데 전투에도 참전시켜 오다씨 일족을 견제하는 도구로 이용했다. 그해 12월 히데카쓰가 18세의 나이로 급사한 것으로 되어 있다.

히데요시는 자신의 누이 도모의 아들도 양자로 들였다. 도요토미 히데쓰구였다. 히데쓰구는 히데요시의 명령으로 여러 전투에 참가하면서 전공을 쌓았다. 히데요시가 관백에 취임한 후 하시바씨羽柴氏를 성으로 사용했고, 1590년 오다와라 정벌 때 전공을 세워서 오와리와 이세 북부 일대에 100만 석을 보유하는 다이묘가 되었다. 1591년 8월 히데요시 장남 쓰루마쓰가 어린 나이에 죽자, 히데요시는 히데쓰구에게 관백의 지위를 물려주었다. 그러나 1593년 8월 히데요시의 차남 히데요리가 태어나면서 상황이 급변했다. 히데요시는 히데쓰구에게 자결을 명하고 그 가족 30여 명을 몰살했다.

우키타 히데이에宇喜多秀家(1573-1655)도 히데요시의 양자였다. 히데이에는 1573년 우키타 나오이에의 차남으로 태어났는데, 9세 때 나오이에가 사망한 후 히데요시에 의해 양육되었다. 히데요시는 자신이 양녀로 들인 마에다 도시이에의 딸과 히데이에를 혼인시켰다. 히데이에는 히데요시를 따라 여러 전투에 참가해서 공을 세웠고, 임진왜란 때 일본군 총대장이 되었다. 정유재란 때 다시 바다를 건넜으나 1598년 5월 히데요시의 병세가 악화되자 일본으로 돌아와 五大老의 한 사람이 되었다. 히데요시가 죽은 후 도쿠가와 이에야스, 마에다 도시이에 등과 함께 도요토미 정권의 정무에 관여했다. 1600년 세키가하라 전투 때 이시다 미쓰나리의 추대로 서군의 총대장이 되어 도쿠가와 이에야스와 맞섰으나 동군에게 대패한 후 사쓰마薩摩로 달아나 시마즈 요시히로의 보호를 받았다. 1611년 하지조지마八丈島로 유배되어 1655년 11월 83세를 일기로 사망했다.

  히데요시는 도쿠가와 이에야스의 차남 유키 히데야스結城秀康(1574-1607)도 양자로 들였다. 히데야스는 이에야스의 측실 소생으로 고마키·나가쿠데 전투 후 이에야스가 히데요시에게 인질로 보냈는데, 히데요시가 그를 양자로 삼은 것이다. 1590년 관동 지방의 명문가 유키 하루토모結城晴朝(1534-1614)의 양자가 되어 가문을 상속했다. 세키가하라 전투 때 동군 편에서 전공을 세워 에치젠越前·시나노信濃 지방 67만 석을 영유하는 다이묘가 되었다. 이때부터 다시 마쓰다이라씨松 平氏를 칭했다. 1607년 4월 34세를 일기로 생을 마감했다.

CHAPTER26. 인물과 성격

『호안타이코키甫庵太閤記』에는 히데요시의 출생과 유소년 시절의 일화가 비교적 상세하게 기록되어 있다. 어떤 이는 히데요시의 부친이 오다 노부나가의 부친 노부히데를 섬기던 무사였다고 말하고, 어떤 이는 히데요시가 사생아이기 때문에 부친의 이름이 누구인지 알 수 없다고 말했는데, 『甫庵太閤記』에는 히데요시의 부친이 지쿠아미筑阿弥라고 기록되어 있다. 모친이 태양이 몸속으로 들어오는 꿈을 꾸고 히데요시를 잉태했고, 그래서 그가 어린 시절에 히요시마루日吉丸라고 불렸다고 한다.

히데요시가 8세가 되었을 때, 한 때 光明寺라는 절에 맡겨진 적이 있었다. 그러나 어린 히데요시는 불경 공부에는 관심이 없었고 다른 것에 관심을 기울이고 있었다. 특히 무용담을 좋아했다. 그래서 절에서는 히데요시를 본가로 돌려보내려고 했다. 이 사실을 안 어린 히데요시는 부친에게 혼날 것이 두려웠다. 히데요시는 자기를 돌려보내자고 말한 승려를 한 사람도 남기지 않고 때려죽이고 절을 모두 불태우겠다고 협박했다. 승려들은 히데요시에게 새 옷과 선물을 사주고 잘 달래서 겨우 집으로 돌려보낼 수 있었다.

우여곡절 끝에 히데요시가 집으로 돌아왔지만, 찢어지게 가난한 일상이 그를 기다리고 있었다. 히데요시는 모친을 끔찍하게 여기는 효자였다. 모친의 부담을 덜어줘야겠다고 생각한 히데요시는 열 살 경에 가출했다. 그는 다른 집의 머슴 생활을 하거나 문전걸식하며 오와리 지역과 접해 있는 여러 지역을 떠돌았다. 한곳에서 오래 머물지 않았다.

세월이 흘러 히데요시가 스무 살 경에 도토우미의 마쓰시타 유키쓰나라는 무사를 섬기게 되었다. 어느 날 유키쓰나가 히데요시에게 물었다. "오다 노부나가의 가신들은 어떤 갑옷을 입는가." 히데요시가 대답했다. "오와리에서는 다른 다이묘 가문에서 사용하는 갑옷이 아니라, 도마루胴丸라고 하여 겨드랑이 쪽에 매듭이 있는 신축성이 뛰어난 갑옷을 입고 있습니다." 그러자 유키쓰나는 히데요시에게 금화 5~6매를 주면서 갑옷과 투구를 사오라고 했다.

거금을 손에 쥔 히데요시는 욕심이 생겼다. "이 돈을 내가 입신출세하기 위해 사용하고, 출세하여 부모와 친족을 부양해야 하겠다. 그런 다음에 훗날 기회가 있으면 이 돈을 유키쓰나에게 되돌려 주면 될 것이다." 히데요시는 마쓰시타 유키쓰나가 준 돈을 갖고 도망하여 고향 오와리로 돌아왔다. 히데요시는 숙부에게 누구를 섬기는 것이 좋으냐고 물었다. 숙부가 말했다. "훌륭한 무사가 되려는 자는 걸출한 무장을 섬기지 않으면 그 뜻을 펼 수 없다. 오다 노부나가는 거칠다고 알려져 있으나 정말로 현명하고 걸출한 무장이다." 숙부의 말을 들은 히데요시는 크고 작은 도검과 옷을 사놓고 노부나가에게 접근할 기회를 엿보았다.

『부코야와武功夜話』에 따르면, 청년 히데요시가 아직 오다 노부나가의 종자로 취직하기 전에 마에노 나가야스前野長康(1528-95)의 저택에 자주 드나들었다. 당시 히데요시는 다른 사람보다 키가 작고 몸집이 왜소했을 뿐만이 아니라 원숭이와 닮은 얼굴을 하고 있었다. 히데요시는 매우 명랑하고 음담패설을 잘하는 이야기꾼이어서 뭇사람들이 그를 좋아했다. 그 무렵 히데요시와 함께 마에노 가문에 손님으로 드나들던 사람 중에 하치스카 고로쿠蜂須賀小六가 있었다.

❖ 『武功夜話』

『武功夜話』는 마에노前野 가문에 전해져 내려오는 고문서이다. 마에노 가문의 선조 마에노 나가야스가 남긴 기록이다. 나가야스는 원래 오다 노부나가를 섬겼으나 훗날 히데요시의 가신이 된 다이묘였다. 임진왜란 때는 2000여 명의 군사를 거느리고 침략군 2군단에 편성되어 조선으로 건너가 싸웠다. 히데요시는 그에게 11만 석의 영지를 주었다. 그러나 나가야스는 1595년 관백 도요토미 히데쓰구 사건에 휘말려 자결했다. 그가 남긴 『武功夜話』는 위서

> 일 가능성이 있다는 주장도 있다. 그래서 역사 연구자가 이용할 수
> 있는 사료적 가치는 결코 높다고 할 수는 없다. 그러나 『武功夜話』
> 에는 다른 사료에서 찾아볼 수 없는 청년 시절 히데요시와 관련된
> 일화가 매우 구체적으로 소개되어 있다. 다시 말하자면, 비록 『武
> 功夜話』의 저자가 창작한 부분이 포함되어 있다고 하더라도 논리
> 성과 일관성을 갖춘 글이라고 평가할 수 있다. 필자는 1550년대
> 중엽의 일본사회와 히데요시의 성격의 일단을 엿볼 수 있는 자료
> 로 활용할 가치가 있다고 생각하고 있다.

하치스카 고로쿠의 정식 이름은 하치스카 마사카쓰蜂須賀正勝(1526-86)였다. 오다 노부나가는 부친 오다 노부히데織田信秀(1511-52)의 미움을 사서 이곳저곳을 떠돌아다니고 있었다. 그는 가끔 이코마 이에나가生駒家長(?-1607)의 집에 머물렀다. 이에나가의 딸이 고로쿠의 형수였다. 그래서 고로쿠는 자유롭게 이코마 가문에 출입할 수 있었다. 그런데 당시 이코마 가문의 별채에 이에나가의 누나 기쓰노吉乃가 살고 있

었다. 그녀는 오다 노부나가의 아내였다.

　당시 일본에는 가요이혼通い婚 즉, 남성이 가끔 여성의 집을 드나들며 생활하는 혼인 풍속이 일반적이었다. 기쓰노는 일찍 혼인했으나 남편이 전사해서 친정으로 돌아와 살고 있었는데, 노부나가가 기쓰노를 보고 첫눈에 반해서 부부관계를 맺었다. 그 후 노부나가는 이따금 이코마 저택을 드나들게 되었다. 당시 노부나가는 다른 여성의 집에도 드나들고 있었으나 기쓰노를 가장 사랑했다. 둘 사이에는 이미 두 아들 노부타타信忠와 노부카쓰信雄를 두고 있었다.

　하치스카 고로쿠는 히데요시를 눈여겨 봐두었다가 기쓰노에게 그의 이야기를 했다. 기쓰노는 노부나가가 찾아와 머물 때 아주 재미있는 사람이 있다고 하면서 히데요시를 소개했다. 이런 인연으로 노부나가와 히데요시가 처음으로 대면하게 되었다. 히데요시는 노부나가 면전에서 음담패설을 늘어놓았다. 노부나가는 웃으면서 히데요시의 이야기를 들었다. 노부나가가 기분이 좋아졌다고 판단한 히데요시는 넙죽 엎드려 큰 소리로 말했다. "저를 종자로 써 주십시오." 그러나 노부나가는 아무 대답을 하지 않았다. 그 후 기쓰노가 노부나가에게 다시 히데요시를 천거했고, 노부나가는 히데요시를 종자로 삼았다.

히데요시와 관련된 일화 중에 종자 시절의 이야기가 가장 많다. 히데요시가 관리하는 말이 살져서 윤기가 흘렀다는 이야기, 어느 추운 날 밤 히데요시가 주군 노부나가의 신발을 가슴에 품어 온기가 가시지 않게 했다는 이야기 등이 전설처럼 전해진다. 이런 이야기도 전한다. 어느 날 불이 나서 노부나가가 황급히 출동하기 위해 소리쳤다. "거기 아무도 없느냐?" 그때 히데요시가 말을 끌고 나타나 큰 소리로 대답했다. "소인 도키치로 여기 있습니다." 모두 히데요시가 얼마나 성실하고, 충성스럽고, 빈틈이 없는 종자였는지 보여주는 일화들이다. 물론 이러한 일화를 사실이라고 단정하기 어렵다. 하지만 그것을 사실로 받아들이는 일본인들이 많다.

노부나가는 1562년경부터 미노 지역을 지배하고 있던 사이토 가문을 공략하기 시작했지만 성공하지 못했다. 노부나가는 기소가와木曽川 건너편에 교두보를 확보하지 않고서는 미노 공략이 어렵다는 것을 알았다. 1566년 8월 노부나가는 히데요시에게 기소가와 건너편 사이토 가문이 지배하는 지역에 요새를 구축하는 책임을 맡겼다. 히데요시는 기소가와 연변의 농민들과 하치스카 고로쿠를 비롯한 토착 무사들을 동원하여 40여 일만에 스노마타성墨俣城(기후현 오타니시 스노마타초)을 축조했다. 노부나가는 스노마타성을 거점으로 사이토 가문의 본거지 이나바야마성稲葉山城(기후현 기후시 긴카잔)을 점령했다. 이 무렵부터 히데요시라는 이름이 세상에 알려지게 되었다.

『甫庵太閤記』는 히데요시가 얼마나 혁혁한 전공을 세웠는지, 얼마나 지혜롭게 다른 사람의 마음을 감동시켰는지 상세하게 기록하고 있다. 당시 히데요시를 보좌했던 하치스카 고로쿠는 히데요시를 오다 노부나가에게 천거한 장본인이기도 했다. 하치스카 고로쿠는 훗날 다음과 같이 술회했다. 히데요시에게는 어떠한 일이든 빠르고 빈틈없이 처리하는 능력이 있었고, 부하들이 스스로 열심히 일하게 하는 남다른 지도력이 있었다. 부하들은 언제나 히데요시의 명령을 믿고 따랐다. 고로쿠는 히데요시가 장차 큰 인물이 될 것이라고 확신했다. 그는 스스로 히데요시의 가신이 되어 평생 두 마음을 품은 적이 없었다.

히데요시의 인물과 행동을 기록한 귀중한 사료로『미노카가미身自鏡』가 있다. 이 책은 서부 일본의 다이묘 모리 모토나리의 가신 다마키 요시야스玉木吉保(1552-1633)가 집필한 자서전이다. 1580년 다마키가 이세 신궁에 참배하러 가던 중 히데요시의 거성이 있던 히메지姬路(효고현 히메지시 혼초)에 머물렀는데, 그때 마침 출진하는 히데요시를 가까이에서 볼 수 있는 기회가 있었다. 그는 히데요시의 모습과 행동을 다음과 같이 묘사했다. "하시바 히데요시를 처음 보았다. 그는 매우 날렵하게 말을 타고 있었다. 빨간 턱수염에 원숭이와 같은 눈을 가지고 있었다. 으스대는 모습으로 출진했다." 원숭이를 닮은 히데요시가 경쾌하게 말을 몰고 있는 모습이 잘 표현되어 있다.

서양의 선교사가 일본으로 들어와 전교 활동하기 시작한 것은 오다 노부나가 시대였다. 노부나가의 후계자를 자처했던 히데요시도 선교사와 스스럼없이 접촉했다. 선교사 루이스 프로이스Luis Frois는 히데요시의 외모와 성격을 다음과 같이 표현했다. "그는 키가 작고 추악한 용모를 지녔다. 한 손은 손가락이 여섯 개였다. 눈은 튀어나왔고 중국인처럼 턱수염이 적었다. 아들이나 딸을 두지 못했지만, 그는 빈틈없는 책략가였다. 그는 본심을 드러내지 않고 상대를 기만하는 데 능수능란했다. 나쁜 꾀가 많고 남을 잘 속이는 것을 자랑으로 여겼다."

루이스 프로이스는 1563년 일본에 들어와서 1597년 나가사키에서 사망할 때까지 선교사로 활동하면서 오다 노부나가와 도요토미 히데요시를 직접 대면했고, 그가 보고 듣고 느낀 점을 상세하게 기록하여 유럽의 예수회 본부로 보냈다. 루이스 프로이스가 남긴 기록을 훗날 선교사들이 정리한 책이 『일본사』이다. 루이스 프로이스는 일본에서 처음으로 선교사를 추방하고 크리스트교 신자를 탄압한 도요토미 히데요시에 대한 감정이 좋았을 리 없었을 것이다.

프로이스의 히데요시 관련 기록에 악감정이 배어있다는 것을 부정하기 어렵다. 그럼에도 불구하고 프로이스는 히데요시를 '빈틈없는 책략가'로 기록하지 않을 수 없었다. 히데요시가 '본심을 드러내지 않고' '기만하는 데 능수능란'한 것 또한 '빈틈없는 책략가'의 가장 중요한 덕목이라고 할 수 있다. 히데요시는 주로 머리를 써서 사람의 마음을 움직이고, 비용을 절약하고, 적진에 침투해서 정보를 수집하고, 상대방의 분열을 조장하고, 첩자를 잘 활용하면서 오다 군단의 장수로 성장했다. 용장이라기보다는 지장이었다. 당시 무사사회에서 지장 히데요시의 능력과 인간적인 매력에 대한 이야기가 넘쳐났다.

1597년 9월 23일 전라도 영광군 앞바다에서 포로로 잡혀 일본으로 끌려간 사람 중에 성리학자 강항姜沆(1567-1618)이 있었다. 그는 2년 8개월 동안 억류되었다가 1600년 4월에 귀국했다. 그가 일본에 머무는 동안 일본의 지식인과 교류하며 주자학을 전했고, 귀국 후에는 일본에서 견문한 지리, 풍토, 군사 등에 관한 일을 기록한 『간양록』이라는 저서를 남겼다. 거기에 히데요시의 인물과 성격에 관한 기록이 있다. 강항은 히데요시를 일관되게 '적의 수괴'라고 지칭했지만, 보고 들은 것을 왜곡하거나 감정에 치우쳐 기술하지 않았다.

강항은 히데요시의 외모에 대해서 다음과 같이 기록했다. "그는 얼굴이 못생기고, 키가 작고, 생김새가 원숭이 같았다. 그래서 어렸을 때 별명이 원숭이였다고 한다. 그는 태어날 때부터 오른 손의 손가락이 여섯 개였다. 그가 자라서 보니 남들은 다 손가락이 다섯 개인데 (나만) 여섯 개가 있어서 무엇에 쓸 것인가 하고 칼로 손가락 하나를 잘라버렸다." 강항의 진술은 선교사 루이스 프로이스의 그것과 크게 다르지 않았다.

강항의 기록에 따르면, 히데요시는 매우 보잘 것 없는 외모의 소유자였지만, 그는 매우 대담하고 인간미 넘치는 인물이었다. 1578년 3월 히데요시가 벳쇼 나가하루別所長治가 지키는 미키성三木城을 공략할 때의 일화이다. 오다 노부나가는 히데요시에게 벳쇼 나가하루를 죽이라고 명령했다. 하지만 히데요시는 나가하루를 회유하도록 해 달라고 주청했다. 노부나가의 허락을 얻은 히데요시는 겨우 백여 명의 부하를 거느리고 적진으로 가서 부하들을 성 밖에 남겨두고 혼자 성안으로 들어가려고 했다. 부하들이 울면서 말했다. "성안에는 어떠한 모략이 있는

지 알지 못합니다. 생사를 같이 할 수 있도록 허락해 주십시오." 그러자 히데요시가 웃으면서 말했다. "만약 무력이 목적이라면 여기에 백여 명을 남기는 것 자체가 굶주린 호랑이 무리 속에 너희들을 던지는 것과 같지 않은가. 나의 목적은 무력으로 승부를 가리는 것이 아니다. 그래서 나 혼자 성 안으로 들어가려고 하는 것이다. 아무 걱정도 하지 않는다."

히데요시는 무기를 버리고 상인으로 변장하여 미키성으로 들어갔다. 히데요시는 벳쇼 나가하루를 만나서 손을 잡고 말했다. "노부나가 공께서 당신을 성의를 다하여 대하는데, 당신은 왜 괴롭게 저항하는가. 지금은 무기를 버리고 항복하는 것이 가장 좋은 방책일 것이다. 그렇게 한다면 반드시 내가 그대의 신상을 보장해 주겠다." 나가하루가 말했다. "노부나가에 대한 깊은 원한을 그렇게 간단히 없던 것으로 할 수 없다." 나가하루의 부하가 히데요시를 죽여야 한다고 진언했다. 나가하루는 다음과 같이 말했다. "히데요시는 나를 위해서 왔지 않은가." 벳쇼 나가하루는 부하들의 만류를 뿌리치고, 직접 히데요시를 호송하여 성문 밖으로 내보냈다.

히데요시는 당당하고 자신감에 넘치는 인물이었다. 조선에서 통신사가 일본에 도착하자 히데요시는 승려와 학자를 시켜서 답신을 쓰게 했다. 그때 반드시 일본군의 동향을 명확하게 기록할 것을 명령했다. 어떤 부하가 당분간은 외교적인 사실만 기술하고 불시에 출병하는 것이 좋다고 진언하자 히데요시가 말했다. "그것은 다른 사람이 자는데 목을 베는 것과 같은 짓이다. 오히려 이쪽의 동정을 그대로 보여주고 상대방이 대책을 세우게 한 다음 승부를 내는 것이 좋다."

히데요시는 배포가 큰 인물이었다. 허선후許宣後라는 명나라 사람이 규슈의 사쓰마薩摩 지방에 표착하여 약국을 경영하고 있었다. 그는 일본 국내의 비밀을 상세하게 조사하여 본국에 통보했다. 허선후의 이웃에 사는 명나라 사람이 그 밀서를 훔쳐서 아사노 나가마사에게 밀고했다. 허선후가 체포되어 히데요시 앞에 끌려왔다. 히데요시가 말했다. "이 자는 명나라 사람이다. 명나라를 위해서 일본의 비밀을 보고하는 것이 무엇이 나쁘단 말인가. 설령 명나라가 그 정보를 참고하여 대책을 수립한다고 해도 결코 나쁜 일이 아니다. 예부터 제왕은 하층 서민 속에서 나왔다. 설령 명나라 사람이 나의 출신성분이 비천하다는 것을 알아도 좋지 않은가." 히데요시는 허선후를 석방하라고 명령했다. 그리고 밀고한 명나라 사람을 불러 크게 꾸짖었다. "네놈은 명나라 사람이면서 동포를 고발했다. 네놈의 죄가 크다."

히데요시는 무사사회에서 매우 특이한 존재였다. 비천한 농민 출신이 오다 군단의 사령관으로 출세했다는 사실만으로도 세상 사람들의 화젯거리가 될 만했다. 히데요시의 얼굴이 원숭이를 닮았다는 것도 화젯거리였다. 얼굴이 특이하다는 것은 인상적이라는 말과 같다. 그것은 추악한 것이 아니라 오히려 웃음을 짓게 하는 장점이 될 수 있다. 히데요시의 원숭이상은 세상 사람들이 그를 친근하게 여기는 매력으로 작용했을 것이다. 그래서인지 히데요시는 때때로 자기 얼굴이 못생겼다고 너스레를 떨어서 주변 사람들의 마음을 녹였다. 히데요시는 일찍부터 명랑한 모습을 연출하는 것이 매우 현명한 삶의 방식이라는 것을 알고 있었던 것 같다.

그런데 히데요시의 원래 성격은 조금도 명랑하고 익살스럽지 않았다. 신경질적이고 음험하고 내향적이며 고독했다. 게다가 히데요시는 어려서부터 남모르게 열등감을 가슴에 품고 있었다. 가난하고 비천한 가문에서 태어났고, 친아버지가 누구인지도 모르는 사생아였고, 어릴 때부터 양아버지와 서먹하게 지내야 했다. 게다가 히데요시는 너무 가난하여 글을 배우지 못한 일자무식이었다. 거기에서 오는 열등감을 애써 지어낸 명랑함으로 포장하면서 살았다. 오다 노부나가를 섬기면서 보통 사람이라면 부끄러워서 엄두도 내지 못할 아부를 아무 거리낌 없이 했다. 하지만 히데요시는 평소에 노부나가에게 받은 수모를 결코 잊지 않았다.

히데요시의 가슴속에는 오다 노부나가를 극복하겠다는 야망이 불타고 있었다. 그의 야망 속에는 열등의식이 이글거리고 있었다. 그런 그에게 드디어 기회가 찾아왔다. 그동안 머리를 조아렸던 오다 노부나가가 암살된 것이다. 그는 전광석화와 같이 군사를 움직여 정적을 잇달아 제거하고, 1885년 조정의 최고 관직인 관백의 지위에 오르면서 명실상부한 일본 최고 권력자가 되었다. 이 무렵부터 측근들이 히데요시의 성격이 갑자기 변했다고 수군거리기 시작했다. 그러나 그것은 그의 성격이 변한 것이 아니라, 그의 본질로 되돌아간 것에 지나지 않았다. 일본 최고의 권력자가 된 히데요시는 더 이상 명랑한 모습을 연출할 필요가 없었다. 그는 아무 거리낌 없이 본래의 성격을 드러냈다. 히데요시의 열등감은 지나친 자신감과 폭력성으로 나타났다.

히데요시를 머리 위에서 짓누르던 노부나가라는 권위가 사라지자, 그의 열등감과 쌍을 이루고 있던 폭력성이 오다 노부나가의 가족을 향해 폭발했다. 히데요시는 노부나가의 가족을 치욕스럽게 하는 방법으로 열등감을 해소했다. 히데요시는 노부나가의 차남 오다 노부카쓰의 영지를 몰수하고, 그 대신에 약간의 급료를 주면서 자신의 옆에 두고 시중을 들게 했다. 노부나가의 3남 오다 노부타카는 히데요시에게 끝까지 맞섰다 패배했는데, 히데요시는 노부타카에게 스스로 목숨을 끊도록 강요했다. 오다 노부나가의 측실이며 노부타카의 모친과 노부타카의 딸을 노부나가의 거성 아즈치성에서 극형에 처했다.

히데요시가 오다 가문을 멸망시키는 과정을 지켜본 도쿠가와 이에야스는 훗날 다음과 같이 회고했다. "두터운 은혜를 입고서 옛날의 주군이나 주군의 자손에게 도리에 어긋난 짓을 하는 것은 잠시 그때의 권세에 의해 무사하다고 하여도 자손 대에 이르러서는 반드시 그 응보가 있는 것이다. (중략) 이번 오사카에서 도요토미 히데요리가 자결한 것은 5월 8일이었지만, 도요토미 가문이 멸망한 것은 5월 7일이었다. 오다 노부타카가 자결한 것도 5월 7일이었다. 인과응보의 이치가 이렇게 두려운 것이다."

히데요시는 얼마 전까지 주군이었던 오다 노부나가에 대한 모욕은 여기에서 끝나지 않았다. 히데요시는 노부나가의 다섯 째 딸을 첩으로 들였다. 그녀는 산노마루三の丸로 불렸다. 히데요시는 노부나가의 또 다른 딸도 첩으로 들이려고 자신의 처소로 불러들였으나 그녀는 머리를

깎고 승려가 되어 입실하여 겨우 화를 면했다. 심지어는 노부나가의 차남으로 이미 자신의 신하가 된 오다 노부카쓰의 딸도 첩으로 들였다. 노부나가의 동생 오다 노부카네의 딸도 첩으로 들였다. 히데요시의 두 아들을 낳은 요도도노도 노부나가의 조카였다.

히데요시는 여자에 관한 한 절조가 없었고, 수많은 명문 가문의 어린 규수들을 첩으로 맞아들여 자신의 권위를 과시하려고 했다. 히데요시는 47세 때 그의 오랜 벗 마에다 도시이에의 어린 딸 마아를 첩으로 들인 자였다. 히데요시는 주로 신분이 높은 집안의 여자와 예쁘고 총명하기로 이름이 난 어린애를 첩으로 삼았다. 그것은 자신의 권위를 높이고 열등감에서 오는 헛헛함을 달래기 위한 수단이었다. 그러나 노부나가의 딸, 조카, 손녀들을 차례로 첩으로 삼은 것은 오다 가문에 치욕을 선사한 것이었다.

히데요시는 자신의 용모에 대해서도 심한 열등감을 갖고 있었다. 열등감은 자신이 최고 권력자의 지위에 오른 후에도 여전히 해소되지 않았다. 고다이지高台寺(교토시 히가시야마쿠 소재)가 소장하고 있는 그림 중에 가노 미쓰노부狩野光信(1565-1608)가 그린 초상화가 있다. 얼굴과 손이 작은 히데요시가 부자연스럽게 큰 옷을 입고 있는 모습이 그려져

도요토미 히데요시 초상(高台寺 소장)

있다. 가노 모토노부가 그린 다른 초상화와 비교해 보았을 때 매우 특이하다. 자신의 모습이 실물보다 크게 보이게 하고 싶은 히데요시의 뜻이 반영되었기 때문일 것이다. 히데요시는 여러 사람 앞에 나설 때, 특히 행군할 때는 부자연스럽게 큰 인조 수염을 붙였다. 수염이 거의 없었던 열등감을 해소하고 상대방을 위압하려고 했기 때문일 것이다.

히데요시의 열등의식은 자신이 위대하게 보이는 것을 가로막는 것에 대한 공격으로 표현되었다. 그는 하극상의 시대였기 때문에 권력의 정점에 도달할 수 있었던 장본인이었다. 자신이 미천한 집안 출신이었던 만큼 신분 상승을 꿈꾸는 서민의 심리를 누구보다도 잘 알고 있었다. 하지만 히데요시는 하극상을 거듭하며 권력의 정점에 선 자신과 같은 사람이 다시는 일본사회에서 출현해서는 안 된다고 생각하고 있었다. 히데요시는 서민의 신분 상승 욕구를 가혹하게 짓밟았다.

1589년 오사카 근교 농촌에서 농민들이 반란을 일으켰다. 히데요시는 이시다 미쓰나리에게 명령하여 반란 세력을 숨겨준 두 마을을 완전히 파괴한 후 불을 지르게 했다. 그리고 백 수십 명의 주민을 모두 교토로 끌고 와서 하리쓰케형에 처했다. 하리쓰케형은 죄인을 십자가에 묶어 놓고 창으로 옆구리를 찔러 죽이는 형벌이었다. 형을 집행하는 자는 창이 죄인의 오른 쪽 옆구리에서 왼쪽 어깨를 뚫고 나가게 찔렀다. 창에 찔린 죄인은 서서히 고통스럽게 죽어갔다. 사형 당하는 무리 중에는 80이 넘은 노인도 있었고 7살이 채 안되어 보이는 어린이도 있었다.

1595년 교토에서 히데요시의 거성 주라쿠테이 외벽에 그의 정치를 비판하는 대자보가 나붙었다. 그 내용은 자세히 전하지는 않으나 나라 奈良의 대사원 고후쿠지興福寺의 승려가 쓴 『다몬인닛키多聞院日記』에 다음과 같은 기록이 있다. 히데요시는 대자보를 붙인 17명을 체포하여 첫째 날에는 코를 베고, 둘째 날에는 귀를 베고, 셋째 날에는 사카다치 하리쓰케倒磔 즉, 죄수를 십자가에 거꾸로 매달아 놓고 옆구리를 찔러 서서히 고통을 느끼며 죽어가게 하는 형벌에 처했다.

히데요시의 과도한 자신감과 폭력성은 조선 침략 때도 여실히 드러났다. 1596년 9월 명나라와의 강화교섭이 최종적으로 결렬되었음을 확인한 히데요시는 격노했다. 그가 강화 조건의 하나로 제시한 '조선의 한성 남쪽의 땅을 일본 영토로 편입할 것'에 집착했다. 1597년 정월 히데요시는 다시 조선 침략을 명령했다. 정유재란이 일어난 것이다. 정유재란의 목적은 조선의 한성 남쪽의 땅을 짓밟고, 조선인을 죽이거나 포로로 잡아 일본으로 데리고 오는 것이었다. 강항은 다음과 같이 기록했다. "정유재란 때 히데요시는 여러 장수에게 명령했다. 두 귀와 코는 한 사람의 인간으로 계산할 수 있는 징표이니, 조선인의 코를 베어 수급에 대신하라. 병사 한 명당 한 되씩 코를 베어 소금에 절인 다음 (일본으로 보내고) 그 후에는 적을 포로로 잡아 개인이 소유해도 좋다."

루이스 프로이스의 『일본사』에 다음과 같은 기록이 있다. "히데요시는 가신뿐만 아니라 외부 사람에게도 극도로 오만했다. 그를 미워하지 않는 사람이 없었다. 그는 모든 일을 자기 생각대로 결정했다. 누구라도 그의 뜻에 거스르는 말을 한마디도 할 수 없었다. 그는 더할 나위 없이 배은망덕한 자라서 자신을 섬기는 사람들의 노고로움은 못 본 체하고, 오히려 자신을 극진히 섬기며 공을 세운 사람을 추방하거나 명예를 훼손하고 치욕을 느끼게 했다. (중략) 그는 거만한 성격의 소유자였기에 나쁜 버릇이 도가 지나치다는 사실을 전혀 알지 못했다. 그는 자신의 행위가 얼마나 비천하고 더럽고 비열한 짓인지 몰랐고 오히려 그것을 자랑하고 긍지로 여겼다. 그는 잔인한 악행에 만족하고 기뻐했다."

 루이스 프로이스의 위 기록에 히데요시가 최고 권력자가 된 후의 성격이 그대로 드러나 있다고 할 수 있다. 히데요시는 지나친 자신감, 오만함, 포악함, 교활함 등의 성격을 동시에 지닌 인물이었다. 특히 오다 노부나가 일족에게 한 짓을 보면 은혜를 원수로 갚는 인간이었다. 민중을 가혹하게 처벌할 때나 정유재란 때 조선인을 무자비하게 짓밟으라고 명령할 때 그는 다른 사람의 고통을 아랑곳하지 않는 인물이었다. 그가 본래 어떤 성격의 인물이었는지 적나라하게 드러나 있었던 것이다.

CHAPTER27. 가신단의 구조와 변용

1) 소부대 지휘관 시절의 가신단

 1567년경 오다 노부나가가 미노 지역의 사이토 가문을 공략할 때부터 히데요시는 소부대의 지휘관으로 활약했다. 이 무렵 히데요시는 하치스카 마사카쓰蜂須賀正勝, 가토 기요마사加藤清正, 후쿠시마 마사노리福島正則, 가토 요시아키加藤嘉明 등을 거느렸다. 미노를 평정한 후, 제법 규모가 큰 부대의 지휘관으로 출세한 히데요시 가신단에 여러 무사가 편입되었다. 호리오 요시하루堀尾良晴, 히토쓰야나기 나오스에一柳直末, 야마우치 가즈토요山內一豊 등이 대표적인 인물이었다. 오다 노부나가가 오미 지방을 공략할 때, 기무라 시게코레木村重玆, 가타기리 가쓰모토片桐且元, 센고쿠 히데히사仙石秀久, 와키자카 야스하루脇坂安治 등이 히데요시의 가신단에 편입되었다.

하치스카 마사카쓰(1526-86) ; 히데요시의 소년 시절 친우로, 고로쿠小六라고 알려진 인물이다. 1556년 히데요시가 스노마타성 축조 책임을 맡았을 때 인부와 물자를 조달하는 공을 세웠다. 1586년에 61세의 나이로 사망할 때까지 히데요시의 가장 든든한 참모 역할을 했다.

가토 기요마사(1562-1611) ; 히데요시의 고향 사람이며 인척이기도 했다. 어린 시절부터 히데요시를 섬기며 공을 세웠다. 1588년에 규슈 구마모토熊本 성주로 임명되었다. 기요마사는 이때부터 조선 침략 준비에 온 힘을 기울였다. 임진·정유 왜란 때 고니시 유키나가와 더불어 침략의 선봉에 섰다.

후쿠시마 마사노리(1561-1624) ; 히데요시의 인척으로 알려져 있다. 어릴 때부터 가토 기요마사와 함께 히데요시를 섬기며 공을 세웠다. 임진왜란 때 일본군 5군단을 이끌고 조선을 침략했다. 1595년에 오와리의 다이묘가 되었다. 세키가하라 전투에서는 도쿠가와 이에야스 편(동군)에 서서 큰 공을 세웠다.

가토 요시아키(1563-1631) ; 어릴 때부터 히데요시를 섬기며 전쟁터를 누볐다. 규슈 정벌 때 선봉을 맡았고, 오다와라 정벌 때는 수군을 이끌고 출진했다. 임진왜란 때 일본의 수군을 이끌며 육군과 물자를 부산으로 실어 나르는 공을 세웠다. 이 공으로 이요伊予 마사키松前(에히메현 이요군 마사키초) 10만 석의 다이묘가 되었다. 세키가하라 전투 때 동군 편에서 공을 세웠다.

호리오 요시하루(1543-1611) ; 처음에 오다 노부나가를 섬기다가 도요토미 히데요시의 가신이 되었다. 히데요시의 핵심 측근이다. 규슈 정벌, 오다와라 정벌 등에 종군했다. 이 공으로 오와리 하마마쓰浜松(시즈오카현 하마마쓰시) 12만 석의 다이묘가 되었다. 세키가하라 전투 때 동군에 속했다.

히토쓰야나기 나오스에(1553-90) ; 1570년에 히데요시의 가신이 되었다. 항상 히데요시를 가까이에서 섬겼다. 1590년 오다와라 정벌에 참전했을 때 전사했다. 향년 45세. 나오스에의 전사 소식을 들은 히데요시는 3일 동안 음식을 입에 대지 않았다고 전한다.

야마우치 가즈토요(1545-1605) ; 원래 오다 노부나가를 섬겼으나 1576년경부터 히데요시의 가신단에 편입되었다. 그 후 히데요시가 주고쿠 지방을 공략할 때 미키성, 돗토리성, 다카마쓰성 전투에 참가했다. 1590년 오다와라 정벌에 참전했다. 히데요시가 다이코太閤의 지위에 올라 대륙 침략에 전념할 때 관백 도요토미 히데쓰구를 보좌했다. 세키가하라 전투 때 동군에 속했다.

기무라 시게코레(?-1595) 히데요시의 가신이었던 기무라 사다시게木村定重의 아들로, 1583년에 사다시게가 사망하면서 가독을 상속한 후 히데요시를 섬겼다. 1590년 오다와라 정벌 때 히데요시군의 선봉을 맡았고, 1592년 임진왜란 때는 3500여 명을 이끌고 조선으로 건너가 싸웠다. 그러나 1595년 관백 도요토미 히데쓰구 사건에 휘말려 자결했다. 그 아들이 기무라 시게나리木村重成(?-1615)였다. 시게나리는 1615년 도쿠가와 이에야스가 도요토미 히데요리를 공격할 때, 오사카성으로 들어가 도요토미 가문 추종 세력의 지휘관으로 도쿠가와군과 맞서다 전사했다.

가타기리 가쓰모토(1556-1615) ; 히데요시가 오다 노부나가의 후계자 지위를 쟁취하는 데 공을 세웠다. 그 후 히데요시를 수호하는 친위대의 지휘관이 되었다. 히데요시가 가쓰모토에게 도요토미 성씨를 사용하도록 허락했을 정도로 신임했던 인물이다. 히데요시는 임종 직전에 가타기리 가쓰모토에게 아들 히데요리를 보좌해 달라고 직접 부탁했다.

센고쿠 히데히사(1552-1614) ; 어릴 때부터 히데요시를 섬겼다. 도요토미 가문의 최고 고참 가신이다. 히데요시의 가신 중에서 가장 먼저 다이묘의 반열에 올랐다. 1587년 규슈 정벌 때 패전하여 영지가 몰수되었으나 1590년 오다와라 정벌 때 참전하면서 명예를 회복했다.

와키자카 야스하루(1554-1626) ; 1569년에 히데요시의 가신이 되었다. 가토 기요마사, 후쿠시마 마사노리 등과 함께 히데요시 군단의 핵심 인물이었다. 가토 요시아키, 구키 요시타카 등과 함께 일본 수군 창설에 기여했다. 임진왜란 때 육군과 물자를 부산으로 실어 나르는 역할을 담당했고, 직접 수군을 지휘하며 이순신에 맞서기도 했다.

2) 나가하마 시대의 가신단

히데요시가 아자이 나가마사浅井長政가 다스리던 오미 지역 3개 군을 지배하는 22만 석의 다이묘가 되었을 무렵, 그가 일본을 제패할 수 있는 가신단 편성이 거의 완성되었다. 이 시기에 사료에 등장하는 대표적인 인물은 다음과 같다. 이시다 미쓰나리石田三成, 가모 우지사토蒲生氏郷, 구로다 요시타카黒田孝高, 오타니 요시쓰구大谷吉継, 마시타 나가모리増田長盛, 아사노 나가마사浅野長政, 우키타 히데이에宇喜多秀家, 고니시 유키나가小西行長, 이케다 데루마사池田輝政 등

이시다 미쓰나리(1560-1600) ; 원래 교토 인근 사원의 행자였는데, 소년 미쓰나리의 사려 깊은 처신을 눈여겨본 히데요시가 발탁하여 측근으로 삼았다. 그는 히데요시를 보좌하며 재무 관료로 탁월한 능력을 발휘했다. 히데요시 정권의 내정을 담당하며 특히 겐

27. 가신단의 구조와 변용 319

치檢地 즉, 토지조사사업을 총괄했다. 임진왜란 때는 히데요시의 명령으로 조선으로 건너가 참전한 다이묘들을 감독하면서 군수품 수송과 점령정책에도 관여했다. 히데요시 사망 후, 히데요시를 추종하는 여러 다이묘를 거느리고 도쿠가와 이에야스와 맞섰으나 세키가하라 전투에서 패배하여 참수되었다. 향년 41세.

가모 우지사토(1556-95) ; 오다 노부나가를 섬기다 히데요시의 가신이 되었다. 히데요시는 우지사토에게 도요토미 성씨을 사용하도록 허락할 정도로 신임했다. 1590년에는 아이즈会津 42만 석의 다이묘가 되었고, 1593년에는 91만 석의 영지를 지배하는 다이묘가 되었다. 임진왜란 때 조선으로 건너가서 싸우지는 않았으나 예비군을 거느리고 규슈의 나고야에 주둔했다.

구로다 요시타카(1546-1604) ; 조스이如水라는 법호로 널리 알려진 인물이다. 원래 오다 노부나가를 섬겼으나, 노부나가가 사망한 후 히데요시의 가신이 되었다. 임진왜란 때 총대장 우키타 히데이에의 고문으로 참전했으나, 고니시 유키나가와 가토 기요마사의 폭주를 견제하지 못하고 귀국했다. 그의 아들이 임진왜란 때 일본군 3군단을 이끌고 조선을 침략했던 구로다 나가마사黒田長政였다.

세키가하라 전투 때 동군 편에서 싸웠다.

오타니 요시쓰구(1559-1600) ; 어렸을 때부터 히데요시를 가까이에서 섬겼다. 무장으로서도 이름을 떨쳤으나 주로 병참 관료로 일하면서 능력을 발휘했다. 임진왜란 때 히데요시의 명령으로 이시다 미쓰나리, 마시타 나가모리 등과 함께 조선으로 건너가 일본군을 감독하는 임무를 수행했다. 명나라와 강화 협상에 나서기도 했다.

마시타 나가모리(1545-1615) ; 1573년에 히데요시의 가신이 되었다. 그 후 히데요시의 핵심 참모의 한 사람으로 민정·재정 면에서 탁월한 능력을 발휘했다. 특히 히데요시 정권의 겐치 즉, 토지 조사사업 책임자였다. 임진왜란 때 이시다 미쓰나리, 오타니 요시쓰구 등과 함께 조선의 한성에 머물면서 점령지 정책과 병참물자 조달에 관여했다. 세키가하라 전투 때 서군에 속했으나 동군과 싸우지 않았다.

아사노 나가마사(1547-1611) ; 오다 노부나가의 가신이었으나 1585년경에 히데요시의 가신이 되었다. 그는 도요토미 정권의 핵심 참모의 한 사람으로 특히 행정면에서 능력을 발휘했다. 1591년 규슈 나고야성 축성공사에 관여했고, 임진왜란 때는 히데요시의 명령으로 조선으로 건너가 일본군을 감독했다. 히데요시 사망 직후에는 이시다 미쓰나리와 함께 규슈의 하카타에 머물며 일본군의 조선 철병 문제를 총괄했다. 세키가하라 전투 때 동군에 속했다.

우키타 히데이에(1573-1655) ; 가독을 상속한 어린 시절부터 히데요시에 의해 중용되었다. 시코쿠·규슈·오다와라 정벌에 참전하여 공을 세웠다. 임진왜란 때 일본군 총대장으로 참전했고, 한성에 머물며 경기도를 평정했다. 벽제관에서 고바야카와 다카카게, 구로다 나가마사 등과 함께 명나라 장수 이여송이 이끄는 명군을 맞아 싸워 크게 이겼다. 정유재란 때 히데요시의 명령으로 다시 조선으로 건너가 일본군을 감독하는 임무를 수행했다. 세키가하라 전투 때 서군 편에서 싸웠다. 하치조지마八丈島로 유배되어 그곳에서 죽었다.

고니시 유키나가(1557-1600) ; 원래 우키타 나오이에를 섬겼으나 1580년경부터 히데요시의 가신이 되었다. 1585년에는 수군을 이끌고 기이紀伊 일대의 해적을 토벌하는 공을 세웠다. 1588년에 규슈 히고肥後의 반란을 진압하고 가토 기요마사와 함께 히고 지역을 나누어 지배하는 다이묘가 되었다. 임진왜란 때 일본군 1군 지휘관으로 1592년 4월에 부산을 점령하고, 2군을 이끄는 가토 기요마사와 경쟁하며 진군하여 19일 만에 조선의 수도 한성을 점령했다. 그해 6월에는 평양을 점령했다. 세키가하라 전투에서 이시다 미쓰나리를 도와 싸웠으나 패배하여 교토에서 처형되었다.

이케다 데루마사(1564-1613) ; 노부나가의 중신 이케다 쓰네오키池田恒興의 차남이다. 1582년 6월 오다 노부나가 사망 후, 히데요시가 노부나가의 후계자 지위를 확립하는 데 결정적인 역할을 했다. 1584년 고마키·나가쿠데 전투에서 부형이 함께 전사하자, 히데요시는 데루마사에게 쓰네오키의 영지 13만 석을 상속하도록 허락했다. 그 후 규슈 정벌, 오다와라 정벌 등에 참전했다. 임진왜란 때 병선을 건조하거나 일본군의 군량을 확보하는 임무를 수행했다. 세키가하라 전투 때 동군에 속했다.

3) 최고 권력자 시대의 가신단

1583년 5월 히데요시는 오사카성을 자신의 본거지로 삼았다. 그 후 히데요시는 1585년 6월에 시코쿠를 정벌하고, 같은 해 7월에 관백關白의 지위에 올랐다. 1586년 12월에는 규슈 정벌 동원령을 내렸다. 이 무렵 히데요시는 태정대신의 지위에 올랐다. 조정은 히데요시에게 도요토미라는 성을 수여했다. 1587년 5월 규슈의 시마즈 요시히사島津義久가 항복했다. 히데요시 정권이 확립되었다.

도요토미 정권의 가신단과 군사력은 히데요시의 정치적 지위가 향상됨에 따라 단계적으로 강화되었다. 히데요시는 전투에 임할 때「진다테쇼陳立書」를 작성했다. 이것은 히데요시가 가신을 가장 효과적인 방법으로 배치한 부대편성 및 작전계획서였다. 여기에 히데요시 권력의 특질이 그대로 반영되었다.

규슈 정벌의 陳立書에 따르면, 1587년 정월에 우키타 히데이에가 1만5000명을 거느리고 출진하는 것을 시작으로, 2월에 주력 부대가 잇달아 출진했다. 3월 1일에는 히데요시가 직접 8만6000여 명을 거느리고 출진했다. 이때 작성된 陳立書에 80여 명의 가신과 그들이 거느려야 하는 인원 그리고 부대 배치 현황이 기록되었다. 그중에 구키 요시타카만 거느려야 하는 인원이 지정되지 않고, '동원할 수 있는 모든 선박과 인원'이라고 기재되어 있는 것이 주목된다.

1590년 오다와라 정벌 때 히데요시가 동원한 군사는 15만여 명이었다. 陳立書에 따르면, 9000명의 친위대를 거느린 히데요시를 중심으로, 전방에 도쿠가와 이에야스가 이끄는 3만, 오다 노부카쓰가 이끄는 1만5000여 명의 군대가 배치되었고, 이어서 가모 우지사토, 이케다 데루마사 등이 이끄는 인원 및 배치 현황이 기재되었다. 이어서 마시타 나가모리, 교고쿠 다카쓰쿠 등이 히데요시군을 에워싸는 모양으로 배치되었다. 그리고 핫토리 가즈타다를 비롯한 가신들이 수백명 단위로 편성되어 히데요시 친위대를 후방에서 엄호하며 따르도록 되어 있었다.

1583년 이후 사료에 새로 등장하는 히데요시 가신 중에 주목되는 인물은 다음과 같다. 나쓰카 마사이에長束正家, 마에다 겐이前田玄以, 구키 요시타카久鬼嘉隆, 나카무라 가즈우지中村一氏, 고바야카와 다카카게小早川隆景, 우에스기 가게카쓰上杉景勝, 조소카베 모토치카長宗我部元親, 호소카와 타다오키細川忠興, 하세가와 히데카즈長谷川秀一 등.

나쓰카 마사이에(?-1600) ; 원래 니와 나가히데의 가신이었으나 나가히데가 사망한 후 히데요시를 섬겼다. 도요토미 정권 五奉行의 한 사람이다. 계산 능력과 경세 감각이 뛰어나 규슈와 오다와라 정벌 때 병참 관료로 이름을 떨쳤다. 임진왜란 때도 규슈의 나고야 성에 머물면서 조선을 침략한 일본군에게 군량을 조달하는 책임을 맡았다.

마에다 겐이(1540-1602) ; 도요토미 정권 五奉行의 한 사람으로 활약했다. 1585년 7월 히데요시는 마에다 겐이를 단바 가메야마 성 성주로 삼고 5만 석의 영지를 수여했다. 1588년 고요제이 천황이 히데요시의 거성 주라쿠테이로 행행할 때 의식을 담당하는 책임자로 임명되기도 했다. 세키가하라 전투 때 서군에 가담했지만, 은밀히 도쿠가와 이에야스와 내통했다.

구키 요시타카(1542-1600) ; 원래 노부나가를 섬기며 수군 창설을 주도했다. 노부나가 사망 후, 노부나가의 차남 오다 노부카쓰를 보좌했으나 고마키·나가쿠데 전투 후에 히데요시의 가신이 되었다. 규슈·오다와라 정벌, 임진왜란 때 수군 대장으로 종군하여 육군과 군량을 부산으로 실어 나르고 선박을 관리하는 책임을 맡았다. 세키가하라 전투 때 서군에 속했다.

　나카무라 가즈우지(?-1600) ; 어릴 때부터 히데요시를 섬겼다. 시코쿠 정벌에 종군했고 그 공으로 오미近江·이가伊賀 6만 석의 다이묘가 되었다. 오다와라 정벌에도 참전했다. 그 공으로 17만 석의 다이묘가 되었다. 1594년 후시미성 공사에 참여하여 경비를 분담했다. 세키가하라 전투 때 동군 편에 섰으나 병으로 급사했다.

　고바야카와 다카카게(1533-1597) ; 모리 모토나리의 3남인데, 1544년에 고바야카와 가문의 양자가 되었다. 1551년 고바야카와 가문의 당주가 되었다. 1582년 6월 오다 노부나가가 급사했을 때 다카마쓰성 전투에서 히데요시와 맞섰다. 히데요시와 강화한 직후, 노부나가의 횡사 소식을 들은 모리씨 일족이 히데요시를 추격하자고 주장했을 때 다카카게가 저지했다고 한다. 그 후 다카카게는 히데요시에게 접근하여 시코쿠 정벌, 규슈 정벌, 오다와라 정벌에 참전했다. 임진왜란 때는 일본군 6군에 편성되어 1만 명을 거느리고 조선을 침략했다. 벽제관 전투에서 용명을 드날렸다.

　우에스기 가게카쓰(1555-1623) ; 오다 노부나가 사망 후, 시바타 가쓰이에를 견제하며 히데요시가 노부나가 후계자 지위를 확립하는 데 기여했다. 히데요시는 가게카쓰에게 도요토미 성씨를 칭하도록 허락했다. 오다와라 정벌과 오슈 평정에 종군했다. 임진왜란 때 조선을 침략했고, 돌아와서는 후시미성 공사를 분담했다. 도요토미 정권의 五大老 중의 한 명이다.

조소카베 모토치카(1539-1599) ; 1581년경에 시코쿠의 대부분을 제패했으나 1585년 시코쿠 정벌에 나선 히데요시군의 공격을 막아내지 못하고 항복했다. 그 결과 그의 영지는 시코쿠의 도사土佐(고치현) 지방에 한정되었다. 그 후 히데요시가 규슈를 정벌할 때 참전했고, 임진·정유왜란 때 조선으로 건너가 싸웠다. 1598년 조선에서 철병한 후 병석에 누웠다. 1599년 5월에 사망했다.

호소카와 타다오키(1563-1646) ; 오다 노부나가가 급사했을 때, 아케치 미쓰히데의 구원 요청을 물리치고 히데요시 편에 섰다. 1584년 고마키·나가쿠데 전투에 참가했고, 1587년 규슈 정벌, 1590년 오다와라 정벌에 종군했다. 임진왜란 때 일본군 9군단에 편성되어 경상도 일대를 점령하고 다스렸다. 1592년 10월과 1593년 6월 진주성 공략에 앞장서기도 했다. 히데요시 사망 후 이시다 미쓰나리 등 문리파와 대립하며 도쿠가와 이에야스 편에 섰다. 세키가하라 전투 때 동군에 속했다.

하세가와 히데카즈(?-1594) ; 1583년 하시바 히데요시와 시바타 가쓰이에가 대립했을 때, 히데요시의 편을 들었다. 1584년 고마키·나가쿠데 전투, 1587년 규슈 정벌, 1590년 오다와라 정벌에도 종군했다. 임진왜란 때 일본군 9군단 지휘관의 일원으로 참전했다. 1592년 10월 호소카와 타다오키와 함께 진주성 공략에 나섰으나 큰 피해를 입고 후퇴했다. 그 후에도 계속 조선에 주둔했으나, 1594년 2월에 조선에서 병이 들어 사망했다.

4) 조선침략 시기의 가신단

(1) 임진왜란

『호안타이코키』 제13권에 「朝鮮国御進發之人數帳」이 실려 있다. 모두 30만3500명의 대군단이 편성되었다. 1592년 정월 5일 히데요시는 여러 다이묘에게 규슈의 나고야성으로 출진하라고 명령했다. 나고야성에 머무는 예비군은 도쿠가와 이에야스, 마에다 도시이에, 우에스기 가게카쓰, 가모 우지사토, 다테 마사무네 등 36명의 장수가 이끄는 14만4800여 명이었다. 바다를 건너 조선으로 건너가는 침략군은 15만8700여 명이었다. 총대장은 우키타 히데이에였다.

1군단 ; 고니시 유키나가小西行長, 소 요시토시宗義智, 마쓰라 시게노부松浦鎮信, 아리마 하루노부有馬晴信 등 6명 / 1만8700명

2군단 ; 가토 기요마사加藤淸正, 나베시마 나오시게鍋島直茂 등 3명 / 2만3800명

3군단 ; 구로다 나가마사黑田長政, 오토모 요시무네大友義統 / 1만1000명

4군단 ; 시마즈 요시히로島津義弘, 모리 가쓰노부毛利勝信 등 6명 / 1만4000명

5군단 ; 후쿠시마 마사노리福島正則, 하치스카 이에마사蜂須賀家政, 이코마 지카마사生駒親正 등 7명 / 2만5000명

6군단 ; 모리 데루모토毛利輝元, 고바야카와 다카카게小早川隆景 등 6명 / 4만5700명

7군단 ; 우키타 히데이에宇喜多秀家, 이시다 미쓰나리石田三成,

　　　　마시타 나가모리增田長盛, 오타니 요시쓰쿠大谷吉繼 등 6명

　　　　/ 1만7200명

8군단 ; 아사노 요시나가淺野幸長, 나카무라 가즈우지中村一氏 등

　　　　15명 / 1만5550명

9군단 ; 도요토미 히데카쓰豊臣秀勝, 하세가와 히데카즈長谷川秀一,

　　　　호소카와 타다오키細川忠興, 가타기리 가쓰모토片桐且元, 기무

　　　　라 시게코레木村重茲 등 18명 / 2만5500명

수군 ; 구키 요시타카久鬼嘉隆, 토도 다카토라藤堂高虎, 와키자카 야

　　　　스하루脇坂安治, 가토 요시아키加藤嘉明 등 / 9200명

(2) 정유재란

1597년 정월 도요토미 히데요시는 조선의 재침을 명령했다. 고니시 유키나가와 가토 기요마사는 즉시 조선으로 되돌아갔다. 2월 21일 침략군을 편성했다. 총대장은 고바야카와 히데아키였다. 1군은 고니시 유키나가가 이끄는 1만4,700명, 2군은 가토 기요마사가 이끄는 1만 명으로 하되, 1군과 2군이 각각 2일씩 교대로 선봉을 맡도록 했다. 3군

은 구로다 나가마사와 모리 노부카쓰가 이끄는 1만 명, 4군은 나베시마 나오시게가 이끄는 1만2,000명, 5군은 시마즈 요시히로가 이끄는 1만, 6군은 조소카베 모토치카, 토도 다카토라, 가토 요시아키 등이 이끄는 1만3,300명, 7군은 하치스카 이에마사, 이코마 가즈마사, 와키자카 야스하루 등이 이끄는 1만1,000명, 8군은 모리 히데모토·우키타 히데이에가 이끄는 4만 명이었다. 부산에 고바야카와 히데아키, 안골포에 다치바나 무네시게, 가덕도에 다카하시 나오쓰구·지쿠시 히로카도筑紫広門, 죽도에 고바야카와 히데카네小早川秀包, 서생포에 아사노 요시나가 등이 이끄는 2만390명을 나누어 배치했다. 정유재란 때 14만1500명의 일본군이 조선을 침략했다. 일본군 수군은 6군과 7군에 편성된 토도 다카토라·가토 요시아키·와키자카 야스하루가 지휘하게 했다. 당면 공격 목표는 전라도로 하고, 이어서 충청도와 기타 지방을 공략한다는 방침도 정해졌다. 정유재란의 목적은 강화협상 과정에서 도요토미 히데요시가 요구했던 한반도 남부 4도를 실력으로 점령해서 일본 땅으로 편입하는 것이었다.

다테 마사무네(1567-1636) ; 히데요시가 오다와라를 정벌할 때 마사무네에게 종군할 것을 요구했지만, 마사무네는 형세를 관망하다 늦게 참전했다. 히데요시는 마사무네의 영지 일부를 몰수했지만, 다테 가문의 영지 72만 석의 지배권을 승인했다. 임진왜란 때 조선 침략의 예비군으로 규슈의 나고야성에 진주하다가 다음 해 조선으로 건너가 경상도 남부 해안에 주둔했다. 정유재란 때는 참전하지 않았다.

소 요시토시(1568-1615) ; 1587년 5월 규슈 정벌 때 히데요시는 쓰시마의 영주 소 요시시게宗義調의 지배권을 승인하면서 조선 왕이 일본에 조공하도록 하라고 명령했다. 1588년에 소 요시시게가 사망했다. 소 요시토시가 대를 이어 조선과의 교섭에 나섰고, 우여곡절 끝에 조선의 통신사가 일본으로 와서 히데요시를 대면했다. 하지만 히데요시의 대륙침략은 이미 결정되어 있었다. 1592년 임진왜란이 일어나자 조선 사정에 밝은 소 요시토시가 고니시 유키나가와 함께 침략의 선봉에 섰다.

마쓰라 시게노부(1549-1614) ; 1586년경에 히데요시에게 공물을 바쳐서 우호적 관계를 맺었다. 규슈 정벌, 오다와라 정벌에 참전했다. 왜구의 거점이기도 한 규슈의 히라도平戸(나가사키현 히라도시)에 본거지를 둔 마쓰라씨 일족은 조선 사정에 밝았다. 임진왜란 때 일본군을 안내하는 역할을 담당했다. 1592년부터 1598년까지 히라도와 부산을 끊임없이 왕래하면서 조선에서 약탈한 물품과 납치한 조선인을 일본으로 실어 날랐다. 특히 납치한 조선인을 나가사키의 노예시장에서 팔아서 막대한 부를 축적했다. 물론 조선의 도공도 납치하여 히라도에서 도자기를 생산하게 했다.

아리마 하루노부(1567-1612) ; 크리스천 다이묘로 유명하다. 1580년에 세례를 받았다. 1582년에는 로마 교황청에 소년사절단을 파견했다. 1587년 히데요시가 크리스트교 금지 명령을 내릴 때까지 크리스천을 보호했다. 임진왜란 때는 2000여 명의 군사를 이끌고 고니시 유키나가가 이끄는 1군단에 편성되어 조선을 침략했고, 그 후 계속해서 조선에 주둔했다. 1598년 일본군이 철군할 때 고향으로 돌아왔다.

나베시마 나오시게(1538-1618) ; 한때 규슈 북부의 실력자 류조지 가문의 가신이었다. 1584년 주군 류조지 다카노부가 시마즈 가문과 싸우다 전사하자, 그 아들 마사이에의 후견인으로 활약했다. 하지만 이 당시 나베시마 나오시게의 실력은 이미 류조지 가문을 압도하고 있었다. 1589년 히데요시가 나베시마 나오시게에게 도요토미 성씨를 사용할 수 있도록 허락하자, 1590년 나오시게는 류조지 마사이에를 자리에서 밀어내고 실권을 장악했다. 히데요시도 나오시게를 사실상 히젠 지역의 다이묘로 인정했다. 임진왜란 때 1만2000여 명의 군사를 이끌고 2군단에 편성되어 참전했다. 나오시게는 1592년 4월 조선으로 건너간 후 계속해서 조선에 주둔하다가 1597년에 아들 가쓰시게勝茂와 교대하는 형식으로 귀국했다. 조선에서 도공들을 납치하여 일본으로 끌고 왔다. 납치된 도공들이 오늘날 히젠 도자기를 생산하기 시작했다.

구로다 나가마사(1568-1623) ; 구로다 요시타카의 아들이다. 어릴 때부터 히데요시를 섬겼다. 시즈가타케 전투, 고마키 · 나가쿠데 전투 등에서 공을 세웠고, 1587년 규슈 정벌에 종군했다. 1589년 부친으로부터 가독을 상속받았다. 임진왜란 때 3군단 1만2000여 명의 일본군을 이끌고 1군단과 2군단과는 다른 길로 한성으로 진격했다. 정유재란 때는 경상도에서 출발하여 전라도와 충청도를 짓밟고 경상도 양산으로 돌아와 성을 쌓고 주둔했다. 히데요시 사망 후 조선에서 철수했다.

오토모 요시무네(1558-1605) ; 오토모 소린의 아들이다. 1588년 2월 히데요시를 알현했다. 이때 히데요시는 요시무네가 하시바 성씨의 사용을 허락했다. 1590년 오다와라 정벌 때 참전했다. 임진왜란 때 3군단에 편성되어 6000여 명의 군사를 이끌고 조선을 침략했다. 1593년 정월 평양성에서 명나라 군사에게 포위된 고니시 유키나가를 구원하지 않고 퇴각했다는 죄목으로 일본으로 소환되어 영지가 몰수되었다.

시마즈 요시히로(1535-1619) ; 1587년 규슈의 오즈미大隅(가고시마현 동부) 지방을 영유하는 다이묘가 되었고, 이어서 부친 요시히사의 뒤를 이어 시마즈 가문의 당주가 되었다. 임진왜란 때 4군단의 지휘관이 되어 조선을 침략했다. 정유재란 때는 토도 다카토라의 수군과 협력하여 원균이 이끄는 조선 수군을 괴멸시켰다.(칠천량 해전) 이어서 전라도와 충청도를 짓밟고 경상도 사천으로 돌아와 주둔했다. 1598년 11월 조선에서 물러날 때 순천성에 고립된 고니시 유키나가를 구원하기 위해 출진했다. 이때 명나라·조선 수군과 대진했다.(노량 해전) 격렬한 전투를 틈타 고니시군이 무사히 퇴각할 수 있었다.

모리 노부카쓰(?-1611) ; 일찍부터 히데요시를 섬겼던 고참 가신으로 분류되는 인물이다. 별명은 요시나리吉成이다. 본성이 모리씨森氏로, 오랫동안 森吉成로 불렸다. 규슈 정벌에 참전했고, 임진왜란 때 일본군 4군단에 편성되어 2000여 명의 군사를 이끌고 조선을 침략했다. 1597년 정유재란 때는 아들 가쓰나가勝永와 함께 출진했다. 가토 기요마사와 함께 황석산성을 공략하고, 이어서 전라도와 충청도를 짓밟은 후 경상도 사천을 거쳐 부산으로 돌아와 주둔했다.

아사노 요시나가(1576-1613) ; 아사노 나가마사의 장남이다. 1590년 오다와라 정벌 때 부친 나가마사와 함께 종군했다. 이것이 초진으로 당시 15세였다. 이때 뛰어난 전공을 세워 히데요시로부터 도검을 하사받았다. 임진왜란 때 8군단에 편성되어 3000여 명의 군사를 거느리고 조선을 침략했다. 처음에 서생포에 성을 쌓고 주둔했으나 곧 가토 기요마사 군단에 합류했다. 정유재란 때 전라도와 충청도를 짓밟고 서생포로 돌아와 주둔하다가 히데요시 사망 후 귀국했다.

5) 히데요시 가신단의 특징

도요토미 히데요시는 다이묘 출신의 권력자가 아니었다. 그래서 그에게 대를 이어 충성하는 가신단이 없었다. 그의 가신은 모두 오다 노부나가의 부장 시절에 인연이 된 사람들이었다. 히데요시는 친족은 물론 사소한 인연이라도 있는 사람은 모두 불러서 가신으로 삼았다. 이른바 규벌閨閥 가신단이었다. 보통 규벌이라고 하면 혼인관계로 맺어진 집단을 지칭하는데, 이것을 폭넓게 해석하면 양자나 측실의 가족이나 친족도 포함된다.

히데요시의 정실 오네는 훗날 히데요시가 최고권력자가 되면서 기타노만도코로北政所라고 불렸다. 그런데 그녀는 자식을 낳지 못한 여인이었다. 그래서 히데요시는 일찍부터 남동생 히데나가秀長와 누나 도모의 가족이나 친족, 모친의 일족, 정실 기타노만도코로의 일족 등 주로 혈연관계가 있는 자들을 불러 가신단을 편성했다. 그들은 이치몬슈一門衆라고 불렸다.

히데요시의 누나 도모는 삼형제를 두었다. 히데쓰구秀次, 히데카쓰秀勝, 히데야스秀保였다. 히데요시는 이들 삼형제에게 도요토미 성씨를 사용하도록 하고 다이묘의 지위를 부여했다. 특히 도요토미 히데쓰구는 히데요시의 후계자 지위에 올랐다. 1591년 8월 히데요시가 53세라는 늦은 나이에 얻은 아들 쓰루마쓰가 3살도 되지 않아서 죽은 직후였다.

히데요시의 정실 기타노만도코로의 친족도 히데요시 가신단에 편성되었다. 그녀의 오빠 기노시타 이에사다는 히데요시 가신단의 중요 인물이었다. 히데요시는 이에사다의 네 아들에게도 다이묘의 지위를 부여했다. 기타노만도코로의 외척까지도 히데요시 덕분에 출세가도를 달렸다. 기타노만도코로의 생질 기노시타 히데토시木下秀俊도 히데요시가 총애했다. 그는 3살 때 히데요시의 양자가 되었고, 9살 때 이미 10만 석의 다이묘가 되었다. 1594년 12월 히데토시는 고바야카와 가문의 양자가 되면서 고바야카와 히데아키로 이름을 바꿨다. 히데아키는 정유재란 때 일본군 총대장이었다. 기타노만도코로의 여동생 야야의 남편이 아사노 나가마사였다. 그는 히데요시의 측근으로 재정에 밝았다. 히데요시 말년에는 도요토미 정권 五奉行의 한 사람이 되었다.

히데요시는 친족뿐만이 아니라 다른 가문의 자제도 양자로 들였다. 전형적인 예가 우키타 히데이에였다. 히데이에는 히데요시가 서부 일본으로 진출할 때 협력했던 우키타 나오이에의 아들이었다. 1581년 나오이에가 사망하자, 히데요시는 히데이에를 양자로 삼고, 이미 양녀로 삼은 마에다 도시이에의 딸 고豪와 혼인시켰다. 히데요시는 양녀 고를 매개로, 그녀의 실부 마에다 도시이에는 히데요시가 가장 신뢰하는 가신이 되었다.

히데요시 가신단 중에서 가장 높은 지위를 점했던 인물은 도쿠가와 이에야스였다. 그 역시 히데요시의 친족이었다. 이에야스는 오다 노부나가와 동맹을 맺은 다이묘였다. 노부나가의 가신이었던 히데요시와는 신분이 달랐다. 그러나 노부나가가 사망한 후, 실권을 장악한 히데요시에게 굴복했고, 1586년 5월 히데요시의 여동생 아사히히메를 후처로 맞이했다. 아사히히메는 이에야스와 혼인한 지 4년 후에 사망했지만, 이에야스는 히데요시를 친족으로 대했다. 히데요시는 정권을 안정시키기 위해 이에야스와 이중삼중의 혼인관계를 맺었다. 히데요시는 이에야스의 3남으로 훗날 에도 막부의 2대 쇼군이 되는 도쿠가와 히데타다와 아자이 나가마사의 막내 딸 고江의 혼인을 주선했다. 고는 히데요시가 가장 사랑하는 측실 요도도노의 여동생이었다. 1595년 9월 히데타다와 고가 결혼식을 올렸다. 1597년 4월 이에야스의 손녀 센히메千姬가 태어났다. 그러자 히데요시는 이에야스를 불러 자신의 아들 히데요리와 센히메의 혼인을 약조해달라고 부탁했다.

히데요시는 서부 일본의 강자 모리씨 일족을 자기편으로 끌어들이기 위해 역시 혼인정책을 이용했다. 1594년 9월 히데요시는 자신의 동생 히데나가의 딸을 모리 데루모토의 양자 히데모토秀元에게 시집보냈다. 모리 데루모토는 도요토미 정권의 五大老의 한사람이었다. 그밖에 히데요시에게 충성을 바쳤던 다이묘 중에는 후쿠시마 마사노리, 가토 기요마사 등이 있었는데, 이들은 히데요시의 모친과의 인연으로 가신단에 편입된 인물이었다.

CHAPTER28. 종교와 문화

1) 히데요시와 불교

　오다 노부나가는 불교 사원과 신도 조직을 철저하게 탄압했다. 1571년 9월 히에이잔比叡山 엔랴쿠지延曆寺(시가현 오쓰시 사카모토혼초 소재)를 불태우고, 1573년 9월부터 다음 해 9월까지 3회에 걸쳐서 이세 지역의 나가시마에 진입하여 항거하던 정토진종 신도 조직 즉, 잇코잇키一向一揆 세력 약 2만 명을 몰살했다. 1575년 9월에는 에치젠 지역에서 저항하던 잇코잇키 세력을 토벌했다. 1576년 4월부터 1580년 윤3월까지 이시야마혼간지石山本願寺(오사카성 자리에 있던 정토진종 사원)를 공격하여 멸망시켰다.

노부나가가 불교 사원과 신도 조직을 탄압했다고 해서 그가 불교를 적대시했다고 단정할 수는 없다. 노부나가는 사원을 파괴하고 신도 조직을 탄압했지만, 결코 불교 그 자체를 부정한 것은 아니었다. 부패한 사원을 탄압하고, 무리를 지어 다이묘 권력에 도전하는 불교 특히 정토진종과 그 신도 조직을 제압한 후, 건전한 불교 신앙을 재흥하려는 뜻이 있었다. 노부나가의 유업을 계승한 히데요시는 권력에 맞서는 불교 사원은 탄압하면서 다른 한편으로 권력에 순종하는 불교 사원의 재흥에 힘썼다.

1584년 7월 히데요시는 야마시로의 다이토쿠지大德寺에 "사원이 범죄자를 숨겨주는 것을 엄금한다."는 명령을 내렸다. 이 무렵 네고로根来(와카야마현 이와데시의 옛 지명), 사이가雜賀(와카야마현 와카야마시 기노카와 일대의 옛 지명) 등의 잇코잇키 세력이 도쿠가와 이에야스와 연합하여 히데요시에 대항했다. 1585년 히데요시는 대군을 이끌고 기이紀伊(와카야마현과 미에현의 남서부)로 나아가 잇코잇키 세력을 궤멸시켰다. 이때 기이

28. 종교와 문화 343

의 모든 사원이 불타고 승려들이 죽임을 당했다. 그 참상은 1572년 9월의 히에이잔 엔랴쿠지 멸망 때와 다르지 않았다.

1585년 4월 히데요시는 고야산高野山의 곤고부지金剛峰寺(와카야마현 이토군 고야초 소재)에 사신을 보내 다음과 같이 협박했다. "너희는 왜 승려들이 병기를 보유하고, 농민들의 토지를 침략하여 점유하고, 낭인들을 고용하는가? 나에게 복종하지 않으면 고야산을 없애버릴 것이니 각오하라." 크게 놀란 곤고부지 주지가 히데요시에게 달려가 절대 복종하겠다고 서약했다. 그러자 히데요시는 곤고부지의 직할지 3000석을 인정하고 다음과 같이 명령했다. "곤고부지를 창립한 홍법대사弘法大師가 정한 경계에 한하여 영구히 사원의 직할지로 하고, 승려는 오로지 학문에 전념하고 무기를 보유하는 것을 금한다. 그리고 범죄자를 보호하거나 숨겨주어서는 안 된다."

이 무렵부터 히데요시는 전국적으로 겐치檢地 즉, 토지조사 사업을 추진했다. 당연히 고야산 곤고부지의 직할지에 대한 겐치도 실시했는데, 곤고부지 직할지의 생산량이 5만 석이나 되었다. 히데요시는 말했다. "원래 곤고부지가 제출한 자료에는 생산량이 3000석이라고 되어 있었지 않은가?" 히데요시는 곤고부지가 거짓으로 서류를 제출했다는 죄를 물어 직할지의 대부분을 몰수했다. 토지조사 사업이 거의 마무리 될 무렵, 히데요시는 곤고부지에 사원 직할지 개정에 대하여 불평하지 말라고 엄명했다.

1589년 3월 셋쓰 지역의 혼간지 신도 속에 범죄자가 숨어 있다는 정보를 입수한 히데요시는 격노했다. "교토에서 가까운 곳에 흉악한 무리들을 숨겨주었다는 것은 혼간지가 역심을 품고 있다는 것이다." 히데요시는 측근인 이시다 미쓰나리를 보내 범죄자가 숨어있는 곳에 불을 지르고 63명을 체포하여 모두 하리쓰케형磔刑에 처했다. 같은 해 7월에는 천황의 아들이 좌주로 있는 쇼렌인青蓮院(교토시 히가시야마초 아와타구치 소재)에 다음과 같이 명령했다. "사원의 승려가 행실이 바르지 못하고, 불법을 훼손하고, 처를 거느리는 승려를 모두 내쫓아 사원의 법도를 바르게 하라."

히데요시는 권력에 복종한 사원의 재흥에 힘썼다. 아직 공경의 반열에 오르기 전의 히데요시는 천황의 칙명을 앞세워 다이묘를 압박하는 수법을 썼다. 1584년 5월 히데요시는 천황에게 "히에이잔은 천하의 안전을 수호하는 영지"로서 "국가진호"를 위해 부흥해야 하니 여러 다이묘들에게 원조를 명하는 칙명을 내려달라고 청했다. 다이묘들은 막대한 경비와 인부를 동원하여 히에이잔 엔랴쿠지를 재건했다.

히데요시는 고야산 곤고부지의 재흥에도 힘썼다. 히데요시는 파괴되거나 낡은 곤고부지의 건물을 재건했다. 당시 히데요시가 재건한 건물은 금당, 인왕상, 조묘祖廟, 진수신전鎭守神殿, 어영당御影堂, 흥산사興山寺, 청암사靑嚴寺, 문수원文殊院, 지장엄원地藏嚴院 등 25개소였다. 그 중에서 청암사는 1592년 히데요시의 모친이 사망했을 때 창건했는데, 히데요시는 이 절에 막대한 금화를 헌납하여 망자의 극락왕생을 빌었다. 그밖에 히데요시는 도지東寺(교토시 미나미쿠 소재)의 5층탑과 금당, 다이고지醍醐寺(교토시 후시미쿠 소재)의 금당, 세이간지誓願寺(교토시 나카교쿠 소재)와 기요미즈데라淸水寺(교토시 히가시야마쿠 소재)의 불탑 등을 조성했다.

히데요시는 나라奈良의 고후쿠지에 대해서도 토지조사를 실시하여 직할지 일부를 몰수하고 무장한 승려들을 처벌했다. 그 후 고후쿠지가 히데요시에게 완전히 굴복하자, 히데요시는 사원 재건을 적극적으로 지원했다. 1589년에는 고후쿠지의 기단과 여러 문을 수선했고, 미곡 500석을 헌납하여 오랫동안 명맥이 끊겼던 행사를 부흥시켰다. 히데요시는 사원뿐만 아니라 신사도 재건했다. 1585년 히데요시는 나라 일대를 동생 히데나가의 영지로 설정한 후, 곧 가스가 대사春日大社(나라현 나라시 소재)를 재흥했다.

1576년 5월 이시야마 전투 때 시텐노지四天王寺(오사카시 시텐노지쿠 소재)가 불탔다. 1583년 7월 히데요시는 시텐노지의 태자당에 철전 500관문을 기진하려고 결심하고, 이 일을 사카이堺를 다스리는 관리에게 명령하여 헌납하도록 했다. 시텐노지의 주지는 즉시 당탑을 다시 세울 계획을 세웠다. 히데요시는 다시 미곡 5000석을 헌납했다. 시텐노지는 히데요시가 기진한 재물로 당탑을 다시 세울 수 있었다. 1594년 10월 히데요시는 사망한 모친의 명복을 빌기 위해 다시 시텐노지에 생산량 5000석의 토지를 기진했다.

2) 히데요시와 크리스트교

1549년 예수회 소속 선교사 프란시스코 자비엘Francisco Xavier이 규슈九州의 가고시마鹿児島에 도착하면서 크리스트교가 일본에 전파되었다. 자비엘은 야마구치山口(야마구치현 야마구치시)에 일본 최초의 교회를

28. 종교와 문화 347

세우고 전도를 시작했다. 자비엘은 붕고豊後의 후나이府內(오이타현 오이타시 중심부의 옛 이름)로 진출해 영주 오토모 요시시게大友義鎭(1530-87)의 보호를 받으며 전도의 기반을 마련했다. 1551년 10월 자비엘이 일본을 떠나고 다른 선교사들이 전도 사업을 계승했다.

선교사들 중에 특히 루이스 프로이스Louis Frois는 교토를 중심으로 전도를 전개했다. 크리스트교는 매우 짧은 기간에 급성장했다. 일본인이 서양의 문명에 매력을 느꼈기 때문이기도 했고, 유능한 선교사들이 적극적으로 전도했기 때문이기도 했다. 선교사들이 일본인의 습속과 감정을 존중하면서 전도했다는 점도 크리스트교 전파의 중요한 요인으로 작용했을 것이다. 그러나 크리스트교가 급성장하게 된 가장 중요한 원인은 무역과 전도가 밀접하게 연관되어 있어서 다이묘들이 크리스트교를 보호했기 때문이었다.

오다 노부나가는 통일 사업에 장애가 된다고 판단한 사원 세력을 탄압했지만, 크리스트교에 대해서는 관대했다. 도요토미 히데요시는 노부나가가 철저하게 탄압한 엔랴쿠지와 혼간지가 다시 일어날 수 있도록 지원하는 등 사원 세력에 대하여 유화적인 정책을 펼쳤다. 처음에 히데요시는 크리스트교에 대하여 그다지 부정적인 시각을 갖고 있지 않았다. 그런데 크리스트교에 대한 히데요시의 태도가 급변했다.

1587년 6월 규슈를 정벌한 직후, 히데요시는 하카타博多(후쿠오카현 후쿠오카시)의 진중에서 크리스트교에 대한 태도를 밝혔다. 6월 19일 히데요시는 다음과 같은 명령을 내렸다. "일본은 신국神國이니 크리스트교가 들어오는 것이 바람직하지 않다. 크리스트교는 일본인 신자를 끌어들여 신사와 불각을 파괴하는 사악한 종교이다. 그러니 크리스트교를 전파하는 선교사는 20일 내에 일본을 떠나라."

크리스트교 금지령이 내려지기 며칠 전, 히데요시는 대표적인 크리스천다이묘 다카야마 우콘高山右近에게 크리스트교를 버리도록 명령했다. 그러나 우콘은 히데요시의 명령에 따르지 않았다. 그러자 히데요시는 우콘의 영지를 몰수하고 다이묘의 지위를 박탈했다. 히데요시를 더욱 놀라게 했던 것은 또 다른 크리스천다이묘 오무라 스미타다大村純忠(1533-87)가 나가사키를 교회령으로 기진한 사건이었다. 히데요시는 크리스천다이묘가 겉으로는 자신에게 복종하는 척하지만 속으로는 복종하지 않는 이질적인 존재라는 것을 알았다. 더구나 규슈에는 다카야마 우콘, 오무라 스마타다 이외에 저명한 크리스천다이묘 오토모 소린이 있었다. 크리스천다이묘의 영지에는 많은 크리스트교 신자들이 있었다. 히데요시는 그들이 오다 정권과 정면으로 맞섰던 잇코잇키와 같은 종교 조직으로 발전할 가능성이 농후하다고 판단했다.

히데요시는 선교사에게 다음과 같은 내용의 비난 서한을 보냈다. "너희들은 왜 일본에 와서 지금과 같이 행동하는가. 다른 불교 종파의 승려들을 본받아야 하지 않는가. 불교의 승려들은 자신의 거처와 사원 내에서 가르침을 전한다. 너희들과 같이 신도들을 전도한다는 구실로 사람들을 선동하려고 하지 않는다."

히데요시는 다시 말했다. "너희들은 왜 말과 소를 식용하는가. 그것은 도리에 반하는 짓이다. 말은 길을 가는데 인간의 어려움을 덜게 하고, 짐을 옮기고, 전장에서 쓰기 위해 사육하는 동물이다. 경작에 이용되는 소는 농민의 도구와 같은 존재이다. 그런데 너희들이 그것을 식용한다면 일본 사람들에게 매우 소중한 두 종류의 힘을 빼앗는 것이다." "나는 너희들이 많은 일본인을 사서 그들을 노예로 삼아 여러 나라로 끌고 간다는 사실을 알고 있다. 그것은 용서할 수 없는 행위이다. 따라서 너희들은 지금까지 인도와 그 밖의 나라로 끌고 간 일본인을 다시 일본으로 데려오도록 하라."

일본을 제패한 히데요시는 다른 다이묘와 마찬가지로 남만무역에 많은 관심을 갖고 있었다. 크리스트교를 금지하면서도 남만무역은 허용했다. 선교사 추방령과 함께 다음과 같은 내용이 병기되었다. "단, 남만무역의 경우에는 교역이므로 별개의 일이다. 불교의 가르침을 훼방하지 않는 상인이라면 크리스트교 국가에서 왔어도 허용한다."

1588년 히데요시는 나가사키를 몰수하여 직할령으로 삼았다. 교회가 나가사키를 지배하는 것을 더 이상 두고 볼 수 없었던 면도 있었지만, 남만무역의 중심 항구인 나가사키를 지배하에 두고 무역의 주도권을 장악하려고 했기 때문이다. 나가사키를 직할령으로 삼았지만 도시 행정을 상인들에게 맡기고, 세금을 면제하는 등 무역이 원활하게 이루어질 수 있도록 배려했다. 나가사키에서 사투를 금지하고, 무역품 가격이 공정하게 책정되는지 엄격하게 감시했다.

나가사키를 장악한 히데요시는 관리를 파견하여 생사를 독점 매수하도록 했다. 1589년 히데요시는 포르투갈 무역선이 생사를 싣고 사쓰마에 입항하자 관리를 보내 그것을 독점 매수하는 등 생사구입의 선매권을 행사하여 이윤을 독점했다.

그런데 남만무역과 크리스트교 전교는 도저히 분리될 수 없는 구조였다. 남만무역이 필요했던 히데요시는 선교사 추방에 적극적으로 나서지 않았다. 선교사들은 이러한 허점을 이용했다. 선교사들은 일본을 떠나라는 히데요시의 명령에 따르지 않고 서부 일본 각지에 잠복하여 전교 활동을 계속했다. 크리스트교 금지령이 사실상 무력화되었다. 그런데 1596년 9월 스페인 함선 산 페리페San Felipe 호 표착 사건이 일어났다.

필리핀의 마닐라에서 멕시코로 향하던 스페인 함선 산 페리페 호가 시코쿠의 도사土佐에 표착했다. 히데요시는 마시타 나가모리를 파견하여 산 페리페 호에 실려 있는 물품과 승무원이 소지한 금품까지 모두 몰수했다. 그때 나가모리가 항로 안내를 맡은 프란치스코 데 산다Francisco de Sanda에게 스페인은 어떻게 넓은 영토를 확장했는지 물었다. 그러자 프란치스코는 세계지도를 보여주며 다음과 같이 말했다. "먼저 선교사를 파견하여 주민에게 크리스트교를 믿게 하고, 신자 수가 상당한 숫자에 달했을 때 군대를 파견한다. 신자가 내응하기 때문에 손쉽게 목적을 달성할 수 있다." 이 말을 전해들은 히데요시는 크리스트교 전교가 다른 나라 정복을 전제로 하고 있다는 것을 알고 경악했다.

히데요시는 교토 인근에서 활동하는 선교사와 신자를 검거하도록 명령했다. 스페인계 프란치스코 선교사 페드로 바우치스타Pedro BauTista를 비롯한 선교사 6명, 일본인 성직자 3명, 일본인 크리스천 17명이 검거되었다. 이들 26명은 교토·오사카와 그 인근 도시에서 조리돌려진 후 나가사키로 압송되어 처형되었다. 1596년 12월 19일이었다.

3) 히데요시와 다도

도요토미 히데요시는 손님이 오면 오사카성을 직접 안내하는 것이 취미였던 것 같다. 1585년 4월 히데요시는 오사카성을 방문한 혼간지本願寺 승려들을 접견한 후, 일본 다도의 명인 센노 리큐千利休(1522-91)를 비롯한 측근들을 거느리고 오사카성 구석구석을 안내했다. 히데요시가 특히 거만한 표정을 지으며 혼간지 승려들에게 보여준 것은 금화로 가득 채워진 상자들이었다. 금화 300매가 들어있는 것이 열 상자, 100매가 들어있는 것이 여덟 상자였다. 그밖에 각종 비단, 의상, 침구, 모기장, 신발 등이 들어 있는 상자는 그 수를 헤아릴 수 없었다. 혼간지 승려들은 어깨를 움츠리고 감탄사를 연발했다.

1586년 4월 히데요시는 규슈의 전황을 보고하러 온 오토모 소린에게도 직접 오사카성 구석구석을 안내했다. 이 무렵 서양의 선교사들이 히데요시를 방문했는데, 역시 히데요시가 직접 오사카성 구석구석을 안내했다. 선교사들은 훌륭한 비단 커버와 금으로 장식한 침대를 갖춘 히데요시의 침실에 대하여 각별한 관심을 보였다. 침대를 비롯한 집기가 모두 서양에서 수입한 최고급품이었기 때문이다. 루이스 프로이스는 "여기에 금, 은, 생사, 비단, 다도구 등이 가득 차 있었다."고 기록했다.

오토모 소린은 히데요시의 소장품 중에서 황금으로 만든 다실을 보고 벌어진 입을 다물지 못했다. 황금 다실에 대해서는 규슈 하카타의 호상 가미야 소탄神谷宗湛(1551-1635)이 남긴 『宗湛日記』에 상세하게 기록되어 있다.

다실 바닥은 다타미 석장 넓이였다. 건물의 기둥은 황금을 얇게 두드려서 만든 판자로 싸맸다. 문지방과 창틀도 역시 마찬가지였다.

건물의 벽은 황금을 길이 여섯 자, 넓이 다섯 치 정도로 펴서 차례로 덧대었다. 서까래가 맞닿는 곳은 네 개의 창살이 있는 황금 여닫이문으로 잇대었다. 골조와 창살도 황금으로 만들고 창문에 해당하는 곳은 붉은 비단으로 도배했다. 다타미 위에는 성성이 가죽을 깔았는데, 그것의 가장자리는 황금색 비단, 밑에는 에치젠越前에서 생산한 무명을 깔았다. 석 자 정도의 서까래는 대나무 껍질로 엮어서 만들었다.

황금 다실은 일종의 조립식 주택이었다. 그것을 분해하여 어디든지 가지고 다닐 수 있게 설계되었다. 실제로 1586년 정월 히데요시는 황금의 다실을 분해하여 천황 궁전으로 가지고 가서 조립하고, 히데요시가 직접 차를 다려서 오기마치 천황正親町天皇에게 올렸다. 1587년 10월 1일 히데요시는 기타노텐만궁北野天満宮(교토시 가미교쿠 소재)에서 규슈 평정과 주라쿠테이聚落第 완공을 축하하는 대규모 다회를 열었다. 이 다회에 1000여 명의 다인들이 참석했는데, 이때도 황금 다실을 분해해 가지고 가서 조립하여 전시했다.

가미야 소탄은 황금의 다실뿐만 아니라, 히데요시가 다실에서 사용하는 다도구도 모두 황금으로 만들어졌다고 증언했다. 가미야 소탄은 다음과 같이 적었다.

> 네발달린 탁자, 찻잔을 놓는 거치대, 물동이, 가루차를 담는 그릇, 달인 차를 푸는 국자, 솥뚜껑이나 국자를 올려 놓는 받침대, 풍로, 차를 다리는 솥, 물주전자, 가루차를 떠내는 숟가락, 찻잔 등이 모두 황금으로 만들어진 것이었다. 황금이 아닌 것은 차를 젓는 솔과 손을 씻는 수건 두 가지 뿐이었다.

아무리 황금을 좋아하는 히데요시라도 솔과 수건만은 황금으로 만들 수 없었을 것이다. 히데요시의 황금 취미는 그의 황금 다실에 응축되어 있었다고 할 수 있다. 그런데 황금 다실에 표현된 다도는 중국에서 수입한 다도구와 산수화로 장식된 무로마치 시대의 다도도 아니고, 그렇다고 근세 다이묘들이 즐겼던 다도도 아니었다. 천하의 패권을 장악한 자에게만 허용된 히데요시만의 다도였다고 할 수 있다.

그러나 히데요시는 오사카성 혼마루本丸의 맨 아래 층 한 구석에 야

마자토마루山里丸라고 이름을 붙인 공간을 설정하고 그곳에 다실을 마련했다. 다실은 갈대로 지붕을 덮은 조촐한 암자였다. 가미야 소탄의 기록에 따르면, 그 다실은 다타미 두 장 즉, 한 평 정도의 넓이였고, 툇마루는 네 자 다섯 치였다. 벽에는 낡은 병풍 그림을 도려내 붙였다. 다실로 들어가는 골목길에는 허리 높이 사립문이 달려 있었다. 암자 주변에는 자연을 그대로 옮겨놓은 것 같은 수수한 정원이 있었고, 그곳에 몇 개의 의자가 놓여 있었다. 야마자토마루의 다실이 있는 공간 곳곳에 센노 리큐가 완성한 와비차侘び茶의 사상이 스며들어 있었다.

웅장하고 화려하기 그지없는 오사카성 한 곳에 산골의 풍경을 그대로 옮겨 놓고, 그곳에 갈대로 지붕을 덮은 조그마한 '도시 속의 시골집'에서 외로움과 마주한다는 발상은 와비차의 사상에 뿌리를 둔 것이라고 할 수 있다. 참고로 와비차는 당시 교토와 사카이堺의 다인들 사이에 유행한 다도의 풍조를 일컫는다. 다도구나 예법보다는 화경청적和敬淸寂의 경지를 중시하는 다도였다.

히데요시는 웅장한 오사카성 혼마루의 가장 화려한 곳에 황금의 다실을 마련하고 자신이 황금을 동경한다는 사실을 솔직하게 드러냈다. 그러나 한편으로 히데요시는 혼마루의 가장 낮은 곳에 황금 다실과는 전혀 다른 분위기의 다실을 마련하고 가끔 그곳에서 홀로 시간을 보냈고, 어떤 때는 몇몇 측근들을 불러 조촐한 다회를 열기도 했다. 다른 사람을 위압하기 위한 황금 다실과 외롭고 조촐한 분위기를 연출한 야마자토마루의 다실은 히데요시의 이중적인 성격이 극단적으로 표현된 공간이었다고 할 수 있다.

❖ 와비차란 무엇인가?

◎ 와비차의 사상과 산골의 분위기를 이상으로 하는 다도의 풍조는 나라奈良의 승려 무라타 주코村田珠光(1423-1502)에서 교토와 사카이의 호상들에게 전해졌다. 다케노 조오武野紹鷗(1502-55)는 와비차의 형식을 더욱 간소화하고, 귀족적 요소와 서민적 요소를 결합해 독특한 다도를 선보였다. 조오의 다도는 이마이 소큐今井宗久(1520-93)가 계승했다. 『야마노우에소지키山上宗二記』에 따르면,

소큐는 60여 종의 명물을 소유하고 있었다. 당시 명물을 한두 점만 소유해도 유명한 다인이라는 평판을 얻었던 때였다.

◎ 도요토미 히데요시와 각별한 인연을 맺은 사카이의 상인 센노 리큐는 다도를 체계화하고 와비차의 형식을 완성했다. 와비차는 다도가 단지 의례를 지키는 것에 머물지 않고 편안하고 맑은 경지를 중시하는 다도의 방식이었다. '와비'란 사물의 약간 부족한 상태나 모양에서 우러나오는 감정을 말했다. 약간 부족한 단계에서 스스로 만족하는 경지, 또는 간소함 속에 내재되어 있는 안정된 상태나 감정을 있는 그대로 수용하는 경지이기도 했다. '와비'는 그 전에는 없던 새로운 미의 기준이 되었다.

◎ 새로운 미의 기준이 확립되면서 다도의 환경이 크게 변화했다. 특히 다도구를 고르는 기준이 달라졌다. 섬세하고 아름다운 것보다 투박한 것이 선호되었다. 섬세하고 아름다운 것에는 편안함이 결여되어 있었기 때문이다. 다인들은 다실의 건축에도 주의를 기울였다. 차를 마시는 환경이 중요하다고 생각했기 때문이다.

교토와 사카이의 호상들이 와비차의 전통을 이어받았다. 그들은 '侘び'와 '山里'의 이상을 도시에서 멀리 떨어진 시골에서 찾지 않았다. 번화한 도시의 한 구석에 시골의 투박하고 소박한 분위기를 연출했다. 교토와 사카이의 호상들은 '도시속의 시골'에 조촐한 다실을 마련하고 그야말로 망중한의 시간을 보냈다. 매우 그럴듯하게 연출된 와비차의 공간은 무로마치 시대 후기부터 이어진 상인문화의 도달점이었다.

상인문화의 이상과 최고 권력자의 취미를 연결한 인물이 바로 사카이의 호상으로 다도 문화를 선도하는 센노 리큐였다. 리큐는 '사사로운 일은 리큐, 공적인 일은 수상'이라고 일컬어졌을 정도로, 히데요시의 측근 중에서 가장 영향력이 있는 인물이었다. 히데요시와 리큐는 도요토미 정권이 성립되고 오사카성이 조영되던 무렵부터 매우 친밀한 관계를 유지했다. 1583년 6월 리큐는 하카타의 호상 시마이 소시쓰에게 보낸 서한의 말미에 "모두 공적인 일이니 선처바랍니다."라고 썼다. 스스로 도요토미 정권의 공적인 일을 처리하는 자라고 밝혔던 것이다. 이 무렵부터 리큐는 항상 히데요시를 수행하며 오사카성을 방문한 손님들을 접대했다.

물론 도요토미 정권 내부에서 센노 리큐가 중요한 지위를 차지한 것은 다도인 리큐의 역량 때문만은 아니었을 것이다. 호상의 경제력을 이용할 필요가 있었던 히데요시의 정치와 사카이의 호상들에게 영향력을 행사할 수 있었던 리큐의 존재감이 결합되었기 때문일 것이다. 히데요시는 오다 노부나가의 부장 시절에 다도에 입문했는데, 최고 권력자가 된 후에 다도에 심취했다. 히데요시와 리큐의 만남에 어떤 정치적 의도가 있었는지 모르지만, 센노 리큐가 히데요시의 다도 문화에 큰 영향을 미쳤다는 것은 의심의 여지가 없다.

아직 오사카성이 완성되기 전인 1582년 초겨울 히데요시는 아케치 미쓰히데를 무찌른 지역에 있는 교토 야마자키山崎의 묘키안妙喜庵(교토부 오토쿠니군 오야마자키초에 있는 불교 사원)에 센노 리큐 취향의 조촐한 다실을 지었다. 다실 바닥은 다타미 두 장 즉, 한 평정도의 넓이였다. 그곳이 바로 다이안待庵이라는 다실이라고 전한다. 당시 리큐는 '와비'의 경지를 표현하기 위해 좁은 다실 벽에 황토를 거칠게 발라 '山里'의 분위기를 연출했다. 그렇다면, 히데요시가 오사카성 야마사토마루에 마련한 다실 바닥이 한 평정도 되는 조촐한 다실은 바로 다이안 건축의 연장선상에 있었다고 할 수 있다. 야마사토마루는 히데요시와 리큐의 합작품이었다.

리큐의 와비차 전통을 이어받은 히데요시는 권력의 상징인 '황금'의 다도를 즐기면서도 때때로 조촐하고, 간소하고, 부족함을 있는 그대로 받아들이는 '와비'의 다도로 돌아오는 이중적인 생활을 하지 않으면 안 되었다. 그러나 히데요시와 센노 리큐는 두 사람 모두 개성이 강렬한 인물이었다. 한 사람은 일본의 최고 권력자였고, 또 한 사람은 자타가 공인하는 일본 다도의 최고 지도자였다. 두 사람이 친밀하면 친밀할수록 언젠가는 강렬한 개성이 충돌하게 되어있었다. 결국 히데요시는 센노 리큐의 처형이라는 극단적인 선택을 했다.

1591년 2월 13일 히데요시는 리큐를 사카이로 추방했다가 2월 28일 자결 형식으로 죽였다. 히데요시는 왜 그토록 의지하고 신임했던 센노 리큐를 처형했을까? 그 이유에 대해서는 여러 설이 있다. (1) 히데요시가 리큐의 딸을 첩으로 삼고 싶어했으나 리큐가 응하지 않았기 때문이라는 설이 있고, (2) 사카이의 상인 출신이었던 센노 리큐는 다도인이면서도 이익을 지나치게 탐하는 경향이 있었다. 자기가 직접 만들거나 손을 댄 다도구나 다실 장식품을 마치 골동품인 것처럼 속여서 팔기도 했다. 리큐는 히데요시에게도 모조품을 비싼 값에 팔았다는 소문이 돌았다. 히데요시가 그 소문을 들었기 때문이라는 설도 있고, (3) 센노 리큐는 자신의 목상을 교토의 다이토쿠지에 안치했는데, 그 소식을 들은 히데요시가 격노하여 리큐에게 자결을 명했다는 설도 있었다.

당시 센노 리큐의 자결 소식은 일본인에게 매우 충격적으로 받아들여졌던 것 같다. 히데요시를 가까이에서 보필했던 다이묘들도 히데요시의 진의를 알 수 없어서 여러 가지 억측이 난무했다. 히데요시가 센노 리큐를 처형한 원인에 대해, 『武功夜話』에는 (1) 센노 리큐가 소유한 비장의 다기를 히데요시가 원했지만 리큐가 응하지 않았기 때문이라는 설, (2) 리큐의 다도구에 대한 감정 방식이 히데요시의 뜻에 부합하지 않았기 때문이라는 설, (3) 리큐가 자신의 목상을 다이토쿠지에 안치했기 때문이라는 설 등이 실려 있다. 그중에서 세 번째 설에 대하여 상세한 설명을 덧붙였다.

리큐가 다이토쿠지에 목상을 안치하자, 평소에 리큐의 명성을 시기하던 어떤 자가 히데요시에게 다음과 같이 참언했다. "리큐는 다도의 명인이라고 스스로 잘난 체하여 타이코太閤 전하의 권위를 훼손하고, 나아가 천하를 손아귀에 넣으려는 속셈으로 자신의 불상을 大德寺에 봉납한 것입니다." 히데요시는 그 말을 듣고 격노하여 리큐를 죽였다고 전한다. 하지만 『武功夜話』의 저자는 다음과 같이 추정했다. "내가 생각하기에는 太閤 전하는 어린 아들과 동생 히데나가를 잇달아 잃고

낙심하여, 의심하는 귀신에 홀려서 마음이 어지러워진 상태에서 자결을 명했던 것 같다. 아무 이유도 없이 자결한 리큐의 마음을 헤아리고도 남음이 있다."

히데요시와 리큐가 다도를 매개로 결합하고 제휴한 것이 결실을 맺은 것은 1587년 10월 교토의 기타노텐만궁北野天満宮 경내에서 대규모 다회를 열었을 때였다. 이때는 두 사람의 다도에 대한 생각이 크게 다르지 않았다. 그런데 그로부터 4년 후 히데요시는 센노 리큐에게 자결을 명했다. 두 사람의 결합이 결실을 맺었다고 여겨졌을 때, 이미 히데요시의 마음속에는 리큐를 제거해야 되겠다는 생각이 움트고 있었다고 해야 할 것이다.

히데요시는 리큐가 일본 최고의 다도인으로 군림할 수 있는 권위를 부여한 장본인이었다. 히데요시는 다도의 최고 권위자 리큐를 측근으로 거느리면 그를 따르는 다도인도 거느릴 수 있다고 생각했던 것 같다. 그런데 그것은 리큐가 히데요시에게 절대적으로 복종하는 것을 전제로 했다. 하지만 다도의 세계에서 리큐의 권위는 이미 히데요시의 손이 미치지 못하는 높은 곳에 있었다. 히데요시가 리큐에게 딸을 자신의 첩으로 바치라고 한 것은 리큐를 굴복시키기 위한 고도의 정치적 술책이었다. 리큐는 히데요시의 명령에 따르지 않았고, 히데요시는 기다렸다는 듯이 리큐를 제거했다.

센노 리큐의 '와비'의 정신은 히데요시의 다도에 지대한 영향을 미쳤다. 히데요시는 리큐가 사망한 후에도 '와비'의 다도에서 벗어나지 못했다. 오사카성의 혼마루 맨 아래층에 조성한 야마사토마루의 분위기와 다실 건축은 히데요시가 그 후에 조영한 교토의 주라쿠테이聚落第, 규슈의 나고야성名護屋城, 야마시로의 후시미성伏見城 등에도 재현되었다. '와비'의 다실과 그 주변을 장식한 시골 풍경은 히데요시가 조영한 성곽의 문화공간을 상징하는 것이었다. 그런데 후시미성의 야마사토마루를 조영할 때 히데요시가 다음과 같이 탄식했다는 이야기가 전한다. "이 공사를 리큐가 원하는 방식으로 조영하게 했으면 좋았을 것이다." 히데요시는 자기가 죽인 리큐를 그리워했던 것이다.

❖ 센노 리큐

◎ 센노 리큐의 어렸을 적 이름은 요시로与四郎였다. 리큐의 조부 다나카 센아미田中千阿弥는 무로마치 막부의 8대 쇼군 아시카가 요시마사足利義政(1436-90)와 9대 쇼군 아시카가 요시히사足利義尙(1465-89)를 곁에서 섬기던 도보슈同朋衆였다. 삭발하고 승려 복장을 한 도보슈는 이름 끝에 '阿弥'라는 호를 붙이는 것이 특징이었다. 그들은 쇼군 측근으로 근무하면서 잡무를 처리하거나 예능 관련 일을 담당했다. 그들은 여러 예능 중에서 한 가지 예능에 능했다고 한다. 센아미는 아마 다도에 조예가 깊었던 것 같다. 1489년 9대 쇼군 아시카가 요시히사가 전장에서 사망한 후, 센아미는 도보슈에서 물러나 사카이堺로 거처를 옮겼다. 당시 오사카는 아주 작은 마을이었고, 사카이는 일본에서 가장 큰 국제 항구였다.

◎ 리큐의 부친 요헤에与兵衛는 千阿弥의 '千'을 성으로 삼았다고 전한다. 요헤에는 사카이에서 생선 판매와 창고업을 겸하던 상인이었다. 센노 리큐는 요헤에의 장남으로 태어나 어려서부터 사카이 상인사회에서 유행하던 다도를 배우기 시작했다. 성인이 된 후에는 여러 스승을 섬기며 다도의 역사와 기법을 배우고 한 사람의 다도인으로 이름을 얻었다.

◎ 1568년 오다 노부나가가 사카이를 초토화시키겠다고 협박했을 때, 사카이 상인들은 노부나가에게 거액의 군자금을 헌납하고

재난을 면한 적이 있었다. 이 무렵에 사카이의 호상이며 다도인으로 널리 알려진 이마이 소큐가 노부나가에 굴복했고, 그의 제자 센노 리큐도 노부나가를 섬기게 되었다.

◎ 노부나가가 사망한 후 리큐는 히데요시의 측근이 되었다. 1585년 7월 히데요시가 관백 취임 다회를 열었을 때, 히데요시는 행사 책임을 맡았던 리큐에게 거사 칭호를 내렸다. 이때부터 센노 리큐는 일본 다도의 최고 권위자로 군림했다.

에필로그

도요토미 히데요시가 사망한 후, 도쿠가와 이에야스는 노골적으로 정권쟁탈 야욕을 불태우기 시작했다. 때마침 히데요시를 섬겼던 무사들 사이에 내분이 일어났다. 특히 이시다 미쓰나리를 중심으로 하는 문리파와 가토 기요마사를 중심으로 하는 무단파가 대립했다. 이에야스는 무단파와 손을 잡고 권력 기반을 다졌다. 도요토미 정부의 실권을 장악한 이에야스는 은밀하게 독자적인 정권 수립을 모색했다.

도쿠가와 이에야스의 음모를 맨 먼저 알아차린 것은 히데요시의 충성스러운 부하였던 이시다 미쓰나리였다. 미쓰나리는 이에야스를 제거하려고 결심했다. 미쓰나리는 먼저 가장 신뢰하는 동료이며 에치젠 쓰루가敦賀(후쿠이현 쓰루가시) 5만 석의 다이묘 오타니 요시쓰구에게 거사 계획을 털어놓고 협력을 요청했다. 1600년 7월 2일의 일이었다.

당시 오타니 요시쓰구는 동북 지방의 다이묘 우에스기 가게카쓰 정벌에 나선 도쿠가와 이에야스를 따라 부대를 이끌고 행군하던 중이었다. 당시 오타니 요시쓰구는 문둥병에 걸려 있었다. 문둥병은 이미 몸도 자유롭게 움직이지 못하고 눈도 거의 보이지 않을 정도로 진행되어 있었다. 더구나 오타니는 도쿠가와 이에야스 편에 서 있었다. 그럼에도 이시다 미쓰나리는 오타니 요시쓰구를 믿고 비밀을 털어놓았다.

이시다 미쓰나리의 이야기를 경청한 오타니 요시쓰구는 미쓰나리에게 거사 계획을 철회할 것을 간곡하게 종용했다. 누구보다도 이에야스의 실력을 잘 알고 있던 오타니는 싸움에 승산이 없다고 판단했다. 그러나 미쓰나리의 생각은 확고했다. 오히려 요시쓰구에게 도요토미 가문을 위한 거사에 가담해 줄 것을 정중하게 요청했다. 요시쓰구는 미쓰나리와 며칠을 같이 보내며 거사를 그만두라고 설득했다.

그러나 오타니 요시쓰구는 한없이 지체할 수 없었다. 도쿠가와 이에야스가 이끄는 정벌군에 합류하기 위해 길을 재촉해야 했다. 요시쓰구는 미쓰나리에게 작별을 고하고, 부대를 이끌고 동북 지방으로 향했다. 그러나 요시쓰구의 발걸음은 천근만근이었다. 요시쓰구는 며칠을 고뇌하다가 행군 중에 다시 믿을만한 측근을 이시다 미쓰나리에게 보내어 다시 한 번 거사 계획 철회를 요구했다. 그러나 미쓰나리는 요지부동이었다.

미쓰나리의 마음을 되돌릴 수 없다는 것을 안 오타니 요시쓰구는 고민을 거듭한 끝에 결국 말머리를 돌려서 미쓰나리의 군영으로 향했다. 오타니 요시쓰구에게 가장 중요한 것은 의리를 지키는 것이었다. 자신을 믿고 모든 비밀을 털어놓은 미쓰나리를 위해 죽기로 작정했다. 미쓰나리가 흉금을 터놓은 지 10일 째 되는 7월 11일이었다.

오타니 요시쓰구가 이시다 미쓰나리의 군영에 머물고 있다는 소문이 퍼지자, 히데요시에게 은혜를 입었던 다이묘들이 속속 이시다 미쓰나리의 절절한 호소에 호응하여 도쿠가와 이에야스 타도 기치를 올렸다. 7월 17일 이시다 미쓰나리는 이에야스가 히데요시의 유언을 어겼다고 규탄하고, 五大老의 한 사람인 모리 데루모토를 맹주로 추대하여 거병했다.

 한편, 1600년 7월 2일 도쿠가와 이에야스는 우에스기 가게카쓰 정벌군을 이끌고 자신의 거성이 있는 에도에 입성했다. 이에야스는 서둘러 아이즈로 진격하지 않았다. 이에야스는 출정하기 전부터 이미 이시다 미쓰나리가 군사를 일으킬 것이라는 정보를 입수하고 있었다. 이에야스의 아이즈 정벌은 이시다 미쓰나리와 그 동조세력의 거병을 유도하기 위한 전략의 일환이기도 했다. 이에야스가 미쓰나리가 거병했다는 보고를 받은 것은 에도를 출발하여 동북 지방으로 행군하던 7월 24일이었다. 이에야스는 즉시 회군하여 일단 에도로 돌아왔다.

 8월 1일 이시다 미쓰나리는 먼저 후시미성을 함락시켰다. 미쓰나리의 전략은 이에야스가 우에스기 가게카쓰에게 발목이 잡혀있는 동안 교토·오사카 일대의 다이묘들을 세력권에 편입시키고, 그 다음에 도요토미 히데요리를 앞세우고 오와리(아이치현 서부)·미카와(아이치현 동부) 지역으로 나아가 이에야스와 결전하는 것이었다. 그러나 미쓰나리의 계획대로 일이 진행되지 않았다. 단고丹後(교토), 이세伊勢(미에현), 오미近江(시가현) 지역에서 이에야스 추종 세력이 끈질기게 저항했기 때문이다.

도쿠가와 이에야스는 대군을 이끌고 남하했다. 이에야스의 주력이 오사카로 진격한다는 정보를 입수한 이시다 미쓰나리는 8월 14일 밤 세키가하라関ヶ原(기후현 후와군 세키가하라초)로 물러나 8월 15일 새벽까지 진을 쳤다. 미쓰나리가 군대를 움직였다는 보고를 받은 이에야스는 전군에 공격명령을 내렸다. 후쿠시마 마사노리와 구로다 나가마사가 선봉에 섰다. 이에야스가 이끄는 군세를 동군이라 하고, 미쓰나리가 이끄는 군세를 서군이라고 했다. 동군의 군세는 10만4000여 명, 서군의 군세는 8만5000여 명이었다.

1600년 8월 15일 아침 안개가 자욱한 세키가하라에 이슬비가 내리기 시작했다. 동군과 서군은 아침 8시경에 충돌했다. 전투는 정오가 되어서도 승패를 가늠하기 힘들만큼 혼전이었다. 서군의 이시다 미쓰나리, 우키다 히데이에가 이끄는 부대의 선전으로 오히려 동군이 뒤로 밀리는 형세였다. 이때 승패의 열쇠를 쥐고 있던 것은 서군 편에 속해 마쓰오산松尾山에 진을 치고 있었던 고바야카와 히데아키였다. 그는 이미 이에야스와 내통하고 있었다. 결정적인 순간에 서군을 배반하기로 약속되어 있었다. 하지만 전황에 따라서 서군 편에 설 수도 있었으므로 형세를 관망했다. 이에야스는 초조한 기색을 감추지 못했다. 이에야스는 고바야카와군을 향해 일제 사격을 명령했다. 깜짝 놀란 고바야카와 히데아키가 결심을 굳히고, 1만3000여 명의 군사를 이끌고 마쓰오산에서 달려 내려와 서군의 오타니 요시쓰구 부대를 뒤에서 공격했다. 서군의 일익이 무너지면서 분전하던 서군이 크게 동요했다. 오후 2시경에는 서군이 완전히 밀리는 형국이 되었다. 이윽고 분전하던 이시다군이 무너지면서 전투는 동군의 승리로 끝났다.

서군의 주장 이시다 미쓰나리와 고니시 유키나가는 이부키야마伊吹山(시가현 마이바라시 소재)로 도망했다가 잡혔다. 두 사람은 교토에서 처형되었다. 모리 데루모토, 시마즈 요시히로, 우키타 히데이에 등 서군 편에서 싸웠던 다이묘들은 패잔병을 수습하여 자신의 영지로 돌아갔다. 규슈, 호쿠리쿠北陸, 도호쿠東北 등 각지에서 벌어진 동군과 서군의 싸움도 세키가하라 전투에서 동군이 대승하면서 자연스럽게 종식되었다. 도쿠가와 이에야스는 서군에 가담했던 다이묘 90여 가문을 멸망시키고, 그들이 보유한 약 440만 석의 영지를 몰수했다. 도요토미 히데요리는 셋쓰攝津(오사카부 북중부와 효고현 남동부)·가와치河內(오사카부 동부)·이즈미和泉(오사카부 남서부)의 영지를 지배하는 일개 다이묘로 몰락했다.

세키가라하 전투에서 반대파를 일시에 제거한 도쿠가와 이에야스는 여러 다이묘와 긴밀한 관계를 맺으면서 도요토미 정권의 집정에서 벗어날 준비를 했다. 이에야스가 독자적인 정권을 수립하기 위해서는 무엇보다도 천황에게서 정이대장군의 선지를 받는 것이었다. 일본에서는 전통적으로 무가의 동량만이 정이대장군의 지위에 오를 수 있었고, 정이대장군에게는 여러 다이묘를 전쟁에 동원하고 지휘할 수 있는 권한이 주어졌다.

1602년 12월 규슈의 시마즈 가문이 이에야스에게 항복하면서 전국의 다이묘가 이에야스의 무위에 복종하는 형국이 되었다. 그러자 도쿠가와 이에야스가 정이대장군에 취임했다. 1603년 2월 12일 고요제 천황의 칙사가 후시미성으로 행차하여 이에야스를 정이대장군에 임명한다는 칙서를 내렸다. 쇼군이 된 이에야스는 에도에 막부를 열고 전국의 다이묘를 지배하에 두었다.

1603년 7월 이에야스는 자신의 손녀 센히메千姬를 히데요시의 아들 히데요리에게 시집보냈다. 이것은 도쿠가와 이에야스가 생전의 도요토미 히데요시에게 한 약속을 지키기 위한 것이었고, 또 막부를 개설한 도쿠가와씨에게 여전히 저항감을 갖고 있는 도요토미 가문 추종 세력을 안심시키기 위해서였다. 하지만 혼인이 히데요리의 안전을 보장하는 것은 아니었다. 이에야스는 자신이 비록 쇼군이 되었어도 오사카에 도요토미 가문이 존재하는 한 결코 안심할 수 없다고 생각하고 있었다.

도요토미 히데요리는 세키가하라 전투 이후에도 여전히 쇼군을 정점으로 하는 새로운 질서에 편입되는 것을 거부했다. 세키가하라 전투 이후도 공가公家 즉, 조정의 귀족들이 오사카성으로 히데요리를 예방하여 신년 하례를 올렸다. 생전의 히데요시에게 은혜를 입은 다이묘들은 오사카성에 먼저 들러 히데요리에게 하례를 올린 뒤 이에야스가 있는 후시미성으로 향했다. 조정은 도요토미 가문을 우대했다. 1603년 조정은 히데요리가 열 살이 되었을 때 內大臣, 1605년 12살이 되었을 때 右大臣으로 승진시켜 쇼군 도쿠가와 이에야스와 같은 종1위의 관직에 오르게 했다.

이에야스의 손녀 센히메가 히데요리와 혼인하기 위해 오사카성에 도착했을 때, 그녀를 영접한 것은 아사노 유키나가였다. 유키나가는 세키가하라 전투 때 큰 공을 세워 와카야마 40만 석의 다이묘가 된 인물이었다. 그런 인물이 히데요리의 집사 역할을 자임했다. 히데요리는 그의 어머니 요도도노와 함께 난공불락의 오사카성을 지키면서 히데요시가 남긴 금·은을 비롯한 많은 재산을 보유하고 있었다. 히데요시의 은혜를 입은 다이묘들은 여전히 건재했다. 실업한 무사인 낭인 또한 일단 유사시에 군사력으로 결집할 수 있는 세력이었다. 당시 세상에는 이에야스가 쇼군이 되면 히데요리가 쇼군 보다 높은 관직인 관백의 지위에 오른다는 풍문이 돌고 있었다. 이에야스는 매우 초조했다.

1605년 4월 이에야스는 돌연 아들 히데타다에게 쇼군의 지위를 물려주었다. 이것은 쇼군의 지위는 도쿠가와 가문이 세습하는 것이라는 것을 천하에 선언함과 동시에 그것을 기정사실화한 정치 행위였다. 도요토미 가문 추종 세력은 큰 타격을 입었다. 히데요리가 성인이 되면 이에야스가 정권을 반환할 것이라고 믿었던 도요토미 가문의 기대가 무산되었다.

이에야스는 도요토미 가문의 재력을 고갈시키려고 했다. 이에야스는 히데요리에게 부친 히데요시의 영생을 위하여 불교 사원과 신사를 재건하도록 권유했다. 효심이 두터운 히데요리는 기타노덴만궁北野天滿宮, 이즈모다이샤出雲大社(시마네현 이즈모시 소재), 아쓰타신궁熱田神宮(아이치현 나고야시 소재) 등을 재건했다. 가장 비용이 많이 든 것은 교토의 호코지方広寺(교토시 히가시야마쿠 소재) 대불전의 재건이었다. 이 건물은 히데요시가 생전에 조영했으나 1596년 대지진으로 붕괴된 후 황폐해 있었다. 1608년 히데요리는 대불전 재건 공사를 시작했다. 불교 사원과 신사의 재건에 금화 40만 매에 상당하는 재물을 탕진했다. 재정난에 직면한 히데요리가 상인들에게 자금을 조달한다는 소문이 돌았다. 이에야스는 도요토미 가문을 멸망시킬 때가 왔다고 판단했다.

1611년 봄 이에야스는 교토의 니조성二条城(교토시 나카교쿠 소재)으로 히데요리를 불렀다. 요도도노는 히데요리의 상경에 반대했다. 이에야스가 이번 기회에 히데요리를 죽이려 한다는 소문이 돌았기 때문이다. 그러나 히데요시의 정실 기타노만도코로가 상경을 권유하고, 가토 기요마사와 아사노 유키나가도 간청하자 요도도노는 마지못해 히데요리의 상경을 허락했다. 히데요리는 가마를 타고 교토로 향했는데, 가토 기요마사와 아사노 유키나가가 히데요리가 탄 가마를 옆에서 호위하면서 걸었다. 서부 일본의 다이묘는 물론 교토·오사카의 상공인들도 숨을 죽이며 히데요리의 상경을 지켜보고 있었다.

세상 사람들의 예상과는 달리 이에야스는 히데요리를 다정하게 맞이했고, 회견은 화기애애하게 진행되었다. 하지만 이에야스는 히데요리의 인물 됨됨이를 유심히 살펴보고 도요토미 가문을 무력으로 제압할 결심을 굳혔던 것 같다. 회견이 끝나고 10여 일이 지나자, 도쿠가와 이에야스는 교토에 머무는 서부 일본의 다이묘들에게 충성을 맹세하는 서약서를 제출하라고 명령했다. 1612년 정월에는 동부 일본의 다이묘들에게 충성을 맹세하는 서약서를 제출하도록 했다.

1611년 6월 도요토미 히데요리를 호위하고 교토를 다녀 온 가토 기요마사가 급사했다. 이어서 도요토미 정권의 원로 아사노 나가마사와 호리오 요시하루堀尾吉晴(1543-1611)가 사망했다. 1613년에는 이케다 데루마사와 아사노 유키나가가 사망했고, 다음 해에는 마에다 도시나가가 사망했다. 가토 기요마사가 사망한 후 2~3년 사이에 도요토미 히데요시 이래 도요토미 가문에 충성했던 다이묘들이 잇달아 사망했다.

1614년 8월 호코지의 대불전이 6년간의 공사 끝에 완공되어 이윽고 개안식을 개최할 준비를 마쳤다. 그러나 이에야스는 돌연히 개안식을 연기하라고 명령했다. 사원에 설치할 범종에 새겨진 '國家安康・君臣豐樂'이라는 문구를 문제 삼았다. '國家安康'이라는 문구는 자신의 이름인 '家康' 사이에 '安'자를 넣어 의도적으로 떼어 놓은 것이며 그것은 자신을 저주하려는 음모라고 주장했다. 이것이 유명한 종명사건이었다.

히데요리는 이에야스에게 측근을 파견하여 '國家安康'이라는 문구에 대하여 해명했다. 그러나 이에야스는 히데요리가 오사카성에서 다른 곳으로 이주하든지, 요도도노를 인질로 에도로 보내든지 둘 중의 하나를 선택하라고 요구했다. 도요토미 히데요리는 이에야스와 교섭하는 것을 중단했다. 그러자 이에야스는 오사카 정벌을 선언했다.

1614년 10월 이에야스는 막부가 동원한 대군을 이끌고 오사카성을 공격했다. 히데요리는 히데요시에게 은혜를 입었던 다이묘들에게 지원을 요청했다. 하지만 히데요리의 요청에 응하는 다이묘는 없었다. 아무리 히데요시의 은혜를 입은 다이묘라도 당대의 쇼군 권력과 맞설 수 없었던 것이다. 히데요리의 요청에 응했던 것은 사나다 유키무라眞田幸村(1567-1615), 조소카베 모리치카長宗我部盛親(1575-1615), 고토 모토쓰구後藤基次(1560-1615), 모리 가쓰나가毛利勝永(1578-1615) 등 몰락한 다이묘와 낭인, 그리고 기무라 시게나리木村重成(?-1615), 오노 하루나가大野治長(1569-1615), 하야미 모리히사速水守久(1570-1615) 등 도요토미 가문의 가신들이었다.

이에야스는 20만 대군을 이끌고 오사카성을 집요하게 공격했지만 오사카성은 함락되지 않았다. 오사카성이 넓고 견고하여 단시간 내에 함락하기 어렵다는 것을 깨달은 이에야스는 오사카성 내에 있던 오다 노부나가의 동생 오다 나가마스織田長益(1547-1622)를 내세워 히데요리에게 강화를 요청했다. 이에야스와 히데요리는 소토보리外堀 즉, 오사카성의 바깥쪽에 있는 해자를 매립하는 것을 조건으로 12월 강화를 맺었다. 오사카의 겨울 전투였다.

강화가 성립되자 이에야스는 군사들을 총동원하여 소토보리는 물론 우치보리內堀 즉, 오사카성의 안쪽에 있는 해자까지 매립해 버렸다. 망루도 파괴하고 혼마루本丸만 남겨두었다. 오사카성은 무방비에 가까운 성이 되어 버렸다. 일단 물러난 이에야스는 다시 히데요리에게 오사카성을 떠나 다른 곳으로 이주하든지, 오사카성에 농성하는 무사들을 모두 추방하든지 둘 중의 하나를 선택하라고 요구했다. 히데요리는 이에야스의 요구에 응하지 않았다.

1615년 4월 도쿠가와 이에야스가 다시 대군을 동원하여 오사카성을 공격했다. 이미 해자가 메워지고 정치적으로도 고립된 오사카성은 불과 수일 만에 함락되었다. 오사카의 여름 전투였다.

도요토미 히데요리와 그의 모친 요도도노가 오사카성의 맨 아래층에 있는 다실에서 자결하면서 도요토미 가문이 멸망했다. 도쿠가와 이에야스는 오사카성에 들어가 농성한 자들을 수색하여 처형했다. 약 5000명의 수급이 오사카에서 교토로 가는 큰길가에 매달렸다.

참고문헌

『일본고중세사』, 구태훈, 재팬리서치21, 2016

『일본근세사』, 구태훈, 재팬리서치21, 2016

『일본문화사』, 구태훈, ㈜휴먼메이커, 2018

『오다 노부나가』, 구태훈, ㈜휴먼메이커, 2018

『징비록』, 유성룡 / 구태훈 주해, ㈜휴먼메이커, 2018

『간양록』, 강항 / 김찬순 옮김, 보리, 2006

『太閤史料集』(戰國史料叢書1), 桑田忠親 校注, 人物往来社, 1965

『信長公記』(戦国史料叢書2), 桑田忠親 校注, 人物往来社, 1965

『四国史料集』(戦国史料叢書5), 山本 大 校注, 人物往来社, 1966

『島津史料集』(戦国史料叢書6), 北川鉄三 校注, 人物往来社, 1966

『中国史料集』(戦国史料叢書７), 米原正義 校注, 人物往来社, 1966

『フロイス日本史』1(豊臣秀吉編1) 松田毅一 訳, 中央公論社, 1977

『フロイス日本史』2(豊臣秀吉編2) 松田毅一 訳, 中央公論社, 1977

『イエズス会日本報告集』(第一期第一巻), 松田毅一 監訳, 同朋舎, 1987

『イエズス会日本報告集』(第一期第二巻), 松田毅一 監訳, 同朋舎, 1987

『イエズス会日本報告集』(第一期第三巻), 松田毅一 監訳, 同朋舎, 1988

『豊臣秀吉』, 桑田忠親, 創元社, 1948

『太閤記の研究』, 桑田忠親, 徳間書店, 1965

『豊臣秀吉の合戦』, 桑田忠親, 新人物往来社, 1978

『太閤書信』, 桑田忠親, 東洋書院, 1991

『豊臣秀吉のすべて』, 桑田忠親, 新人物往来社, 1991

『豊臣秀吉事典』, 杉山 博 等 編, 新人物往来社, 1990

『豊臣時代史』, 田中義成, 講談社学術文庫, 1980

『豊臣秀吉』, 小和田哲男, 中央親書, 1985

『豊臣秀吉と南蛮人』, 松田毅一, 朝文社, 1992

『戦国・織豊期の社会と文化』, 下村 効, 吉川弘文館, 1982

『近世日本とアジア』, 荒野泰典, 東京大学出版会, 1988

『戦国時代論』, 藤俁鎮夫, 岩波書店, 1996

『日本近世国家成立史の研究』, 藤田達生, 校倉書房, 2001

『戦国時代社会構造の研究』, 池上裕子, 校倉書房, 1999

『戦国織豊期の武家と天皇』, 池 享, 校倉書房, 2003

『太閤検地と石高制』, 安良城盛昭, 日本放送出版協会, 1969

『豊臣政権の研究』, 三鬼清一郎, 吉川弘文館, 1984

『日本近世国家史の研究』, 高木昭作, 岩波書店, 1990

『秀吉・英雄伝説の軌跡』, 津田三郎, 六興出版, 1991

『武功夜話秀吉』, 加来耕三, 新人物往来社, 1992

『秀吉権力の形成』, 小林清治, 東京大学出版会, 1994

『豊臣政権の対外認識と朝鮮侵略』, 北島万次, 校倉書房, 1990

『豊臣政権の朝鮮侵略』, 北島万次, 吉川弘文館, 1995

『豊臣政権の海外侵略と朝鮮義兵研究』, 貫井正之, 青木書店, 1996

『豊臣政権の研究』(戦国大名論集18), 朝尾直弘, 吉川弘文館, 1984

『豊臣平和令と戦国社会』, 藤木久志, 東京大学出版会, 1985

『戦国史をみる目』, 藤木久志, 校倉書房, 1995

『天下統一と朝鮮侵略』, 藤木久志, 講談社学術文庫, 2005

『刀狩り』, 藤木久志, 岩波書店, 2005

『豊臣政権の対外侵略と太閤検地』, 中野 等, 校倉書房, 1996

『秀吉の軍令と大陸侵攻』, 中野 等, 吉川弘文館, 2006

『文禄慶長の役』, 中野 等, 吉川弘文館, 2008

색인

숫자
5다이로 251
5부교 251

ㄱ
가나가사키성 54
가미야 소탄 175, 221, 354, 355, 356, 357
가타기리 가쓰모토 315, 318, 331
가타나 167, 168, 169, 170, 171, 189, 190, 192, 209
가타나가리 167, 168, 169, 170, 171, 189, 190, 192, 209
가토 기요마사 221, 222, 223, 228, 229, 230, 233, 234, 235, 238, 239, 241, 247, 248, 251, 314, 315, 316, 318, 320, 322, 323, 330, 331, 337, 341, 368, 377, 378
가토 요시아키 137, 217, 228, 248, 314, 316, 318, 331, 332
강항 260, 302, 303, 312, 382
겐치 160, 174, 179, 180, 181, 182, 183, 184, 191, 198, 209, 319, 321, 344
겐카금지령 190, 191, 192
고노에 사키히사 135, 139
고니시 류사 144, 145, 175
고니시 유키나가 175, 210, 221, 223, 227, 228, 229, 230, 233, 235, 237, 238, 241, 246, 247, 248, 250, 251, 256, 315, 319, 320, 322, 330, 331, 333, 334, 336, 373
고마키야마성 115, 116
고바야카와 다카카게 85, 119, 129, 145, 147, 202, 216, 231, 235, 238, 272, 289, 322, 325, 327, 330
고산국 208
고아산 156, 256, 265, 344, 346
고요제 천황 139, 150, 374
고젠초 183
고쿠다카 185
고후쿠지 209, 259, 311, 346
관백 44, 132, 134, 135, 136, 139, 186, 208, 235, 255, 262,

263, 264, 265, 282, 284, 287, 290, 296, 307, 317, 324, 367, 376
교고쿠씨 64
구노헤 마사자네 164, 165
구라이리치 140, 197, 221, 222
구로다 나가마사 68, 223, 229, 231, 234, 235, 237, 238, 320, 322, 330, 332, 335, 372
구로다 요시다카 68
구루시마 미치유키 228
구마모토성 222
구키 요시다카 210
군역 121, 183, 200, 201, 202, 203, 223, 224
기무라 시게코레 315, 317
기요미즈데라 255, 346
기요스성 34, 38, 40, 92, 93, 95, 96, 98, 102, 111, 112, 114, 116, 120
기타노텐만궁 355, 364
깃카와 모토하루 75, 85, 98, 145

ㄴ

나가사키 54, 140, 187, 198, 212, 222, 226, 301, 333, 334, 349, 351, 353
나가하마 55, 57, 61, 62, 63, 64, 65, 70, 87, 94, 99, 100, 103, 319
나베시마 나오시게 142, 248, 250, 330, 332, 334
나쓰카 마사이에 145, 195, 204, 272, 325, 326
나이토 조안 247
나카가와 기요히데 89, 90, 97, 104
난부 노부나오 157, 163, 164, 165
낭인정지령 189
니라야마성 151, 153, 154, 155
니와 나가히데 47, 51, 52, 69, 80, 81, 86, 92, 94, 97, 98, 108, 326
니조성 80, 377

ㄷ

다몬인닛키 209, 260, 311
다이고지 267, 272, 346
다이도쿠지 88, 362
다이안 361
다이코스조키 25
다카마쓰성 78, 79, 82, 84, 178, 317, 327
다카야마 우콘 89, 97, 349
다케가하나성 178
다케다 가쓰요리 66, 78
다케다 신겐 40, 111
다키가와 가스마스 95, 97, 98, 99, 101, 102, 103, 104, 109

색인 387

다테 마사무네 158, 159, 162, 163, 164, 165, 257, 264, 330, 332
데즈쓰야마 54
도요토미 히데쓰구 44, 160, 255, 262, 290, 296, 317, 339
도요토미 히데요리 257, 260, 288, 308, 317, 371, 373, 375, 378, 379, 380
도요토미 히데카쓰 231, 331
도쿠가와 이에야스 12, 13, 14, 33, 56, 66, 110, 111, 112, 113, 114, 115, 116, 127, 136, 137, 138, 149, 150, 151, 153, 154, 155, 156, 160, 162, 165, 199, 203, 225, 247, 251, 260, 266, 268, 272, 273, 274, 275, 276, 277, 283, 285, 288, 289, 291, 308, 316, 317, 320, 325, 326, 329, 330, 340, 343, 368, 369, 370, 371, 372, 373, 374, 375, 377, 380
도쿠가와 히데타다 13, 152, 273, 275, 283, 340
돗토리성 74, 75, 76, 176, 317
동래성 230

ㄹ

라쿠이치 172, 173
라쿠자 173
루이스 프로이스 29, 168, 208, 209, 259, 275, 286, 301, 303, 312, 313, 348, 354
류조지 다카노부 142, 334
류조지 마사이에 142, 147, 334
류큐 161, 206, 207

ㅁ

마시타 나가모리 266, 272, 319, 321, 325, 352
마쓰노마루도노 285
마쓰라 시게노부 333
마쓰라씨 212, 333
마쓰시타 유키쓰나 35, 36, 47, 294, 295
마에노 나가야스 295, 296
마에다 겐이 261, 272, 325, 326
마에다 도시이에 45, 99, 103, 106, 108, 119, 145, 152, 159, 160, 266, 270, 272, 273, 274, 275, 276, 286, 291, 309, 330, 340
명량 250, 251
모가미 요시미쓰 157
모리 가쓰노부 231, 235, 237, 330
모리 데루모토 71, 78, 82, 101, 145,

231, 235, 264, 266, 272,
273, 274, 275, 276, 330,
341, 370, 373
무라카미씨 212, 213, 216
무로마치 막부 24, 51, 52, 61, 134,
366
무장자변 194
미야베 게이쥰 71, 76
미에이도 137
미키성 68, 69, 70, 71, 73, 74, 303,
304, 317

ㅂ

방면군 66, 67, 71, 72, 401
벳쇼 나가하루 69, 71, 73, 303, 304
벽제관 240, 241, 256, 322, 327
병농분리 28, 166, 167, 168, 171,
174, 402
본역 121, 203, 223
부산진 229
부코야와 295

ㅅ

사다케 요시노부 158
사도 63, 114, 137, 197, 346
사성 139
사이가 93, 114, 115, 343
사쿠마 노부모리 51, 67
사투금지령 158, 200

산노마루도노 287
산마이바시성 153, 154, 204
산보시 93, 94, 102, 109
삼포 228
삿사 나리마사 108, 114, 146
선교사 29, 168, 208, 209, 213,
286, 301, 302, 303, 347,
348, 349, 350, 351, 352,
353, 354
세키가하라 276, 284, 285, 288,
289, 291, 316, 317, 320,
321, 322, 323, 326, 327,
329, 372, 373, 375
세토나이카이 212, 213, 216, 217
센고쿠다이묘 24, 39, 187, 213,
214, 216
센고쿠 히데히사 315, 318
센노 리큐 353, 357, 360, 362, 366
소부지레이 188, 200
소 요시시게 218, 219, 333
소 요시토시 219, 220, 221, 227,
330, 333
송상현 230
순천성 244, 251, 336
슨푸성 150, 152
시마이 소시쓰 175, 221, 360
시마즈 요시히로 143, 206, 231,
237, 250, 251, 291, 330,
332, 336, 373

색인 389

시마즈 요시히사 142, 143, 144, 146, 324
시미즈 무네하루 69, 78, 82, 84
시바타 가쓰이에 47, 92, 93, 94, 95, 97, 98, 99, 101, 102, 103, 104, 105, 106, 107, 109, 112, 114, 120, 286, 289, 290, 327, 329
시즈가타케 96, 105, 106, 107, 108, 109, 113, 120, 135, 284, 290, 335, 401
시텐노지 347
신립 233
심유경 238, 241, 246, 247
쓰다 소큐 175
쓰쓰이 준케이 88, 89, 97, 99

ㅇ

아리마 하루노부 330, 334
아사노 나가마사 159, 161, 162, 163, 181, 243, 257, 272, 276, 305, 319, 321, 337, 339, 378
아사노 나가카쓰 45, 46
아사쿠라 요시카게 40, 53, 54, 55, 56, 57, 58, 59, 61, 62
아사히히메 30, 137, 138, 283, 340
아시카가 요시아키 24, 51, 52, 53, 61

아자이 나가마사 40, 54, 55, 56, 57, 59, 60, 61, 62, 63, 107, 253, 284, 285, 319, 340
아자이 히사마사 63
아즈치성 69, 77, 79, 80, 87, 102, 108, 111, 124, 172, 177
아케치 미쓰히데 52, 54, 67, 69, 79, 80, 81, 86, 87, 88, 89, 90, 111, 112, 161, 285, 328, 361
안코쿠지 에케이 81, 82
야마자키 84, 89, 93, 95, 96, 98, 99, 135, 174, 175, 289, 361, 401
야마자토마루 356, 357, 358
에도 막부 13, 14, 15, 26, 28, 29, 33, 226, 283, 340
엔랴쿠지 58, 342, 344, 346, 348
역부 28, 80, 89, 94, 102, 129, 192, 224, 227
오기마치 천황 87, 136, 143, 355
오다 노부나가 12, 23, 24, 27, 34, 35, 37, 38, 44, 45, 47, 48, 49, 50, 51, 52, 53, 55, 56, 57, 58, 60, 61, 62, 63, 66, 67, 68, 69, 70, 75, 77, 80, 81, 82, 83, 92, 94, 107, 110, 111, 112, 119, 120, 127, 132, 134, 135, 136, 149,

158, 167, 172, 177, 179,
185, 199, 214, 253, 258,
270, 284, 287, 289, 293,
295, 296, 297, 298, 300,
301, 303, 306, 307, 308,
313, 314, 315, 316, 317,
318, 320, 321, 323, 327,
328, 338, 340, 342, 348,
361, 366, 379, 382, 401
오다 노부즈미 81
오다 노부카네 94, 287, 309
오다 노부카쓰 80, 81, 93, 99, 101,
102, 103, 104, 109, 113,
114, 116, 117, 127, 153,
154, 307, 309, 325, 326
오다 노부타다 80
오다 노부타카 80, 81, 86, 93, 95,
97, 98, 99, 100, 101, 102,
104, 107, 109, 114, 271,
308
오다니성 55, 56, 60, 61, 62, 63, 64,
65
오다와라성 148, 153, 154, 155,
156, 195, 196, 204, 216
오만도코로 256, 282
오무라 스미타다 349
오무라 유코 31, 32, 140
오바타성 116
오사카성 81, 115, 119, 120, 121,

122, 123, 124, 125, 136,
137, 139, 178, 226, 254,
256, 257, 264, 273, 274,
275, 281, 284, 285, 286,
287, 288, 317, 324, 343,
353, 354, 356, 357, 360,
361, 365, 375, 379, 380,
401
오이치 54, 63, 107, 253, 284
오카자키성 138
오케하자마 43
오타 규이치 140
오타니 요시쓰구 144, 195, 319,
321, 369, 370, 373
오토모 소린 123, 124, 144, 187,
335, 349, 354
오토모 요시무네 143, 144, 145,
330, 335
와키자시 168, 169
와키자카 야스하루 217, 228, 248,
315, 318, 332
왜성 243, 244, 248, 251
요도도노 253, 254, 257, 258, 259,
260, 261, 263, 267, 271,
284, 285, 287, 309, 340,
375, 377, 379, 380
요코야마성 58, 60, 61, 62, 100
우에스기 가게카쓰 87, 152, 165,
273, 275, 276, 327, 330,

371
우키타 나오이에 70, 71, 77, 291, 322, 340
우키타 히데이에 77, 145, 153, 235, 238, 240, 272, 273, 274, 275, 276, 291, 319, 320, 322, 324, 330, 331, 332, 339
울산성 251
원균 230, 249, 336
이마이 소큐 175, 358, 367
이순신 217, 228, 239, 249, 250, 251, 252, 319
이시다 미쓰나리 144, 195, 198, 240, 243, 251, 266, 269, 272, 274, 276, 291, 311, 319, 321, 322, 323, 328, 331, 345, 368, 369, 370, 371, 372, 373
이시야마혼간지 57, 67, 68, 120, 125, 214, 215, 343
이여송 239, 240, 241, 246, 256, 322
이와시미즈하치만궁 174
이일 232, 233
이케다 데루마사 319, 323, 325, 378
이케다 쓰네오키 86, 90, 92, 94, 97, 98, 115, 120, 323

이쿠노 197
임진왜란 16, 68, 216, 229, 251, 288, 291, 296, 316, 317, 318, 320, 321, 322, 323, 326, 327, 328, 329, 333, 334, 335, 336, 337
잇코잇키 57, 58, 59, 66, 67, 342, 343, 350

ㅈ
전국시대 10, 15, 23, 24, 28, 39, 57, 132, 133, 167, 168, 172, 179, 181, 189, 191
정명가도 229, 230
정유재란 216, 244, 248, 289, 291, 312, 313, 322, 331, 332, 333, 335, 336, 337, 339
제승방략 232
조선 국왕 209, 210, 218, 219, 220, 221, 235, 237
조소카베 모토치카 114, 115, 127, 128, 129, 131, 141, 231, 325, 328, 332
조승훈 237
조카마치 28, 65, 74, 77, 125, 167, 171, 172, 176, 222
주라쿠테이 137, 139, 150, 152, 255, 261, 262, 266, 286, 311, 326, 355, 365

지쿠아미 27, 30, 33, 281, 282, 293
진주성 241, 242, 243, 328, 329

ㅊ
치스카 마사카쓰 101, 297, 314,
    315

ㅋ
크리스천다이묘 349

ㅌ
타이코 10, 11, 16, 18, 36, 44, 180,
    181, 184, 255, 264, 293,
    329, 363
타이코켄치 180, 181, 184
탄금대 233
토도 다카토라 217, 228, 248, 251,
    271, 331, 332, 336
통신사 219, 220, 304, 333

ㅍ
평양 17, 18, 237, 238, 239, 244,
    256, 323, 336
프란시스코 자비엘 347

ㅎ
하리쓰케형 311, 345
하세가와 히데카즈 325, 329, 331
하시바 히데나가 71, 90, 100, 128,
    130, 131, 138, 145, 146
하시바 히데쓰구 129, 145, 153,
    154, 165
하치스카 마사카쓰 101, 297, 314,
    315
하치스카 이에마사 145, 155, 223,
    271, 330, 332
하카타 140, 175, 198, 212, 219,
    220, 221, 224, 322, 349,
    354, 360
한성 231, 232, 233, 234, 235, 237,
    238, 240, 241, 242, 246,
    249, 256, 312, 321, 322,
    323, 335
해적금지령 189, 190, 216
행주산성 240
호리 히데마사 94, 98, 103, 106,
    154
호소카와 타다오키 88, 153, 231,
    325, 328, 329, 331
호소카와 후지타카 75, 88, 97
호안타이코키 36, 44, 293, 329
호조 우지나오 148, 151, 152, 155,
    156
호조 우지마사 148, 149, 150, 151,
    152, 153, 155, 156
혼노지 58, 80, 81, 91, 111, 289
화경청적 357
화승총 25, 27, 64, 70, 131, 146,

231, 237, 267
황금 다실 123, 136, 354, 355, 356,
    357, 358
후시미성 226, 261, 262, 265, 266,
    267, 268, 273, 274, 275,
    285, 287, 327, 328, 365,
    371, 374, 375
후지와라씨 134, 135
후쿠시마 마사노리 155, 231, 235,
    314, 315, 318, 330, 341,
    372
히메지성 68, 78, 84, 85, 86, 96
히토쓰야나기 나오스에 128, 201,
    208, 315, 316

구태훈

성균관대학교 문과대학 사학과 명예교수

도요토미 히데요시

발행인 구자선
펴낸날 2022년 11월 21일
발행처 (주)휴먼메이커
주 소 경기도 용인시 기흥구 강남서로 9 아카데미프라자 8층 825호
       전화 : 070-7721-1055
이메일 h-maker@naver.com
등 록 제2017-00006호

디자인 유 라
인 쇄 P&M123

ISBN 979-11-961612-9-3 03910
정 가   22,000원